代序　淘词圆桌对话

千金淘一词　万言书同文

暨南大学文本实验室（Text Test Team Lab of Jinan University）于2021年12月2日成立，随即启动了淘词计划，淘词十篇（码、隔、商、虚、留、卷、诈、社、代、容）于2022年1—10月在《青年记者》刊出，每篇约一万字。

十个词，很多人说是十个字。这是有意挑选的，既是词，也是字，是单字词。而且，既是名词，又是动词、动名词，甚至可以是形容词作定语、状语来用。

就像淘词计划的作者和他们撰写的词，也是精心对应的。作为文本实验室研究员，他们在各自的研究领域都有丰富的阅历和思考，又共同串起了跨界跨学科的词语之网。

千金淘一词，万言书同文。淘这十个词，花掉了一百万，耗钱耗时也耗人。刘禹锡的《浪淘沙九首》第八首讲："莫道谗言如浪深，莫言迁客似沙沉。千淘万漉虽辛苦，吹尽狂沙始到金。"

大浪淘沙、沙里淘金，淘词就像淘宝，淘的过程很累，但也找到了一些感觉，感受到文本的无穷力量。

"淘"与"陶"不同，就像"雕"与"塑"不同。"淘"和"雕"相似的地方，都是把原有的、已有的东西呈现出来。细究起来，"淘"和"陶"，"雕"与"塑"，两者之间又有不同。

“淘”是寻找、清理、呈现，“陶”是土坯、造型、烧制。一是水，二是火。

延长文本实验的思考链，扩展文本结构的覆盖链，挖掘文本应用的逻辑链——从“3T”到“三链”，继续“淘”与“陶”，继续“练”与“炼”。

（曹轲，暨南大学文本实验室主任、暨南大学新闻与传播学院教授）

定风波

在我做阿里巴巴集团首席市场官的十多年里，我常常想的一件事、想要解决的一个问题就是：怎么让消费者更好地接受更多的新鲜事物？比方说移动支付、购物体验、无人超市。简单来说，就是花很多的钱把一个“理念”推广到每个人都耳熟能详的程度。其实世界上很多的品牌，它本身也是一个词，譬如耐克、阿迪达斯、星巴克。

我们用词汇交流，用语言思考。当我们接受一个词，并可以用它来造句、说话、传递信息的时候，它就已经变成了我们大家心中的“理念”。经过所有人这么些年的努力，一些对民生大众有实用价值、能够切实提高生活幸福感、提升社会劳动生产力的“理念”进入了《新华字典》，进入了《咬文嚼字》，比方说，网购、网商、无现金社会。这些词的背后是一整套的概念体系，它们反映的是社会、经济、民生、科技的时代跃迁与我们的新生活习惯。

淘词计划是一个试验场，是一个炼金石，它从一些小切口去看大时代的变迁，又从大文明的进步去看它对时代每一个人的影响。

现在的新词汇，多得我们都要去学习了，而不是身在其中。

我们真心想跟大家交流经验，但经验不适用了。我们想回归常识，但是常识不诚恳了。

我本来想去淘词，可是我被词语带着走了。

我努力很多，但还是跟不上这个世界变化的速度。

世界太快了。我的嘴太笨了，我的理论跟不上了。

我努力的结果、效果越来越难以自我界定了。

我的标题用了“定风波”，这是一个美好的期望。

（王帅，暨南大学文本实验室研究员、暨南大学新闻与传播学院讲座教授、芸廷艺术空间发起人）

旧法新生　文理交融

淘词计划刚刚开启的时候，我其实有一点担心，因为用一个词概括一个时代，用一个词概括一个现象，在媒体传播中已经用了很长的时间，这是一个旧方法。

随着淘词计划的进行，我觉得这个方法不仅没有过时，反而更有价值了。当下的时代虽然已经是看图的时代、看视频的时代、看虚拟场景的时代，但我们依然是用“语言”来思考问题，词汇依然是众多表达形式中最简洁、最有力量的一个形态。而这正是淘词计划的价值所在。

2022 年 11 月，我 10 天去了 5 座城市。在这 10 天中，我切实地体会到“码”的重要性不是一般人可以想象的。2021 年 12 月，淘词计划启动仪式上发布的第一个词就是“码”。整整一年过去了，围绕码不断地产生各种现象，码被不断地叠加新的意义，包括我自己在内的所有人对于“码”都有了更深的“领悟”。

淘词计划以词为统帅，分析时代现实，研究传播现象，至今而言仍是不过时的好方法。事实上，时间网络也深度地参与到文本实验室的研究当中，与阿里巴巴的技术相结合，探索技术与文化传播之间的关系。我们不能因为文本实验室叫“文本”而忽略了“实验”，我们一直致力于新技术与传播相结合。科学的研究拉近了文科与理科的差距，使社会科学与自然科学的分界线变得模糊。在这个过程中，我们在研究文字词汇的时候，可以凭借技术工具来呈现社科现象，共同走向星辰大海。

（向熹，暨南大学文本实验室研究员、暨南大学新闻与传播学院讲座教授、广州时间网络科技股份有限公司董事长）

词语的生命　生命的词语

词语本身就是人类的一种认知范畴，通过相应的词语，时代的社会结构、认知模式和精神信念被凝固下来。后人在想象这个时代的时候，完全可以通过词汇及其变化的过程来把握。淘词计划完全可以通过某些词汇捕捉或者记录这个时代，形成比较深入的描述或者阐发。

淘词的方法具有特别的历史性、实践性和技术性。正是通过对这些词汇的历史进行追溯，某些时代性、文化性以及思维性等深层的东西才能凸显出来。中国文字有其独特的意义呈现方式，它是以象形为基础而造字的，有一种“象思维”存在。因而淘词必须有一定的篇幅来处理词汇的造字逻辑，以此洞察原初的意义结构。

词语总是离不开技术的支撑，正是口语、书写、印刷、电子化以及数字化等技术迭代，导致了深刻的表意方式以及社会实践后果。互联网时代的文字书写，是以键盘、鼠标、字库等方式进行的，它给人类在感觉、知觉、思维等方面带来了何种变化，仍然有待研究。

在互联网的快速交流语境中，新词汇往往层出不穷。因为词语的流通需要约定，而互联网提供了词汇快速而大范围约定的可能，且不会导致鸡同鸭讲的传播断裂。技术视觉出现后，似乎占据了传播的核心位置，但文字的地位依然不可取代。相比图像，文字具有更高的清晰度、抽象性和公共性，词汇抵达的是人类最深层的存在状态。

李红

（李红，暨南大学文本实验室研究员、暨南大学新闻与传播学院教授）

找到“共识”的源代码

淘词计划是一个“文科实验项目”。我有幸参与了整个“实验”的过程。在项目统筹和编辑工作中，我直观地感受到，语言法则是思维法则的体现，同时语言法则在塑造我们的思维法则，当语言和思维把我们的俗世生活和精神信仰串联到一起，它们就成了我们共同的生活法则。

知网文理工科全部的文章分为10类专辑168个专题，淘词收获了5类专辑8个专题标签，包括新闻传媒、语言文学、伦理学、法理法史、司法制度、经济理论、医学教育等。

淘词计划的10个词都既是名词又是动词。这10个词，代表10个“共同场景”。《礼记》中有“大同世界”，这是人类的共同愿景。淘词计划是从我们每天都会接触到的商业世界的碎片现象入手，去溯源、还原人和人的“共同场景”。“淘词”这个“实验”，是对商业社会的现象所反映的人文规律的研究，项目因此也得到了阿里巴巴、腾讯以及众多数据公司的支持。

现在的世界变化速度很快，词汇语言更新传播的速度也很快。一方面算法可能让信息变成茧房，另一方面大数据又会让信息成为海洋，这都给我们的研究带来了很多与传统方式不一样的因素。我们需要结合更多的学科，用更新的方法，建更合宜的模型，跟更多的社会机构做更紧密的结合，从最基础、最小、最民生、最真实的碎片着手，以学术共同体的形式完成跨学科的研究，找到“共识”的源代码，和大家一起创造和经历更多的“共同场景”。

林憬文

（林憬文，暨南大学文本实验室研究员、时间网络研究院研究员）

术语何求？

—— 语言世界里的“爱与意志”

暨南大学文本实验室成立以来，与其说是在“淘词”，不如说是以“术语”为抓手，思考一种认识世界的方法。这一年，文本实验室启动的淘词计划，上下求索，纵横千里，在浩瀚的语言世界里“淘”了十个冒着热气的术语——“码”“隔”“商”“虚”“留”“卷”“诈”“社”“代”和“容”，从而帮助我们在术语的维度上发现、识别、梳理、洞悉时代脉搏。在“码”那里，我们得以窥视时代前行的尺度；在“虚”那里，我们有理由想象一种生活方式；在“卷”那里，我们不得不追问生命应有的内涵……

实际上，淘词计划并不局限于在术语上做文章，还以“淘词”为媒介，搭建起了科研、教学与社会服务之间的桥梁——推出十大术语的重磅文章，形成乡村振兴调查系列报告，创办新文本训练营，目前正在朝着新文科实验室的方向推进，回应国家重大战略，探索人才培养模式创新的新路径和新实践。

一滴水可以映出世界的模样，淘词计划的意义在于，不仅提供了一个由术语组建的话语网络，还提供了一种方法论意义上的认识之道。淘词计划以术语为关注对象，开启了一场社会实验，由此启发我们思考以下三个问题：一是术语与思维；二是术语与话语；三是术语与安全。

第一，术语与思维。按照认知语言学观点，任何一个术语的意义建立，都存在一个基础性的隐喻结构，即人类是在隐喻维度上认识术语。正如“时间就是金钱”所解释的隐喻结构那样，我们通过对“金钱”的部分属性的选择与强化，投射到“时间”之上，从而形成一种转义生成的认知关系，以建立关于“时间”的理解方式。而作为一种普遍的思维方式，隐喻基于事物的相似性，形成的是一种类比性的联想关系。那么，当我们在认识术语的时候，不仅要关注术语表达了什么，还要从思维方式出发，批判性考察术语是在何种修辞结构中确立意义的，以此打开一个更大的意义世界。

第二，术语与话语。术语是话语的存在基石，亦是话语构成的符号单元。任何一种话语网络的形成及其合法性建构，往往会发明、构造或征用一定的术语——通过对术语的直接生产或意义争夺，将其吸纳到既定的话语结构中，使其服务于话语的合法性生产过程。那么，面对一个术语，一种常见的研究思路便是将其置于一种话语结构中加以考察，既要观察其进入话语网络的连接方式，也要观察其离开话语网络的反连接方式。在连接与反连接之间，一种话语运作的缝合方式被悄无声息地生产出来。唯有如此，我们才能在术语基础上，想象一个更大的话语网络及其运作机制。

第三，术语与安全。党的二十大提出推进国家安全体系和能力现代化，这里的“安全”具有多重含义，而语言安全则在某种程度上发挥着压舱石的作用。语言作为一种基础性的组织方式，配置了思维，也调和了文化。世界的样子，在语言这里存在一种本体性的显现结构。当前，国家语言能力建设，被推向一个极为重要的国家战略位置。因此，当我们在考察术语的意义系统及其变迁时，同样需要站在语言安全的高度，审视术语本应背负的伦理承诺，即术语安全问题。我曾经写过一篇评论《警惕网络文化空间的“语言腐化”》，也是在关注这个问题。有时候，一个术语的无序化流动、低俗化发展，可能会引发一场猝不及防的生态性、结构性、系统性危机，语言研究应该有这样的自觉和责任。

我一直相信，术语是有生命的，有爱，有欲，在这险象环生的“语言红尘”里，有些术语淡出了我们的视野，只因那些过不去的坎，而有些术语历经沧桑存活了下来，走出斑驳的光影，瞩目远方。淘词计划打捞的十个术语，更像是站在光里的英雄，有前世，有今生，所诉说的，又何止是千言万语。

（刘涛，暨南大学新闻与传播学院党委书记、教授）

1 码

“码”是砝码和法典，是扫码和解码，是把人和物“码”成“共同在场”关系的工具。码既是共同规范，又是个性接口；既是文明社会的经线，又是“链接”人与人的纬线。

2 隔

“隔”无处不在，人以群分，有人的地方就一定会分组分类分群。亲密有“间”的关系是天地常态。

3 商

承接“人以群分”，不同的“群、组、类”需要商量、商路、交流、传播。

4 虚

假如有一次选择的机会：你想火星移民还是数字移民？又假如全人类的答案分成了两组，我们还能“和而不同”吗？答案是可以的。

5 留

关于人生终极意义的思考会影响我们一生的规划：我们想“留”在哪些场景中，我们生前想“留住”什么，死后想“留下”什么。

承接上一个场景，即使我们在星辰大海和数字移民的终极目标间选定了一个方向，依然会遭遇“我究竟是要逆袭成功还是被卷躺平”的日常课题，卷是主动的行为，却是被卷的结果，“卷”这个场景说的是我们与环境的关系。

6 卷

“诈”与“信”都是不外显的内心态度，是我们对待他人的内心场景。

7 诈

“社”和“会”都是社会，“社”是我们与熟人的关系。

8 社

“代”是代工、代言、代理、代表，是中介，每个人都可以“代”，也可以“被代”，“代”是我们与陌生人的关系。

9 代

十是终数，是九之极的进位。在这个进阶的一章中说的是我们对待“彼此”的关系。在和而不同的大同世界，“容”是愉悦地共同在场。

10 容

目录

淘词

（上编）

十个词串起同一个世界

码

码 | 《一切的开始》

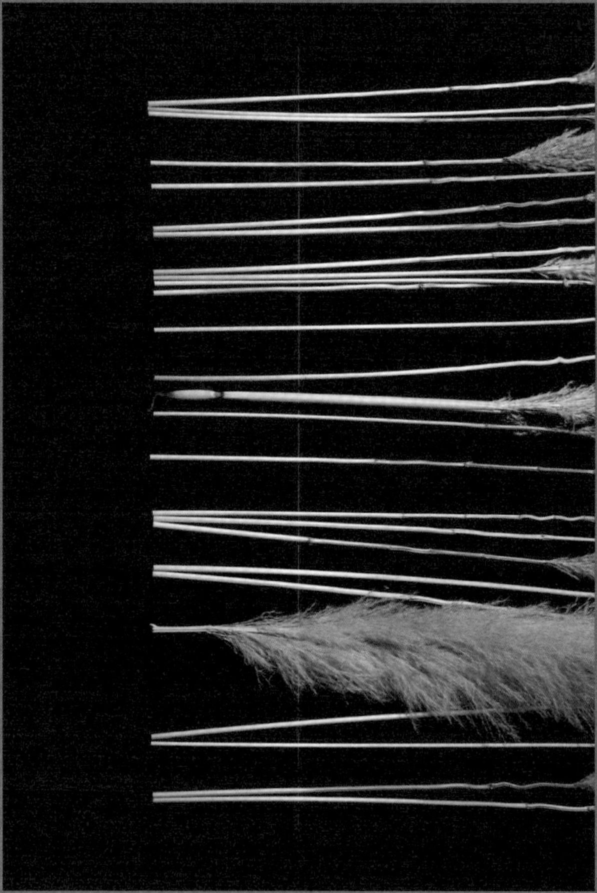

按照不同时空的砝码规则（code），被码在一起的芦苇们。

码

扫码时代的时空召唤

摘　要　“码”这个字，100 多年间在汉语言中的含义和地位发生了剧变，从没有实物意象、不是辞典中的一级词汇，演变为生活中出现频率最高的词之一。码的释义变迁和意象具化的背后是人类时空观进化的结果。扫码时代的“码”跟对应的人和物之间是时空伴随的动态关系，是标识时空方位、记录社会关系的工具。

关键词　砝码；筹码；亮码；扫码；健康码；二维码

“码”这个字，100 多年间在汉语言中的含义和地位发生了剧变，从不是一级词汇，没有实物的意象，不能单独表义，到今天一人一码，家喻户晓。“码”字释义变化的背后，是人类科技的发展与商业文明的进化，体现的是人类社会集体意识的变迁。

码的核心特征 2000 多年来一脉相承，即和而不同。一方面，单人不成码，码是“众”的概念；另一方面，码又是最尊重个性化的概念，没有完全相同的两个“码”。一人一码一世界。“亮码”与“扫码”之间，是个体与“复数单位”的数字时空之间一次限定范围的接入、交换、共享。“码”破除了人类社会进程中的绝对对立关系，为更大范围内的“和”创造了可能性；“码”在不同的时空之间构建联系，让“不同”的文明和语言统一接口。

2009 年、2010 年全网检索关键词“码”及“code”

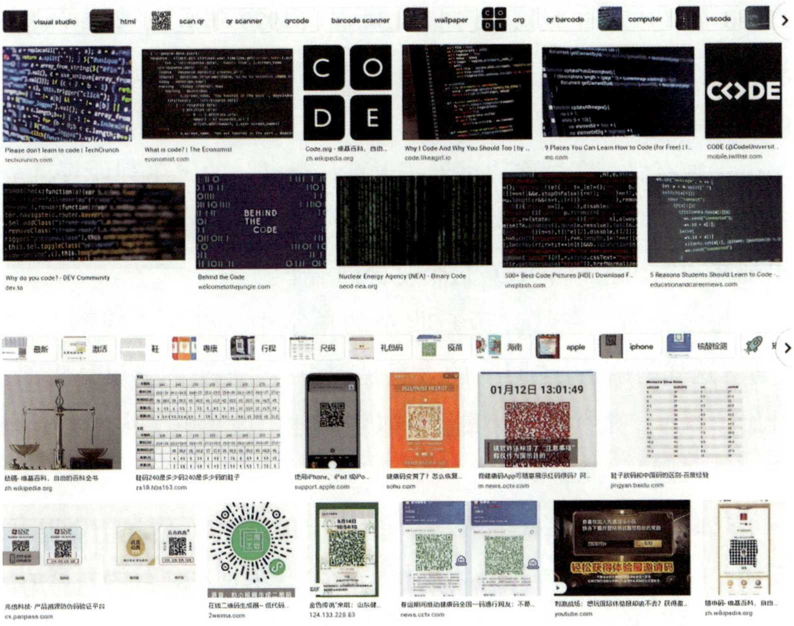

2021 年全网检索关键词“码”及“code”

《辞源》里没有 “码”

今天说起“码”，每个人起码能想起不止一个“码”。

截至 2021 年第三季度，广东省健康码累计扫码超过 100 亿次；截至 2021 年 11 月，支付宝中全国激活医保码的用户达近 3 亿人；截至 2021 年 12 月，菜鸟快递码累计用于 1000 多亿个包裹……

但时光仅仅倒流 100 多年，人们对于“码”这个词的理解，还停留在一个没有意象、无法单独表义的字上。

光绪三十四年（1908 年）始编的《辞源》里，收录了 1840 年以前汉语中的一般词语、常用词语、成语典故等，共计单字

12890 个（1979 年版），复词 84134 条（1979 年版）。有趣的是，这本靠“四角号码”检索查字的字典里面，并没有收录“码”这个词。

无独有偶，在号称“世界三大百科全书”的《不列颠百科全书》中文版里，也没有关于“码”的单独的词条，“码”字仅仅出现在“密码”（cipher）这个复合词语下。

与之相对，在《辞源》收录的单字中，有如“网”“元”“马”这样的单字。“网”的表意是编织；“元”的意思是头部、开始、原本。延续至今，我们可以轻易地把这些单字从古义延伸到“互联网”“元宇宙”。

我们或许可以这样理解，《辞源》的编纂者们认为，1840 年以前的汉语世界里，“码”，算不上一个一级词汇，筹码、砝码、码碯（亦作玛瑙），把砖码在一块儿……“码”都附加在其他的单字上表达复合概念，而没有类似于“元”“网”一类的独立的意象和含义，因此并没有把“码”作为单独词汇列在词条目录下。

“码”的释义亟待“数字化转型”

在 100 多年后，“码”变成了日常生活中亮相频率最高的词汇之一，有了实物的意象。基因代码、网络代码、二维码、付款码、健康码，码码相通。“码”富含个体的细节特征，每一次的亮码、扫码、编码、解码，都意味着个体跟某个空间群体分享了自己的一段时空特征，接入了某个数字世界的“码头”。

但是在今天的汉语字典上，还没有“码”作为数字化接口和个体信息标识的释义。根据上海辞书出版社出版的《汉语大词典

（第七卷）》（2011 年），“码”有以下释义：

（1）见“码碯”。

（2）表示数目的符号。如：暗码；明码；数码；号码；密码；页码；价码。

（3）表示数目的用具。如：砝码；筹码。

（4）搁置；冷落。例：把朋友码那儿了。

（5）方言。堆叠；垒起。例：码好了十几个土坯。

（6）方言。按；依照。例：他和民兵们码着踪迹，在深沟大壑里追出三十五里地。

（7）方言。取消。例：你说把这点码了？

（8）见“码头”。

（9）见“码子”。

（10）量词。用来指一件事或一类事。例：两码事。

（11）方言。量词。相当于“堆”或“垛”。例：一码柴火全都烧光了。

（12）英语 yard 的译名。英制长度单位。

今天无所不在的“码”，在其他语言中，并没有完整对应的含义。

在上海外语教育出版社出版的《外教社·柯林斯英汉双解学习词典》（2007 年）中搜索“码”，有以下释义：

（1）numeral：表数目的符号。

（2）weight：筹码 bargaining chip；砝码 balance weight。

（3）yard，英制长度单位。

（4）表示“堆”这一动作。例：码齐了。stack；pile。

（5）cipher 或者 code（密码、代码、法典、法规）。

北京大学出版社出版的《当代日汉汉日大辞典》（2008 年）

中搜索“码”，有以下释义：

（1）汉语“数码”，日语写作“数字”。

（2）汉语“号码”，日语写作“番号”。

（3）汉语“砝码”，日语写作“分铜”。

（4）汉语“把东西码到一块”作动词，日语写作“積み重ねる”。

（5）汉语“二维码”，日语写作“二次元コード”，后面一半是英语的音译，相当于“二次元 code”。

日语中没有对应“码”的汉字书写。

码的隐喻：堆起来的马力

码字最早的很多含义都来自“马”，甚至直接通“马”字，例如，《辞源》中提到的“马力”“马蚁”“法马”“筹马”等。

秦始皇统一六国后（公元前 221 年），推行“书同文，车同轨”，统一了度量衡，又创制了一套统一的文字，即小篆。“码”字就诞生在这个时代。

我们或许可以这样理解，秦始皇统一度量衡之后，表达空间概念的度量单位成为一种统一的标准，“码”字传递的这种统一空间标准的含义，使它从“马”中分离出来，承担起独立的作用。今天全球数字化进程中，码的标准化的数字接口新释义，及其标识时空方位和时空关系的新内涵，与 2200 多年前“码”字诞生时即带有的统一性、标准性的时空含义，是一脉相承的。

马字旁，从动物马的生物特性，引申为一种工具，意味着某种力量。譬如：

马力，即马的力量，《荀子·哀公》：“历险致远，马力尽矣。”后也为功率单位。

马蚁，大蚁，后为“蚁”的通称。唐段成式《酉阳杂俎·虫篇》：“秦中多巨黑蚁，好斗，俗呼为马蚁。”

石字边，表示一种似玉非玉的宝石，即码碯。石块表达着“众”及“堆积”的概念。譬如：

码：把一些砖码在一起。

法码：计数的单位。

码洋：商品上标有折扣的定价，出版社早年使用。

码字：代指写文章。写一个字叫书法，写很多字，才叫码字。

码农：写代码的人。从码头工人到码字工作到码农的一脉相承。

尺码：具有“统一性”和“标准性”两大特征的度量单位。

码头：“众”物交杂的地点，一个接入点。

盖码饭：《礼记》所载的淳熬（肉酱油浇饭）、淳毋（肉酱油浇黄米饭）号称周代“八珍”。天子的盖浇饭，发展到后世，有了两个细分名称：盖浇饭和盖码饭。一个侧重把菜汁浇灌到饭里；另一个强调把菜“堆砌”在饭上。

码字由“马”的动物特性带来的意象，并非只存在于汉语言中。

在拉丁语中，马（equus）的复数形态构成了一个新的名词，eques，意指骑士。此时的复数表达的正是“众”的概念。古罗马的马，也是一种工具，一种标记财富数量的工具。古罗马的骑士不是军职，而是一个阶层。富得足以拥有自己的马的那些人，就被称为骑士。

在基督教的隐喻中，马代表的是武力，与中文“马力”的意象是不谋而合的。

与盖浇饭相比，盖码饭强调把菜“码”在饭上

资深解毒：盖码饭和盖浇饭的区别是什么？ 原创

2021-04-13 14:52:44

御来顺 码龄1年 关注

盖码饭是一种源自湖南长沙的美味饭类做法，和全国俗称的盖浇饭、盖饭有异曲同工之妙。其实，“盖码饭和盖浇饭的区别”还是有一点的，我们仅从可以区别的“码”和“浇”字，或许能想象到一些细微的区别。

码：指“堆叠”。如：码垛、码放。

浇：指“把液汁倒入模型”。如：浇版、浇筑、浇铸。

通过以上字的解释，我们也能看出盖码饭和盖浇饭的主要区别了。

网友对盖浇饭和盖码饭的解读

数字时代的“码”，同样是一个“众数”和“力量”的概念，但它所代表的并非某一阶层，而是数字宇宙中的每一个人和物，以及这些人和物之间的社会关系。它不是某一种武力或财富的力量，而是由统一性和标准化带来的无所不在的接入和共享的可能性。

“码”的力量源自它的无所不在。

时空认知进化与码的升级变迁

2021 年 10 月，成都市防疫部门提出了一个防疫新概念，叫“时空伴随”。此处“码”的一个重要特征，正是时空伴随的状态。

语言背后是人的思维，词汇是记录人类社会进程的工具，语言的变化反映着社会的潮流、文化的动向，体现着社会集体意识的变迁。“码”字地位的升级及含义的变迁，来自人类对于时空观念认知的四次进化。

对时空伴随防疫细则的解读

中国人民大学张积家教授对于语言心理认知做过丰富的研究，他在《民族心理学》一书中指出："词源证据说明，在表达时间概念之前，一般必须有相应的空间概念。时间概念是基于空间概念发展起来的。"

举个例子：汉语中，"马上"最初描述的是骑在马上即将出发的图景，表达的是空间的概念，后来才演变为"立即"这一时间概念。

拉丁语中，illico，意思为"马上"，它是从 in loco（直译为：位于某个点上）这个空间概念演化而来的时间概念。

英语中，on the spot，字面意思是"在现场"，后也可表达"立即"的意思。

认识到空间概念和时间概念后，人类第三阶段的时空认知是意识到了自我在线性时间关系（即历史）中的位置，而这是直到20世纪才产生的。中国人民大学古典语教授雷立柏（Leopold Leeb）在他的著作《拉丁语桥：拉丁语—英语—汉语修辞学词典》中提到，现代/摩登（modern）的概念来自拉丁语的"modernus"（最近的）。自查理曼大帝（Charlemagne，公元800年加冕）以来，每一代的西欧人都认为自己是"宇宙的中心"，把自己所处的时代表述为"现代"。

汉语言早期的使用者有类似的时空观，即以自我为中心，置于天地万物之中。"与时俱进"是现代汉语的表达方式，古人的说法叫"与世沉浮"（司马迁《史记》）。古人只有"天上，地下，竖向方位的概念"，没有自身位于时间哪个部分的表述。雷立柏通过对语言的研究，得出的结论是：20世纪中国人才产生所谓的"时代感"，考虑自己先进或者落后于时代，并开始广泛地使用"现代/摩登"这个词来表述自己所处的时间方位。

第四次时空观的进化出现在当代，譬如2021年10月以来，元宇宙（Metaverse）概念被“旧词重提”，是人类时空认知再进化的一个现象，即，想要理解和表达自己位于时空中的哪一部分。而“码”正是标识并记录人和物时空方位及社会关系的工具。

秦统一六国后，从“马”到“码”，码的“众数”和“标准化”的含义第一次被明确并分化出来；当代，从“马上”到“码”，是从对一种静态的时间点的表述，转变为对一种时空伴随的持续动态的描述，是人对时空含义理解升级后，语言随之进化的表现。

“码”是一个打破旧有时空观的概念。在数字世界的“码头”，“时空伴随”的状态解决时空交错的问题，让人类可以更好地理解和表达自己身处何时何地，让不同文明和语言的时空，统一接口。

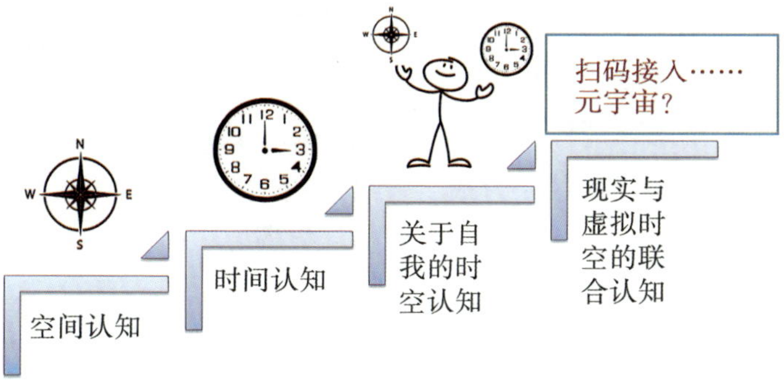

时空观念认知的四次进化

时空语言“源代码”：是 Meta 还是元？

2021 年 10 月，社交媒体巨头、Facebook 的创始人扎克伯格宣布把公司更名为 *Meta*，以强调元宇宙的愿景。“元宇宙”（Metaverse）是美国科幻小说作家尼尔·斯蒂芬森（Neal Stephenson）在 1992 年写的小说《雪崩》中提出的一个概念。

从字面意义上来说，meta 来自希腊语，意思是“什么之后，超越什么”。30 年前，斯蒂芬森在创造 Metaverse 这个词的时候，隐含的依然是表达“超越”现有时代的概念，即停留在自己和时间是线性关系的表述上。

语言是反映思维的工具。语言的进化，反映的是人类社会进程的变化。meta 的表述，没能“描绘”出新时代的时空观的基础：即时空交

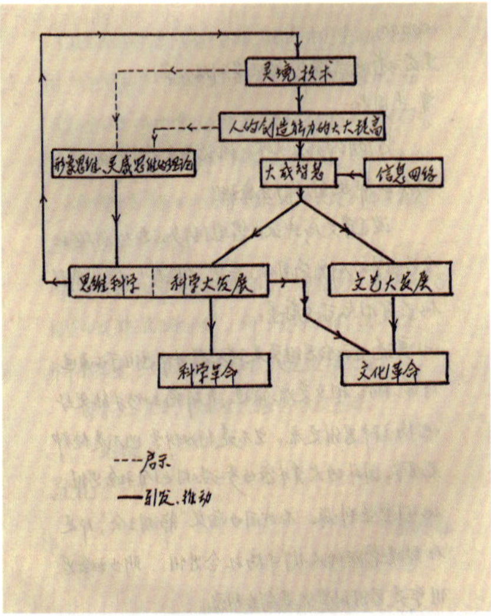

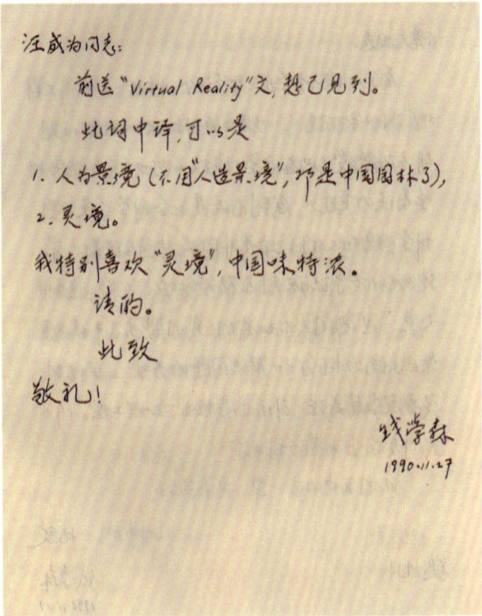

汪成为同志：

前送“Virtual Reality”文，想已见到。

此词中译，可以是

1. 人为景境（不用“人造景境”，那是中国园林了），
2. 灵境。

我特别喜欢“灵境”，中国味特浓。

请酌。

此致

敬礼！

钱学森

1990.11.27

钱学森的“灵境”

错并行，万物和而不同。

从这个意义上来说，或许社交媒体巨头可以考虑换一个词来表达自己“领先”的时空意识，又或者升级 meta 这个词本身的定义。

“码”时代，时空的概念是点状的、并行的，一人一码一世界，只有接入和断开的连接关系，没有了领先于或者落后于时间的概念。时间不再是线性的，空间也不再是唯一的。

汉语，对于 meta 的翻译，一直用“元”。譬如 meta cognition，即元认知、“源代码”，是对认知的认知。

中文的“元”字最早出现在甲骨文中，它被《说文解字》录入的含义是：“始也。从一，从兀。”“元”被《皇极经世书》用来表达“世运时会之数”。一元，代表混沌世界的一个周期，一元复一元，周而复始，反而是一个非线性关系的时间概念。从这个角度，我们或许可以这么理解，元宇宙，是众多一元形成多元互动的时空伴随的概念。

20 世纪 90 年代，科学家钱学森给虚拟现实（Virtual Reality）取了一个富含意境的名字，叫“灵境”，并指出灵境可用于信息网络、人脑认知，大有可为。

“层层加码”，码上有码、码中有码、“众码成城”的灵境世界中，用于连接时空和标识社会关系的工具码，大约就是空间中无所不在的精灵了。而这里的“明码实价”指的也应是空间中每件物品独有的身份信息，码清晰透明、不容篡改地记录了物品的来源与去路。

新的时空观下应该有新的词汇和新的释义。

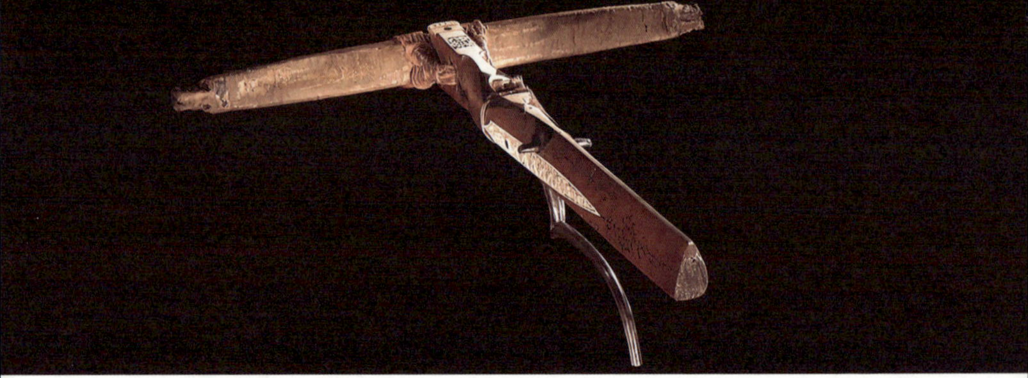

符腾堡伯爵乌尔里希五世的十字弓（1460 年，现藏于纽约大都会博物馆）

艺术之码：隐秘与规范的一体两面性

今天，我们在互联网搜索引擎中输入“码”字，会出现上百万张图像，大部分都是条形码、二维码、支付码、编码、代码。在代表静态商品特征的条形码和标识动态社会关系的二维码出现之前，要理解“码”的意象并不容易。“码”的释义变迁和意象具化的背后，是人类科技的进步和商业文明的进化。

码的核心特征是“和而不同”，具有个性化和标准化的一体两面性。这是“码”字自 2200 年前诞生之初，就一脉相承的固有特性。在扫码时代的数字码头，“码”的内涵又有新的进化，在频繁“接入和断开”的联系中出现了双向互动的模式。这种动态累进的文明交流模式，让“码”所代表的个体存在与个体需求被看见，被尊重。

“码”的英文 code 有代码和法典的意思。code 来源于拉丁文 codex，其原意是树干、账本。码的个性化与标准化一体两面的特性，在艺术之码中有所呈现：一边是抽象的、社会经纬线般的行为标准，如法典；另一边是个人与个人、个人与族群之间代码信息的传递。

现藏于纽约大都会博物馆的一把十字弓，属于神圣罗马帝国皇帝腓特烈三世麾下最重要的将领符腾堡伯爵乌尔里希五世。这把十字弓最让人着迷的，是纹饰中难以解读的“代码”。几个世纪以来，大多数学者都将这些希伯来字符看成随意雕刻的胡言乱语。直到最近，一个学者以军事密码学的方式对这段文字进行了解密，得到了可以理解的话语：拥抱亲爱的上帝，果敢，刚毅。这句话的前半段，曾经出现在伯爵夫人玛格丽特参与订制的手稿之中，是她认为的人生中最重要的宗教原则，可以看成女主人对于即将走上战场的丈夫的祝福。对这一艺术品的解码，体现了人与人之间个性信息的传递，是伯爵夫人与伯爵之间一段“时空特征”的交换。

Horst-Egon Kalinowski 创作的《月球码》，发布于“阿波罗计划”开始之后的第三个年头，计算机技术已经开始显示其在科技领域的重要作用。

Bernard Solco 于 1993 年在纽约 Soho 区创作了世界上第一幅关于条形码的艺术作品，手绘的巨型条形码长宽均超过 1.5 米，但是线条准确，可以被扫码枪识别，体现了当代“码”的意象中标准化接口的特征。

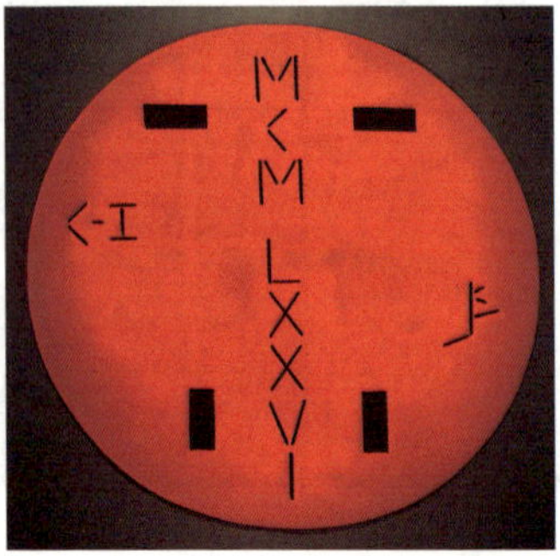

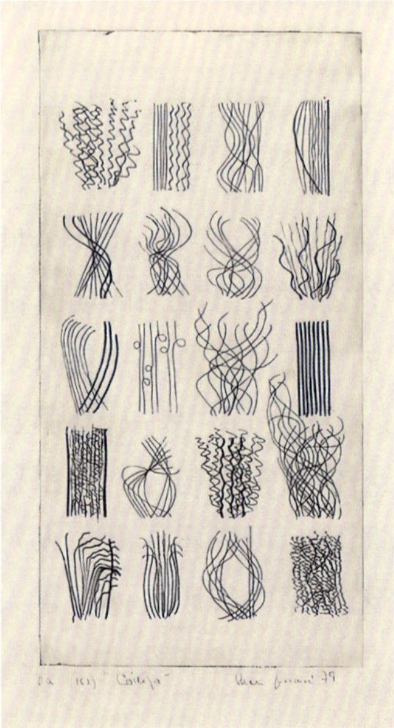
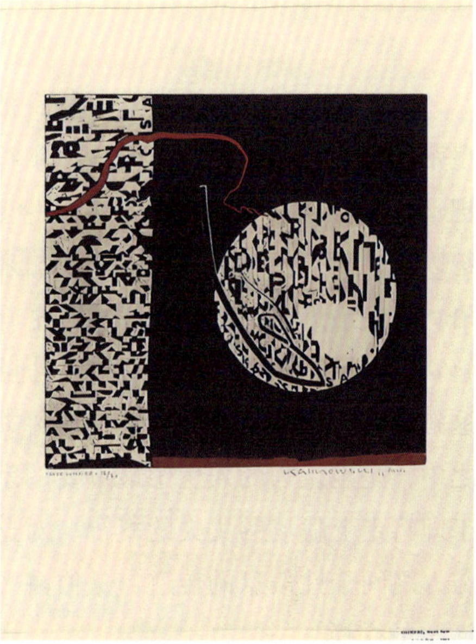

Keith Sonnier，*Abaca Code-Circles*（1976 年，现藏于美国国家美术馆）

Bernard Solco，*Kellogg's Corn Flakes barcode*（1993 年，现场创作于纽约 Soho 区）

León Ferrari，*Code*（1979 年，现藏于纽约现代艺术博物馆）

Horst-Egon Kalinowski ，*Lunar Code*（1963 年，现藏于纽约现代艺术博物馆）

艺术中的码，体现着码的一体两面性。码不仅是隐秘的个性化特征的接入和交流，也是公开的规范与标准。1804 年《拿破仑法典》（*Napoleonic Code*）的颁布，被忠实记录于各种艺术作品之中。《拿破仑法典》和 2020 年 5 月颁布的中国《民法典》（*China's Civil Code*）都是社会标准之“码”（Code）。

法国宣传版画《拿破仑 · 波拿巴在马尔迈松城堡宣布〈拿破仑法典〉》（1804 年）

Jean-Baptiste Mauzaisse，《拿破仑一世书写民法典》（1833 年，现藏于马尔迈松城堡博物馆）

Anne-Louis Girodet，《拿破仑皇帝与民法典》（1808 年，现藏于拿破仑 · 波拿巴家族博物馆）

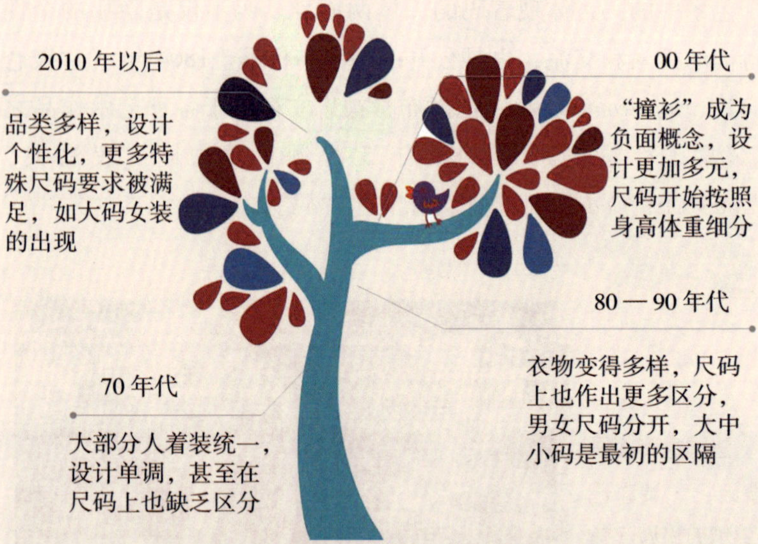

“尺码”作为“标准”，自身的进化和细化

商业之码：让每一个人都“被看见”

码不仅是用于众人的法典规范，也是彰显个体信息的标识。码，必须“众”，在不止一个人的地方，才需要“码”。但是，“码”又是一个非常个性化的沟通工具。在数字文明的生态环境中，随着不同的“码”不断接入某个平台，互动模式下的叠加累进的社会关系，会让“码”衍生进化出新的标准。

秦代统一了度量衡，才明确了“码”的空间长度单位的概念。衣服的尺码，本身是标准的概念，但是随着标准自身的不断进化、细化，满足了更多个性化的需求，码让每个个体的需求都有机会被世界看见，譬如“大码服装”的诞生。公开数据显示，到2021年，在淘宝平台上卖大码女装的商家超过1万家，30天销量超 1000 万元的店铺就有 10 家，粉丝最多的五季大码女装仅在淘宝平台上就有 552 万粉丝。而“大码女装”仅仅只是时下消费市场中 2000 多个形态各异的特色“一元”之一，众数的消费个体接入数字码头后，催生了众数的个性化消费需求，如国潮、盲盒、汉服、口罩。

2009 — 2021 年电商平台新兴品类

品类	兴起年份（年）	销售额（亿元）	店铺数（家）	热销地区
大码女装	2018	13.6	8343	广东、浙江、江苏 北京、江西、上海
汉服	2020	0.8	1278	四川、广东、浙江 安徽、江苏、山东
口罩	2020	1.6	4652	浙江、广东、上海 江苏、安徽、北京

资料来源：根据 2021 年 7 月淘宝网的公开数据制作。

因需求而诞生的供给，让每一个个体的需求有机会“被看见”。码的存在与接入，并不影响个体的完整性和私密性，相反，接入数字码头，分享一段时空特征，被接入的数字世界，会因为接入的码而产生改变——“众码成城”。

无论是代表商品的条形码、科学上的编码，还是出生即携带的基因代码，事实上，码的存在，本身就是为了“被看见”。

科技之码：用统一标准“解码”世界

迄今为止，人类在生命科学方面最大的进步，就是对 DNA 编码的发现。当我们谈论新冠肺炎病毒基因序列检测的时候，我们说的是病毒的 DNA 或 RNA 基因解码过程。

大千世界，众生百态，从病毒到人类，从霸王龙到折耳猫，在 DNA/RNA 的世界里都可以被解码成有限的碱基和碱基对，这些被码放整齐的碱基，承载着所有关于生命的秘密。

从 DNA 双螺旋结构被发现至今，短短 60 年时间，生命科学的发展超越了过往所有时代的总和。每一个生命的“基因代码”都不相同，但所有的“基因代码”都遵循相同的规律，可以接入同一个宇宙。

2021 年 1 月，《自然》杂志回顾了“二战”后计算机技术发展对科技进步的影响，评选出了十大“改变科学进展的计算机代码”。

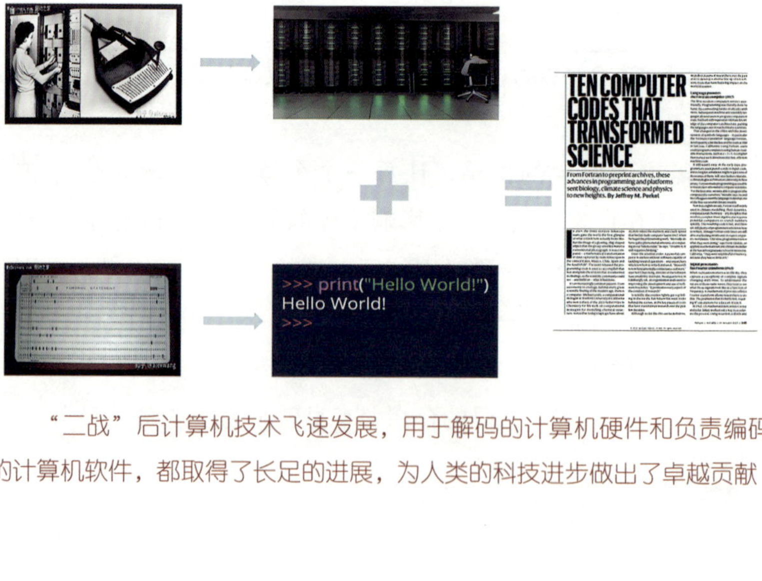

“二战”后计算机技术飞速发展，用于解码的计算机硬件和负责编码的计算机软件，都取得了长足的进展，为人类的科技进步做出了卓越贡献

在科学研究上，码作为已有知识的索引，通过以“码”为工具的命名系统，不同地区、不同种族、不同语言习惯的科学家面对海量的信息，实现了精准的对接与沟通。

新冠肺炎病毒出现后，光是针对 Delta 病毒，全球就完成测序超过 26 万次。病毒变异株采用 PANGO 编码进行命名，清晰统一、标准精确。

截至 2021 年 11 月，Google Scholar 上针对 Covid-19 的学术文章超过 400 万篇。这些正式发表的学术论文都有对应的 DOI 码。DOI 码能够帮助研究者快速定位相关文献，是云计算背景下大数据样本的存储和应用技术。

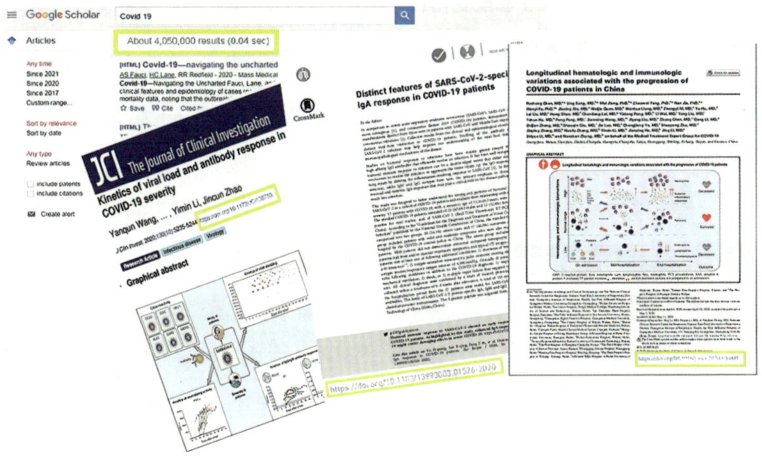

钟南山院士发表的三篇新冠肺炎病毒相关论文及其 DOI 码

2020 年，古生物学家命名了 40 个新属（种）恐龙，通过给这些消失的古代生物命名归类建档编码，后来者才能够更加清晰、精准地理解这些恐龙的体型、食性以及所处的生态环境。

在信息技术中，统一的编码协议是一个核心概念，也是电子时代实现信息交流的基础，如 Wi-Fi、5G、卫星导航、视频传输，都需要遵循相应的编码协议。

码的科学意象是基因代码、计算机代码、通信协议代码，用统一标准的方式来“编码”和“解码”世界的人类，第一次如此接近传说中的巴别塔。

民生之码：技术赋能创造社会价值

菜鸟电子面单推动中国快递进入数字化时代

《人民日报》解读元宇宙，提出四项支撑技术：虚拟现实、云计算、大数据、人工智能。在云计算和大数据的支持下，科技之码被广泛应用在民生领域，譬如众所周知的健康码、医保码、快递码，以及在更专业的领域发挥关键性作用的冷链码、孔雀码（助农）、政务码（如海南政务“码上办事”）。“码”的内涵与外延不断升级，提高了社会劳动生产率，产生了可观的社会价值，也让更多人对“码”有了具象化的认识。

孔雀码是云南省发改委（数字经济局）打造的省级区块链溯源商品码，在蔬菜种植、采收、加工和销售管理平台上引入了区块链的加密算法、点对点网络、共识算法等技术，解决了传统特色农产品溯源环节数据记录易篡改、产品验真时效低等问题，实现了供货商、销售商、物流、政府、检测机构间的“全程时空信息共享”。

医保码，是国家医保电子凭证。截至 2021 年 11 月，支付宝全国激活医保码的用户有近 3 亿人，约 1.6 亿用户使用过该线上服务。线上医保查询办理缴费、线上医保支付等服务优化了就医流程，提升了就医体验，推进了整个医疗医保行业的数字化进程。

快递码，是“码技术”在民生领域的应用。截至 2021 年 12 月，菜鸟的快递码已用于 1000 多亿个包裹，日均生成量超过 1 亿。全网揽签时效从平均 4 天提速到 2.5 天。

冷链码，冷链食品的电子身份证。与静态标识物品身份的条形码相比，云技术支持的冷链码，相当于一张标识食品前世今生的动态身份证。从供应链首站到消费环节的闭环追溯，实现“首站赋码、一码到底、来源可查、去向可追”，为新冠肺炎疫情抗疫期间的商品溯源提供了高效精准的技术支持。

数字“码头”：共生共享共进化

日本作家村上春树在耶路撒冷做了一次著名的演讲《高墙与鸡蛋》，用一句话概括了他对世界的看法：

> 假如这里有坚固的高墙，而那里有一撞就碎的鸡蛋，我将永远站在鸡蛋一边。

村上春树觉得“每个人或多或少都是一颗鸡蛋，拥有独一无二的灵魂和包裹灵魂的脆弱的蛋壳”。所以村上春树表达了自己一生创作的核心观念：永远不站在高墙一边。没有数字码头之前，鸡蛋和高墙被当成了对立的两面。

扫码时代的数字世界没有个体和系统的对立，只有接入和没有接入的区别。鸡蛋的时空特征是在持续变化中的，某个时空点，没有分享，也是分享的一种状态，没有进入高墙也是高墙的一部分，当下某个瞬间没有进入高墙也不代表不是高墙的一部分。同时，如前文所述，个体选择接入与不接入，都会形成跟数字世界之间的特定的互动关系。高墙与鸡蛋在某个时空点上是“共同在场”“共生共享共进化”的关系。

教育部“互联网传播形态与中西部社会治理”项目中有个阶段性成果，观察者注意到，过往农村的社区关系是以宗族和血缘为纽带、以村广场为聚集点交流信息、促进感情的。现在公共空间迁移到线上了，线上的“共同在场”比村头“共同在场”的时空范围更宽更广，因频繁“接入”而产生的社会关系也更紧密了，“村民们通过智能化建立起的线上的社区给予了成员们更多平等交流的机会，提升了村民参与社区事务的意识和积极性”。

秦始皇在公元前 221 年，也就是“码”这个字诞生的时候，建立了一套统一的二元空间秩序。所谓秩序有两重含义：一是度量衡与文字的统一，二是最早的标准（度量衡）和记录标准的工具（码这个字）的诞生。

1804 年上线的《拿破仑法典》，是资产阶级国家最早的一部民法典，它破除了封建的立法原则，推动了资本主义的发展。我们或许可以理解为这是一种社会关系标准的统一。但拿破仑的法典和秦始皇的度量衡一样，本质还是单向发布的二元空间秩序。

直到二维码出现，空间秩序的表达方式进化了：亮码与扫码、基因解码与基因诊疗……标识和记录空间的方式进化了，空间和空间中的人、物的关系也出现了瞬时的互动与交流。在新的时空秩序下，万物流动互联，共生、共享、共同进化。

建造扫码时代的巴别塔是一场持续统一的数字行动，但是每一个码每一次的接入，都是一个动态而独立的瞬间。随着每一次扫码接入，码的所有者和整个空间都会产生一段新的社会关系，社会关系的刷新和累进本身又会进化出新的关系，数字时空的人、物、关系，都是动态的存在。这与法国哲学家列斐伏尔在《空间的生产》中所提出的社会空间的概念不谋而合。如同物理世界的万有引力，因不断接入而产生的变化的社会关系，是数字世界码与码之间的万有引力。

码是一个打破边界的破壁工具。这种统一跟以前的巴别塔不同的是，没有要求任何一个个体存在永远地嵌在某个场所。新浪微博有个功能，当搜索某个 ID，会显示所有跟这个 ID 相关的信息，这被称作这个 ID 的广场。在这个数字的广场里，个体可以跟恐龙学家嵌在一起、也可以跟探月车嵌在一起，而其他个体也可以进入这个广场，这种“随意性”带来的“必然性”恰好是“众”可以更广泛地“和”在一块的基础。

码与数字之间动态的接入关系，让和而不同的万物之间产生的是动态的连接关系，而非永恒的固定关系，在此处也在彼处，在此生也在彼生，这为万物提供了更多的“和”的可能性。新时代的巴别塔是动态“和”的空间。

一人一码一世界

碳足迹码，是一种基于二维码的碳足迹监管系统及方法。以一本书为例，有造纸和印刷环节的碳排放，有辅材、运输及用电的碳排放，本身有固碳效果和可再生的抵扣。未来的人和商品可能都有自己的碳足迹码。在从碳达峰到碳中和的路上，一“码”了然地集成了上下游产业链信息，“码”出了地球上人和物的碳文明足迹。

杭州人才码，是经认证、被标记的杭州高级人才（A—E 类）的特殊身份认证码。被赋码的人通过扫码或亮码，可实现人才政策“一键兑现”、人才办事“一站入口”、人才双创“一帮到底”、人才服务“一码供给”。

一个当代人的生活是“一码到底”的：早上扫支付码买早餐，扫乘车码坐公交，扫员工码进入办公场所，用动态编码加入在线会议，登录各种办公软件，扫码签收快递包裹，用医保码在线看病买药、兑付保险……

从砝码到密码、从条形码到二维码，从计算机代码到基因代码，码的子集和功能不断演进、码中蕴藏的信息日渐丰富：

条形码：记录物品信息/静态。

快递码：记录物品信息/动态。

支付码：信息交换/动态。

密码：信息确认/长期。

认证码：信息识别/瞬间。

健康码：信息储藏/长期、瞬间。

乱码：对接标准不统一造成的信息错位。

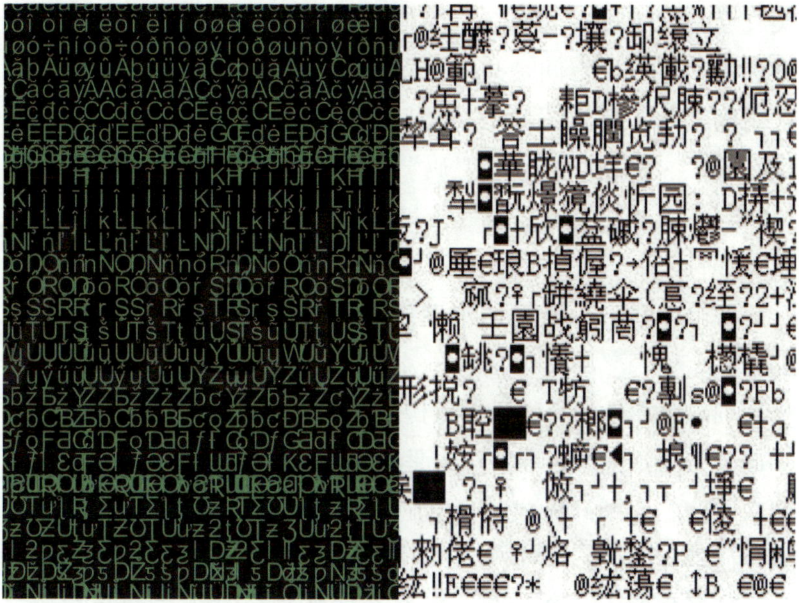

乱码

我们出示支付码，但支付码上并不显示账户余额；我们扫码进入线上会议，邀请者并不总是知道每一个接入的对象。码帮助我们携带和展示丰富的个人信息，但同时帮助我们隐藏个人的关系和状态。码的不同子集与不同功能，成为我们的摆渡人、代言人、代理人、代办人。但有时候，我们也没有那么幸运。接口不统一带来的乱码，会造成时空连接的错乱与信息分享的失败。人为的屏蔽手段，还催生出淘口令一类的特定时期的信息动态码。

2021 年 11 月，支付宝和银联在全国范围内实现扫码互认，贯通了百亿元的支付市场，形成开放共享的数字生态。

码的子集丰富，应用丰富，信息丰富，可隐可显，是个体时空伴随的身份凭证。码与码之间的“万有引力”，破除了人类社会进程中过去与现在、虚拟与现实、此处与彼处的绝对对立关系。码与码之间是共同在场的连接关系，每次的亮码与扫码之间，是个体与“复数单位”的数字时空之间的一次限定范围的接入、交换、共享。“码”在不同的时空间构建联系，让“不同”的文明和语言统一接口，为更大范围内的“和”创造了可能性。

在全球数字化转型的浪潮中，码与码之间的互联互通成为趋势。

刘慈欣在他的科幻世界里构建了两大对立的文明：碳基文明和硅基文明。地球人和三体人是以碳为骨架的生物，属于碳基文明。电脑芯片是硅做成的，电脑发展成有自我意识的超级电脑，就是硅基文明了。

碳基文明天生个性化，每个个体都是独一无二的存在。扫码时代，标准化的接入、共享、进化实现了众“码”成城的理想，让“和而不同”的碳基文明踏入了逆袭硅基文明的金色通道。

（安代、文景，暨南大学文本实验室研究员）

隔

隔 | 《可观的世界》

“隔”是疫情之“隔”，是寂寥的屋内和缤纷的外界之隔。“会思考的芦苇”透过面前的玻璃去认识、去观察世界，世界是“可观”的，但却是难以触碰的。

隔

人以群分：隔离而不隔绝

摘　要　“隔离”因为新型冠状病毒感染而成为全球“大流行”词汇。“隔”意味着分群分组分类。人以“群”分，从衣服到城墙，从面具到口罩，从信仰到群规，人类一直在创造“隔”和解释“隔”；从控制细胞膜筛隔机制的诺贝尔生理学或医学奖到数字空间网格云计算，人类一直在寻找“隔”和优化“隔”。隔是物理隔断，也是心理隔离。“隔”本身不带情绪，“隔”的行为却往往被附加社会意义。

关键词　隔离；隔友；间隔；网格；鼎鬲文化

“隔离”因为新型冠状病毒感染而成为全球“大流行”词汇。当前被谈论得最多的“隔离”是世界卫生组织（以下简称“世卫组织”）使用的传染病学概念。“隔离”本身是天地常态，有人有事有物就会分群分组分类。三人就能成群，各种社交软件、交往形态、社会结构完美诠释了《周易》里的“人以群分”。分群的过程同时实现了隔离和汇聚，一方面把自己和其他一些人隔开来；另一方面，在隔的过程中，又跟另一些人结成了新的群体。一个行为，两面结果。

“隔友”：时代的共同记忆

如今没有听过“隔离”这个词，不知道“隔离”概念的人，应该很少。新冠肺炎疫情给人类留下了很多属于这个特定时期的集体经历和共同记忆。

譬如，对出生在新冠时期的小孩来说，“飞机（国际航班）不是随便可以坐的”；出门“戴口罩”和“穿衣服”是同等重要的事情。

又譬如，时代新词风起云涌：quaranteam（隔友，指一起隔离的人）、coronnial（“新冠一代”，指新冠肺炎疫情期间出生的人）。这些词被 China Daily、CNN、BBC 等媒体认可和使用，被柯林斯、剑桥等重量级英文词典快速收录。因为集体创造的特点，还出现了“通假字”的现象，譬如“新冠一代”也写作 coronennial。可以想象，“新冠一代”长大以后，重拍《老友记》，可能会取名叫《隔友记》。

“隔离”是古老的“大流行”词汇

古汉语以单音节词为主。“隔”与“离”相连使用，出现在杜牧的《阿房宫赋》中，“蜀山兀，阿房出。覆压三百余里，隔离天日”。

商务印书馆出版的《现代汉语词典》（第七版）中“隔离”的释义为：

（1）不让聚在一起，使断绝往来。

（2）把患传染病的人、畜和健康的人、畜分开，避免接触。

2020 年 3 月，世卫组织将新冠肺炎定义为全球大流行病（pandemic），并对全球各国提出若干建议，其中包括：隔离、测试、治疗。11 月，柯林斯词典的编纂者们把隔离的一种形态 lockdown（封锁）选为年度词汇。根据柯林斯的统计，2020 年，lockdown 一词被使用超过 25 万次，而 2019 年仅 4000 次。

2020 年暴发的新冠肺炎疫情，让全球各地不同种族、不同信仰、不同国家和地区的人，对“隔离”有了同样的关注。不同语言、表达不同程度的“隔离”的用词频率均大幅提升。

英文中“隔离”对应三个词，分别是：quarantine、isolation、lockdown。

quarantine 和 isolation 是世卫组织认可的传染病学概念，被世卫组织用来划分不同程度的隔离措施。

quarantine 源于意大利语 quaranta（基数词

欧洲中世纪的隔离所

学习强国 xuexi.cn

2020 年 07 月 02 日

每日科技名词|隔离原则

来源：全国科学技术名词审定委员会

隔离原则 isolation principle

定义：医疗防疫机构应遵循严格管理感染源、切断传播途径和保护易感人群的基本准则。切实做到患者与健康人严格分开，确诊者与疑似病患者分别收治，清洁物品与污染物品严格区分。

学科：感染病学_特殊感染及感染相关问题_医源性感染

学习强国 App 上关于隔离原则的定义

40），它的拉丁语词根是 quartus（序数词第 4）。

14 世纪黑死病横行欧洲，意大利威尼斯作为当时的海运重镇，面临巨大的防疫压力。1348 年，威尼斯政府规定所有抵达威尼斯的船只和船员必须在指定地点隔离 40 天（quaranta）后才能进港交易。意大利语 quaranta 代表的“隔离 40 天”的含义慢慢被固定下来，成为一个新的单词 quarantine，意为“隔离”，没有了数字 40 的概念。

全球同隔的“共识”

世卫组织定义的 quarantine，指作为密切接触者，可能患病，正在观察，用于“自我隔离”“居家隔离”的语境。许多电脑杀毒软件中有一个文件夹叫 quarantine，它是一个隔离区，里面存放着正被隔离的电脑病毒。

isolation 是比 quarantine 更为严格的隔离状态，通常指医学上的隔离。接受这种隔离的人，需要待在专用的隔离区，由专业人员照看。isolation 源于拉丁语 insula，意为“岛屿”。用岛屿孤立于海洋中的意象，来比喻“隔离”这种和一切事物分开两边的状态。i-solation 除了医学意义上的隔离，还表示其他各种“不与他人接触”的状态，既包含被动地孤立、孤独，也包含主动地分隔、分离。

被柯林斯、牛津等多家词典评为 2020 年度词汇的 lockdown，是一个法律概念。新东方在线词典里，为托福、雅思考生准备的 lockdown 的释义是：“（对囚犯的）一级防范禁闭，一级防范禁闭期。”我们或许可以这样理解，2020 年以前，在西方新闻报道和语言考试中见到 lockdown 这个词，表达的几乎都是“一级防范禁闭”这个法律概念。

如今在 CNN 搜索 lockdown，会出现 5000 条以上的结果，基本上都跟新冠肺炎防疫措施有关。

南航 A380 机长 2021 年隔离 189 天

比利时艺术家用“格子游戏”提示社交距离

在大流行病时期，被柯林斯词典编纂者形容为“浓缩数十亿人共同记忆的”lockdown（封锁）所代表的一级防范禁闭的释义，正从法律学上严格的“隔绝”降格为社会学领域更为普遍的“隔离”。

“隔离”不仅重新定义了自己，也重新定义了与之相关的一系列概念，譬如“封锁”和“社交距离”（social distance）。

社交距离原本是个社会学概念，在新冠肺炎疫情防控期间，变成了公共卫生概念。美国疾病控制与预防中心（CDC）在疫情初期定义的“社交距离”是6英尺（约1.8米），后来改为3英尺（约0.9米）。中国卫健委建议的社交距离是1米。CDC最初规定无症状感染者的自我隔离时间是10天，后缩短为5天。与早期稳定了几个世纪的“40天隔离”相比，大流行词汇的词义和概念，短期内也在波动变迁、宽幅震荡。

如同科幻小说和游戏中常常出现的“防护罩”，流动的隔离状态也被形容为“防疫气泡”“疫苗气泡”，被隔离、被保护的个体带着撑开的“防护罩”就可以四处流动。

《人民日报》App在2020年3月发布了一个视频——《隔离病毒但不隔绝爱》。在汉语中，“隔离”和“隔绝”是两个概念。隔，是分开；离，是并立存在，表达分开两边的关系；绝，是断绝。

隔的行为本身是中性的，但隔的结果总是被赋予不同的社会意义。隔离隔开的，可以是物理距离，也可以是心理距离。大流行病期间的“隔离”让人重新审视这两个维度的距离和两者之间的内在张力。

鬲：中华文明独一无二的器物形态

根据《说文解字》，“隔”是“鬲”组成的形声会意字。

鬲是新石器时代就有的一种器皿，作为烹饪用的炊具，古代读lì；表示姓氏和地名的时候读gé。仰韶文化遗址中有绳纹陶鬲，商周时期出现青铜鬲，少量带有寥寥数字的铭文，如西周虢仲鬲。战国晚期，公元4世纪至5世纪，青铜鬲从祭器和生活用品中消失了。

青铜鬲

中国史学界有个说法叫“鼎鬲文化”。日本考古学者滨田耕作所著的《东亚考古学研究》中提到，鼎鬲同源。从装饰、花纹、制作工艺来看，鬲是比鼎更古老的存在。现存的陶鬲跟苏美尔人、古埃及人代表的近东文明，以及克里特岛代表的海洋文明出土的陶器形态都不一样，是具有绝对“中国”特色的独一无二的器物形态。

宋代金石学著作《宣和博古图》中提到，鬲和鼎原本都是炊具。然而鼎渐渐变为盛宴所用的器物，刻上长篇铭文，成为祭祀的礼器和传国的重宝；而鬲作为煮饭用的工具，常常在火炭里打滚，烧得焦黑，缺乏装饰花纹和铭文。这也是鬲作为文物的研究价值不及鼎的原因之一。钟鼎文有“臣十家鬲百人”，鬲义同庶，为家中烧锅煮饭的奴仆。

宋代沈括在《梦溪笔谈》中说，鬲的三足都是中空的，里面可以放水。鬲上还能放甑［zèng，意同“餾”（liù），北方方言中有“餾馍”或“馏馍”］，靠水蒸气来蒸食物。因为设计精妙，鬲的三足像蒸汽管，热量上升速度比其他烧水用的钵、壶一类更快，温度更高。鬲是做饭的一把好手，很有可能也是最早用来做

“隔水蒸”“汽锅鸡”的炊具。

今天提起仰韶文化的陶器，一般人都会想起印在历史教科书上的人面鱼纹彩陶盆；提起青铜重器，扛鼎之作毋庸置疑是现藏于中国国家博物馆的“后母毋鼎”，以及各种青铜簋、盘、尊。鬲起源于新石器时代，从陶制品到青铜制品，不仅没有等量级的文物，甚至在战国末期逐渐退出了历史舞台。

鼎的常盛与鬲的再兴

鬲在战国末期从祭器、陪葬品以及生活用品中渐渐消失了。有趣的是，鬲消亡的时间，恰好是“问鼎天下”这个词出现的年代。

春秋《左传》中记录了一段往事：楚子北伐，陈兵于洛水，向周王朝炫耀武力。周定王派王孙满慰劳楚师，楚子向王孙满询问周代的传国之宝九鼎的大小和轻重。这是“问鼎”一词的来源。后来“问鼎天下”就成为逐鹿天下的意思。

传说禹收九牧之金，铸了九个鼎，象征天下。周王室继承了这个“王权”的象征。周武王在伐纣的过程中，身体力行地把王权神授跟“得民意者得天下”进一步连接起来。青铜鼎的铭文上，大多记录着主人的成就、信仰、战功、荣誉，用于祭祀或世代相传，成为活人跟先祖、神灵沟通的媒介和工具。

不带人间烟火气的鼎，作为天下与王权的象征被保留下来。与此同时，体现民生民意，普通人做饭用的炊具鬲，从历史上消失了。直到南北朝大兴佛教之后，作为香炉制品的鬲式炉，才重新回到俗世的舞台。

鼎，在《现代汉语词典》里的部首是“目”。在《说文解字》里，属“鼎”部。这个部首下的字大多是大鼎、小鼎、鼎盖一类与鼎相关的器物的延伸。就像“燕”字在《说文解字》中独成一部，原因是字形太完整，只能自成一部。鼎，无论是作为传国重器还是文字，形体和释义都完美、固化得难以延伸和拓展。而鬲，作为一个部首，在小篆通行的年代，以及篆体隶变的过程中，合成了众多用途广泛的字，如“隔”“融”。

“隔”通“鬲”，亦通“融”

“鬲”有众多通假字，其中包括各种形态的“隔”。

“鬲”通“隔”，“鬲门闭户”（《汉书·五行志》）。

“鬲”通“槅”，“大车轭，鬲长六尺”（《周礼·考工记》）。

“鬲”通“镉”，“镉，音历，鼎属”（《康熙字典》）。现代汉语读 gé，1817 年发现的稀有元素，多用于“隔开”其他金属，保护其免受腐蚀。

“鬲”通“膈”，“鬲塞不通”（《黄帝内经·素问》）。膈也指身体的膈膜。

“隔”通“融”。《史记·秦始皇本纪》记载秦始皇在泰山刻石，碑文中有一句话：“昭隔内外，靡不清净，施于后嗣。”昭隔，指明确分别。根据《辞源》释义，此处的“隔”通“融”，“昭融”出自《诗经·大雅》，指帝王的鉴察。

日本设计大师黑川雅之在《设计修辞法》一书中提到，所有的设计作品都有两个观赏角度。一张石凳，可以是凳子，也可以是大环境中的一块石头。究竟是一件东西还是环境的一部分，视乎观察者的角度。“昭隔天下”也是“昭融天下”，“隔”与“融”不仅是通假字，更体现了将事物看作“隔开的那部分”还是“整体的一部分”这两种不同的视角。就好比，隔山打牛，也可以理解为通过隔断的空间在更大的范围内触碰到牛。

隔壁、隔邻、隔夜饭、隔心、隔世、隔三岔五；隔离酒店、隔离点、隔离区、隔友，历经千年，“隔”组成了众多“民生”感十足的词汇。

隔，表达分开两边的行为。间、融、膈、格、组、拼、团、群、乡党、族谱、信仰、原则，在“分组”问题上，都有“隔”的意思，都表达用物理或心理、具体或抽象的方式把原先的整体分隔成不同的部分，每一部分都是整体的一部分。

鬲和鼎的区隔与分化，本身也是一次分类，是物所代表的人的一次分群。鬲代表的民生和鼎代表的王权，最终共同组成了“天下”。

物理之隔：文明创造“隔”、解释“隔”

今天我们通过《一千零一夜》能够“看到”1200年前中东世界的样貌，且在许多西方艺术家的东方题材作品中，对另一半世界充斥着各种陌生的好奇和不安的想象。

“剑桥插图史系列丛书”的主编之一法兰西斯·罗宾笙曾提到，对西方的人来说，东方人一边是戴着面纱的女眷，一边是衣着短少的舞姬，文学和艺术作品中常见的题材是深闺、女眷、浴室。甚至允许一夫多妻。这让西方世界的人在想入非非的同时，深感不安。与此同时，东方的使徒第一次踏足西方世界的时候，看到西方女人在公开场合抛头露面，衣着短少，也非常震惊。再了解到尽管主张一夫一妻，但当时许多王公贵族都有“默认”的情人，感觉社会风俗无可救药。彼此都觉得对方的社会和“三观”迫切需要被拯救。

Alexander Roslin, *The Lady with the Veil*，半露半藏间，引起观者更多探寻的兴趣（1768 年，瑞典）

The Almeh（肚皮舞娘）

在漫长的人类文明中，人们一直在创造“隔”和解释“隔”。面纱、衣服，甚至新冠时期的口罩，东西方世界对于要隔什么、怎么隔的概念理解不同。不同的国家和民族、同样的国家和民族在不同的时期，对于隐与露、隔与融的观念并不完全一致，对于不同形式的隔离与分组的看法也不一样。

服饰是最常见的隔离物，不同地区、不同时代、不同文化的服饰设计，在隔热保暖的功能之外，往往附带着鲜明的文明特征，而这些特征又无言地表述着穿衣人的信仰、主张和情绪。

中式屏风、庭院的照影壁，体现着隔而不断的东方哲学韵味，创造出一种视觉隔断、信息不隔绝的特殊空间。从屏风、拉门的设计理念可以看出，在东方哲学中，分隔并不是一个绝对的概念，隔只是暧昧的区分，不是完全的截断。

西方哥特式教堂的玫瑰窗所体现出的分隔概念，带有“媒介”的意味。当光线透过玫瑰窗照进教堂内部，会产生奇幻的光影效果，俗世之人透过彩窗仿佛窥见了天国的景象。彩窗是凡尘与天国的隔断物，信众透过彩窗又能更加直观地感受到天国的魅力。

和室内暧昧的分隔不同，在人类的历史上，墙内和墙外的分隔往往是决绝的、对抗的。墙的设计和建造，体现着人类社会对于自身关系的定义与塑造。相同的墙，两侧的人往往有着完全不同的理解和认知。有形的墙也会成为族群意识的标识，不仅区隔内外，更能凝聚自身。几乎所有的古老文明，都有着漫长的修墙的历史，而几乎所有的墙，最终也都成了古老民族的图腾。

伴随着文明的不断融合，历史上的知名高墙都已经失去了作为文明分隔的功能。拆墙而不筑墙、开放而不隔绝、融合而不脱钩，隔而不断，相异而不对抗，方为新时代的主流。

乾隆年间紫檀木边座嵌珐琅五伦图屏风

巴黎圣母院北侧大玫瑰窗（2019 年被毁之前）

墙与隔绝的古代人类社会，左图为北京慕田峪长城，右图为以色列耶路撒冷哭墙

2002 年，年逾九旬的法国著名艺术家路易丝·布尔乔亚在纽约完成了画作《如果分开就会破碎》，红蓝两色的圆环相互紧扣，不可分离。当时的世界正处于“9·11”事件后的震惊之中，对于文明冲突所造成的巨大灾难，画家用简单抽象的画作表达出了自己的焦虑和美好的愿望。新冠肺炎疫情期间，人类又一次被迫面对各种分隔所带来的巨大焦虑，也许应该重新审视这位世纪老人的智慧：虽然分隔，但不放弃相容的努力。

我们的人类文明已经是一个难以分隔的整体。左图为美国和墨西哥两国的小朋友在边境墙两侧玩着同一个粉色跷跷板（Ronald Rael & Virginia San Fratello，2020 年）；右图为 *It breaks if they are separated*，《如果分开就会破碎》（Louise Bourgeois，2002 年，现藏于纽约现代艺术博物馆）

隔开的陆地被海洋连接成完整的世界。原先认为是海疆边关的海防要塞，如今也成为全球性通商港口。隔山隔海、隔墙隔岸，也可以拥有共同的文明和共享的未来。转念之间，隔之屏障就能变为融之通道。

社交之隔：人以“群”分

物以类聚，人以群分。文明社会的社交隔离包括各种各样的形态。

人际隔离。对社交恐惧症，原本有专业的诊断标准，但当下一部分人更乐于把“社恐”和“宅”当作鲜明的身份标签。躲在屏幕之后的交往方式，给这些人带来舒适感和安全感。《半月谈》提到，“社恐”变成了一门生意，助推了“一人份经济”：一人份套餐，半份菜外卖，打车软件可以要求司机“不聊天”，社交场景化的家用健身工具“健身环大冒险”和“健身镜”，无人餐厅，无人酒店，动车卧铺的一人一铺一单间，都是“主动”人际隔离催生的新业态。

语言隔离。《人民日报》总结网络热词的特点为易懂易用。从早两年的“喜大普奔”四字型到 2021 年的 yyds（永远的神）缩略语型，本质是一种“语言隔离”。使用者希望通过“与众不同”的表达形式，来隔开自己与他人。譬如，典型的“饭圈”用语、游戏用语，是粉丝和玩家刻意创造的交流壁垒，用于把自己和圈外的“麻瓜”隔开；但是，使用这些语言的人又自然组成了新的群体，在群体中使用这种语言，能彰显出自己的群体身份。

身份隔离。用奢侈品、爱好、收藏彰显与众不同的身份与品位，是一种身份隔离。层层的区隔、交叉的标签，让个体显示为独一无二的“自己”。

社群隔离。美国作家乔伊斯·卡罗尔·欧茨的小说《掘墓人的女儿》讲述了犹太人雅各布在纳粹横行的年代带领全家移居美国，曾经是中学老师的雅各布到了美国，只能找到墓地管理员的工作，他的女儿也因此被歧视性地称作“掘墓人的女儿”。身份的差异及地域、文化隔阂，被形容为“无墙的隔离”。

朋友隔离。《中国健康心理学杂志》2021 年的研究成果显示，老年人的社会参与度与心理幸福感显著正相关，“主动”陷入朋友圈隔离的老年人比陷入家庭隔离的老年人的比例要高。

规则隔离。规则、原则、法则是抽象的隔，对某个群体行为进行区隔，使之规范化、格式化。有人就有群，有群就有群规。没有普适的价值观，只有共同认可的“隔”“格”规则。譬如英国人讲的美国外交笑话：要和我一起玩球的第一条是，不要碰我的球。球，就是游戏的规则。

“隔”无处不在，隔离是被动的结果，也是主观的选择。

“人”总在不断创造不同的分组方式。在古希腊语中，一是一，二是二，三及三以上的数字才是复数；在中国古代哲学中，一生二，二生三，三生万物。在社交软件中，每三个人就能组个群。隔离和分组意味着一边分开，一边汇聚。美国服装潮牌 Anti Social Social Club（反社交社交俱乐部），意思是一群反社交的人组成了新的社交俱乐部，具有反讽意味的品牌主张，令其在年轻人中迅速走红。

精神之隔：心灵的面具

Mask，口罩，面具。在后古典拉丁语中叫 mascara，意为“神灵或亡灵”。在阿拉伯语中叫 mashara，意为“伪装者”。

古埃及的图坦卡蒙黄金面具，容貌酷似古埃及神话中的冥王奥西里斯（Osiris），跟被现代科技复原的法老本人的长相没有相似之处，这个黄金面具的作用是神化亡者。广汉三星堆的黄金面具被学者认为用于祭祀，帮助祭司们隔绝俗世与神明。日本江户时代的武士，在战场上会用象征各方鬼神的鬼面铠挡住自己的人间皮相，以善战嗜杀的鬼神形象震慑对手。起源于商周的傩戏，是华夏文明最古老的祭神舞蹈之一。傩戏表演者按角色佩戴彩绘面具，俗称“脸子”，亦是一种重要的艺术品类。

作为个人层面隔断工具的面具（mask）。左：图坦卡蒙黄金面具（公元前 1323 年），现藏于开罗埃及国家博物馆；中：三星堆出土的黄金面具；右：日本江户时代东方持国天王面具，明珍宗介（1745 年），现藏于纽约大都会博物馆

通过面具，生民把君主、亡灵、神明、角色和他们俗世的身份隔离开来，并借面具这个媒介，通往精神的另一个空间。面具不仅能戴在脸上，还能戴在心上。

心理学中有个概念叫“情感隔离”，是美国精神分析大师查尔斯·布伦纳在1982年提出来的一个概念，指一个人从意识的觉察中移除了对情感的感觉。比方说，有人满脸笑意地跟他人讲起悲痛的经历，情绪和表情跟所讲述的事实不能匹配。情感隔离是一种心理防御的方式，潜意识帮助个体隔断了痛苦的感受，让当事人活得更舒服一点。

古希腊、亚述、巴比伦，戴面纱标志着女人有着很高的社会地位。宗教上，面纱也是一种象征，它不仅隔挡容貌，更是面纱主人选择的精神隔离，用这种形式来“宣讲”自己与俗世生活的隔离状态。

古代的面具、面纱，今天的面罩、口罩，意味着隐藏、保护、扮演、伪装、装饰、分离的多重释义。戴上面具、面纱、口罩，可以表达“不同”，也能体现“一样”。

科学之隔：绝对的隔断与选择的渗透

“隔”，意味着能量的交换与隔断；意味着物质的渗透与筛选。在创造“隔”的路上，人类一直在寻找终极的“隔”。

2013年诺贝尔物理学奖授予了比利时物理学家朗索瓦·恩格勒和英国物理学家彼得·希格斯，因其预测的基本粒子——希格斯玻色子，被欧洲核子研究中心运行的大型强子对撞机通过实验发现。这个中心拥有全球体积最大的大型强子对撞机——超高真空环境，其总长度超过50公里，总体积超过15000立方米。正是借力这台人类最精密、最复杂的物理研究装置，在一个隔断所有物质交换的真空环境中，科学家发现了被誉为上帝粒子的希格斯玻色子。

2013 年诺贝尔生理学或医学奖授予了发现囊泡运输调控机制的三位科学家。这一成果发现了生命体控制细胞膜的原理：让应该穿过的穿过，隔断不该穿过的，将细胞产生的分子运送到合适的位置。这种精密的“隔”与“透”，对于医学治疗有着巨大的意义。

物理学对隔离的定义包括：物质不交换、能量不交换、信息不交换。1871 年，英国物理学家麦克斯韦提出了与“薛定谔的猫”齐名的、物理学四大神兽之一的“麦克斯韦妖”。对麦克斯韦妖的百年探索让科学家们发现了耗散结构与信息熵。信息看似虚无，却有着与能量等价的物理学意义。人类认识到信息的传播和隔断，与物质/能量的传播与隔断具有相同的性质，这是现代信息学建立的基础。

生物学有一个概念叫“生殖隔离”，即两个不同的物种之间，在自然条件下，无法孕育后代。自然界的生殖隔离是一种筛选和隔离的机制：留住优秀的基因，隔离那些可能患病且无法治愈的基因，以此来维持物种的完整性、独立性和稳定性。

云计算也是“穿透”与“屏蔽”的结合体。服务网格（service mesh）把不同应用服务都容器化、标准化，放在不同的网格中，由“云”来提供信息交换服务，是为云计算。管理着不同功能的云容器就像人体的一个个细胞。它们是被“隔开”的个体。个体和个体之间每一次信息交换都需要“验证”，在网格之间做好隔离。某个服务或网格被攻击，不会因此影响到本机和其他服务。所有网格同时又组成一个整体，不同集群间的信息传输都实现了标准化，效率更高，也更易于维护。

网格的组成可以是软、硬件，也可以是人和信息。这种组成关系是私密空间与公共空间、个人空间与社会空间的隔与联。新冠肺炎疫情防控期间的“社区网格联户长”（以下简称“网格员”）、由7000多节5号电池并联而成的特斯拉电动车的电池，都是基于同一理念诞生的岗位或技术，是集“隔”与“联”于一身的理念和结构。

在航天领域，人类将物质隔离和能量隔离同时发挥到极致。中国最新一代的“飞天”舱外航天服，总重量超过130公斤。这件航天服气体泄漏率不大于2升/分钟，能抵抗超过120千帕的压力，且隔热性能良好，能在正负110摄氏度的极端条件下，一次性工作至少8小时。

科学之隔是绝对屏蔽的隔断与选择渗透的隔膜，从隔离霜到航天服，从隔音墙到防火墙，从大型强子对撞机到对细胞膜隔与透的精准控制。人类在寻找“隔离”的路上不断更新着对“隔离”的认知：涂抹隔离霜是为了在享受阳光的同时不被晒伤，建隔音墙是为了墙两侧的活动在必须共同进行的前提下尽量减少相互影响。隔离是为了更好地共存。

“隔离”意味着更大范围的整体的存在

新冠肺炎疫情时期在新闻上看到“清零”是件让人高兴的事，小学生都能理解“战疫”海报上大大的“0”的意义。

在拉丁语的数字中没有“0”，鲜有人理解“0”的意义。教皇认为罗马数字是上帝创造的，“0”则属于魔鬼。

不仅在古马罗，古希腊、古埃及、古代的中国，都没有“0”这个数字，也没有“0”的概念。在古代，一是一，十是十，百是百，十不是“1”和“0”、百不是“1”和两个“0”。在现在写“0”的位置，古人的书写方法是留一个空格。空格代表不存在。

当年罗马人不认识“0”。理解不了“0”和“1”都是“存在”的概念，“0”隔开其他“存在”，是所有“不存在”的总和，也是更大范围内某种“存在”的表达方式。譬如，“零号病人”，最后无论有没有找到，都被认可是“存在”的。“隔”代表的是某个小空间不在某个范围之内，但“隔离”恰恰意味着更大范围的整体的存在。

日本文化中有一个独一无二的空间概念叫“间”（ま，音ma）。“间”的意思是：先有一个人，再有一个人，人和人之间的间隔就是“间”，物和物之间的间隔也是“间”。同样地，音符和音符之间有“间”，细胞和细胞之间有“间”，从混沌而来的天地之间有“间”。世界由很多个体组成，个体和个体之间都有“间”。正因为有间隔，个体才成为个体。很多独立的个体，组成了整体。近在眼前看到的是“0”和隔离的个体，站到远处才能看到全部数字和整体的存在。

日本国宝级画作《松林图》画在两扇屏风上，画面左右两边各画了几棵松树。跟西方油画明显不同的是，这幅画没有核心的人或物，画面正中是被两边隐约可见的松树丛隔开的一块留白区域，给观者带来更大的空间感。

日本画家长谷川等伯（1539—1610年）的屏风画《松林图》

"隔"切开连贯的空间，隔出"间"的范围，间隔的音符、画作的留白，都是"间"，都是"隔"。对于"隔"出来的"间"的理解在很大程度上带有主观因素。

"银河中没有与世隔绝的角落"

"隔"是天地常态。每个组成整体的个体都有权赋予"隔"独一无二的社会意义和心理意义。同样的分组，可以有不同的意义。

佛教中的"乘"，意为"渡"，武汉大学历史学院教授潘迎春的解释为，大乘是大渡，普度众生的意思，是大乘派对自身社会意义的定义。小乘，是只顾自己，所以小乘是大乘派对其他所有各派的贬称。此时的"小"，被人为赋予了消极的社会含义。同样是修身齐家的分组方式，在儒家，则被赋予了跟治国平天下同等价值的积极的社会意义。

"隔离"是形态的变动，也是整体的重组。同一个"隔离"行为在物理作用和心理意义间的区隔催生了新的产业形态。譬如：

无接触，英文为 contactless，"无接触经济"有无接触外卖、无接触配送、居家办公、线上授课、在线会议、无接触饭店、网上金融等。新冠肺炎疫情使"无接触经济"时代加速到来。

盒马集市自 2021 年 5 月进入深圳以来，为深圳近 1 万个社区提供无接触服务。

"钉钉"在 2020 年新冠肺炎疫情防控期间服务了超过 21 万所学校 700 万名教师，支撑了 1.4 亿名中小学生的网课。

截至 2021 年 12 月，腾讯会议注册用户数突破 2 亿。

慕课（Massive Open Online Course，MOOC），即大型开放式网络课程。美国常春藤盟校全部提供类似的在线课程，为完成相应考试、拿到足够学分的学生颁发学位。我国多所高校在“中国大学 MOOC”App 上开设了上千门免费课程。

人类的科技和主观的意愿打破了“隔岸观火”的情感隔离，连接了物质交换与精神交流。

“隔”从造字之初到今天，其概念在变动中延续，在延续中进化，这是“隔”的主动性、规律性、必然性决定的。无论是 DNA 把全球 70 亿人区隔成完全不同的 70 亿张脸，还是大小不等、形态各异的社交群体，有人有事有物的地方，就会分群分组分类。

隔的行为是主动的，也是被动的；隔的过程是静止的，也是流动的；隔的方式是具体的，也是抽象的；隔的结果是不断分分合合、不断重构新建的物理隔断与精神隔绝的结合体。被隔开的一部分，意味着更大范围内的整体的存在。世界因为不同和区隔保护了文明与物种的独立性与多样性。随着认知的进化，我们总能从隔开的小处，看到更大范围内融合的可能性。虽相异但包容，从包容到融合，突破物理的山海之隔，超越人为的“族群”“规则”之分，让精神穿越“小隔”达成“大融”，促成人类文明共同的升级进化。

鬲从仰韶文化走来，历经青铜，化成隔，最后融入世界。

科幻小说扛鼎之作《银河帝国》第一章第一段最后一句话正是：“在那个时代，银河中没有任何角落是与世隔绝的。”

（安代、文景，暨南大学文本实验室研究员）

商

商 | 《茎》

芦苇的土、根、茎就像社会的结构，“茎”是输送营养的通道，单个芦苇与世界你我有别，最终还要扎进泥土中融通融合。“会思考的芦苇”之“茎”是“商”，一颗“沟通”的“芯”。

商

以“商”为媒：从沟通看商业

摘　要　“商”字兼具了商业、沟通以及计算之意。它是社会的神经网络，连接着交通、地域、时代、精神、文化、科学、身份等要素，成为其中的DNA密码。解剖“商”字，就是解剖一段历史，解剖一种精神，解剖一种思维。“商”让遥远的不再遥远，边缘的不再边缘，差异的实现了融通，隔离的实现了融合。“商”解决的是一体化问题。

关键词　沟通；商业；身份；空间

“商”与“通”：社会的神经网络

在中国，“商”字的含义主要有：①一个朝代，商朝；②一种职业模式，商业；③一种沟通方式，商量；④一种音乐声调，悲伤之商音；⑤一个数学概念，除法之商。

经过大浪淘沙，历史必然使“商”的一些含义弱化、消失，而另一些含义则得以彰显。商朝已经成为遥远的过去，商音也丧失了悲凉肃杀的隐喻之意。而“士、农、工、商”，曾经处于末业之“商”，却已经实现了逆袭，成了现代社会的支配性力量。

正如马克思、恩格斯在《共产党宣言》中所言：“工业、商业、航海业和铁路的扩展，使资产阶级得以把中世纪遗留下来的一切阶级排挤到后面；美洲的发现、绕过非洲的航行，给新兴的资产阶级开辟了新天地。”一种商业驱动下的全球体系、阶级结构以及文明形态得以形成。

1840 年以后，西方以“商”为名义，以通商口岸为通道，开始了对中国的殖民化历程。随之而来的，则是对照中国在政治、文化以及科学等方面的全方位输出。中国的现代化进程，就是一个商业化的历程，也是一个血与火的惊心动魄的历程。这是一个以坚船利炮开道的过程，有“商业”而无“商量”。

中国改革开放的历程，是一个商业化逐步展开的过程。商业是自古就有的，有人的地方就有商业。亚当·斯密在《国富论》中说，“一切人都要依赖交换而生活，或者说在一定的程度上，一切人都成为商人”。商业是社会货物流通的神经网络，也是运载思想的利器，商业交往伴随的往往是精神交往。“商业”过渡到“商品经济”，再过渡到“市场经济”，在中国还是头一遭。这是一个彻底的变革。于是，“孔雀东南飞”，人开始了流动；飞机、汽车、火车等纷至沓来，流动获得了“交通”的支持。

英文的“交通”（communication）也是“沟通”“流通”。商业离不开沟通，也离不开流通。沟通打通了商业的奇经八脉，成为它的神经网络。它不但包括微观层面的协商与商讨，还包括宏观层面的社会信息流动机制。广告业、新闻业、互联网等逐步推展开来。物流则缩短了生产者、电商和消费者之间遥远的距离，B2B、

B2C、C2C 等商业模式蓬勃涌现；物流也打通了城市与农村，乡村振兴的蓝图变得指日可待。遥远不再遥远，边缘不再边缘！

2021 年 9 月，商务部发布的《中国电子商务报告（2020）》显示：农村网络零售额达 1.79 万亿元，同比增长 8.79%；而东部、中部、西部和东北地区分别占比 62.46%、16.87%、14.75% 和 5.95%。这显示了地区分布极不平衡，同时意味着中西部农村市场具有广阔发展前景。乡村振兴不仅仅是一个政治任务和道德使命，而且意味着国家发展空间的进一步拓展。在商业的驱动下，乡村各种要素开始资本化，静悄悄的农村开始沸腾起来。

“商”字考古：商朝的商业特质

“商”最早指一个朝代，即“殷商”。“商”字很古老，见于甲骨文和金文。由“商”字可见祖灵崇拜的痕迹。“商”字形似一个“祭祖”时的场景：较之早期甲骨文，籀文的“商”字上方有个“辛”字，而“辛”则意味着祭祀的“辛日”。甲骨文卜辞统计显示：先公的祭日，涉及帝喾的六条，其中五条在辛亥、辛卯、辛丑等“辛日”；涉及王亥的八条，有七条在“辛日”。“辛”字之形又可视作祭祀祖先的器物，此器物很可能是商族的图腾。《诗经·商颂·玄鸟》曰：“天命玄鸟，降而生商。”“商”成为祖灵崇拜的图腾，进而形成一个方块字。

对于商朝来说，“商”不仅仅是一个图腾，还是对于生活方式的一种概括。《尚书·酒诰》记载，周公旦在劝卫公康叔禁酒时，谈

早期甲骨文“商”字

籀文“商”字

2017 年保利香港秋季拍卖会上交易的商中期青铜斝

及妹土一带的部分殷商遗民“肇牵车牛，远服贾用”。郭沫若也认为商人曾大量从事商品交换，故而“殷商遗民被称为中国最早的商人”。虽然这一观点不断遭受挑战，但至周代及春秋战国时期，“商”字的词义更多向买卖、生意等内容转换，已是不争的事实。在《墨子》《战国策》《韩非子》《管子》等作品中，“商”所表达的字义，已经主要以“商人”为主了。

据《管子·轻重甲》记载，“商汤革命”中的重要角色伊尹，即善于贸易兴商。当时夏朝的暴君桀，骄奢淫逸，养了三万女乐，皆穿着锦绣华服。伊尹便趁机让那些无地可耕的妇女织出各种华美的彩色丝绸，一匹织物可以从夏桀那里换来百钟粮食。夏桀一味追求享乐，让伊尹控制了商品的流通。商汤整体实力由此得以增强，而夏朝的灭亡也就在必然之中了。

最能展示商族商业意识的，是“王亥服牛”的故事。据说，王亥将牛驯服后大量饲养，并代替马来拉车驮物，用以贸易。《山海经·大荒东经》记载：“有易杀王亥，取仆牛。”说王亥带着牛去“有易”（古部落名）交易时遇害。这说明，以王亥为代表的商族具有超前的经商意识，但也说明贸易规则尚未在部落间普及。根据甲骨文卜辞所记，王亥是唯一一个商族先公先王名称上冠有图腾鸟的人物，甲骨文所记录的“王亥”的“亥”字，多为图腾鸟形象。可见作为商人的王亥在商族人中地位之高。

商周商业的场景，在《诗经·卫风·氓》中有具体而浪漫的描绘：“氓之蚩蚩，抱布贸丝。匪来贸丝，来即我谋。”通过开放的商业贸易，人们获得了自由地谈情说爱的机会，而不必如后世那般接受“养在深闺人未识”的被动的命运安排。商业带来的不只有财富，还产生了极为深刻的社会影响。

商业与文化：世俗人性的张扬

中国古代五音“宫商角徵羽”之“商”，对应五行之“金”，时序之“秋”，方位之“西”，五脏之“肺”，五窍之“鼻”，有草木枯萎、悲凉肃杀之气。故而阮籍《咏怀八十二首》曰“素质游商声，凄怆伤我心”；陶潜《咏荆轲》曰“商音更流涕，羽奏壮士惊”。但是，从出土的西周编钟来看，编钟的正、侧鼓音加在一起也跑不出宫、角、徵、羽四声的范围，而唯独没有“商”声。按照周礼，音乐为重要祭祀之礼，其道德性和政治性往往具有严格的要求，故而《荀子·王制》说“审诗商，禁淫声”。

对于音乐，孔子给出的道德性标准是“思无邪”，主张“放郑声”“郑声淫”。郑玄在《礼记·乐记》的注释中说：“郑卫之音，亡国之音也。”《韩非子·十过》也总结历史经验说：“此师延之所作，与纣为靡靡之乐也。”他们皆将商周的灭亡归咎于靡靡之音的腐蚀。而靡靡之音实际是一些基于人的世俗情感创作的音乐形式，正如《史记·乐书》记载的魏文侯的感受：“吾端冕而听古乐则唯恐卧，听郑卫之音则不知倦。”郑卫之音之所以让人“不知倦”，就在于其里面有丰富的情感内涵，尤其是男女情感。许慎在《五经异义》里说：“郑诗二十一篇，说妇人者十九矣，故郑声淫也。”

郑国为什么会出现靡靡之音？其中不乏历史的延续和商业的推动。郑国之地在西周前原本就隶属于商，据《汉书·地理志》载：“郑国，今河南之新郑，本高辛氏火正祝融之虚也。”从商纣王沉迷于靡靡之音就可以看出，商朝的音乐并没有像周朝那样充满政治性，因而其音乐发展往往呈现出多样化和世俗化的态势。郑国也非常重视商业环境的营造。《左传·质誓》记载了郑桓公对商人的承诺：“尔无我叛，我无强贾，毋或匄夺，尔有利市宝贿，我勿与知。”统治者试图为商人的交易提供一个互不干涉的自由环境。由此想见，当时郑国的商业意识、商业环境和商业氛围是多么浓厚。这也许与其世俗化的“郑声”具有某种不可分割的联系。

雷抒雁曾在《“靡靡之音”的转正》（1989 年）一文中说：“靡靡之音”在《人民日报》中出现了 182 次；中华人民共和国成立前夕私营电台则被指责为“用低级趣味引诱听众”“麻醉毒害人民”；“文革”中，流行歌曲也被斥为“消磨人们革命意志的靡靡之音”。1992 年邓小平视察南方谈话后，《人民日报》开始刊出“录音带销售排行榜”，邓丽君等音乐人或“黑豹”“唐朝”等乐队的音乐纷纷上榜。一阵市场化的东风，依靠商业的力量，掀起了流行音乐的滔天巨浪。

商业的力量，也在动摇话语的风格。20 世纪 80 年代，《新民晚报》的主编赵超构力主“短些、短些、再短些”“软些、软些、再软些”，这是对当时商业语境的一种回应。实际上，这个表述完全是对毛泽东在 1957 年与新闻界的谈话中相关表述的重复。但 50 年代的社会环境不太可能使其变成一种时代性的文体风格。

1979 年 1 月 4 日，《天津日报》刊发了一条牙膏广告，这是“文革”后中国内地的第一条报纸商业广告。据此，香港《大公报》评论道：“广告的出现犹如一声长笛，标志着中国经济的巨轮开始起航。”媒体正是通过广告的“二次售卖”，建立了与市场的密切联系；商业化的都市，成了媒体纵横捭阖的疆场。

关注民间、关注底层、关注日常成了一种时代潮流，话语风格必然为之一变。

商业是一种私人化的职业状态，因而会导致一种私人化的文化倾向。故而杜牧在《泊秦淮》中感叹道："商女不知亡国恨，隔江犹唱后庭花。"商人逐利动机所导致的公共情怀、责任意识、社会担当等的缺失，使他们总是面临着道德的指责。因而，呼唤"儒商"精神就成了贯通中国历史的集体诉求。商业精神的培育，是社会健康发展的前提。

德国社会学家马克斯·韦伯在《新教伦理与资本主义精神》一书中提出，新教入世禁欲主义伦理为资本主义企业家提供了一种心理驱动力和道德能量，从而成为现代理性资本主义兴起的精神动力，而印度教、佛教、儒教、道教、伊斯兰教、犹太教等没有经过宗教改革的各大宗教，则对资本主义的兴起具有阻碍作用。但是，余英时在《中国近世宗教伦理与商人精神》一书中提出了不同的看法，他基于东亚经济崛起的事实，认为儒家思想并不缺乏韦伯所说的"入世苦行"和"理性主义"的精神，只不过是未能将其铭刻到制度中而已。

商人精神：物质财富的文明意义

司马迁在《史记·货殖列传》中记录了多名春秋战国时期的巨商。范蠡最早提出"旱则资舟，水则资车"的国家逆向投资战略，其结果是"十年国富"，凭此厚待战士，遂报强吴；白圭曾任职魏国，他乐观时变，能"人弃我取，人取我予"，被后世尊为"商祖"。还有一名是巴郡的寡妇清，她能守住祖上开发的丹砂矿，"用财自卫，人不敢犯"。商业能够给国家或者个人带来巨额财物，也会成为国家实力或者个人尊严的基础。

对于商业的奠基作用，管仲是深有体会的。他年轻时家庭非常贫困，跟鲍叔牙合伙经商，但是他经常给自己多分账，鲍叔牙对此毫不在意。管仲常常感慨于鲍叔牙的宽容和理解。这个典故被称为“管鲍之交”，展现了一种商业合作中温情脉脉的情感关系。管仲说：“仓廪实而知礼节，衣食足而知荣辱。”财富不一定会带来道德的高标，但极端的贫困必然会导致社会的混乱和道德的沦丧。

孔子在《论语·季氏》中所提出的社会治理策略为：“不患寡而患不均，不患贫而患不安。”这显然具有道德优先的偏颇，而看不到物质财富的奠基作用。孔子所思考的并不是国家社会的发展，而是社会精神的重构，因而他悬置了对于经济问题的讨论。孔子甚至拒绝讨论“稼穑”的问题，认为那不是儒者所应关心的事情，并承认他在这方面的知识不如老农。显然，在那个时代，商业的规模还太小、太简单，不足以成为一个值得去思考的问题。

但是，商业社会不可避免地会出现一些唯利是图的商人。如《史记·货殖列传》记载，商人垄断各种资源财富，上与国家争利，下断百姓生计，违法、奢侈而邪恶，社会呈现如下混乱状态：“诈为奸轨者，自足乎一世之间；守道循理者，不免于饥寒之患。”不择手段会获得最大收益，而安分守己的人则饥寒交迫。这彻底破坏了社会的道德与法度。

马克思就曾经控诉过现代资本的罪恶：“资本来到世间，从头到脚，每个毛孔都滴着血和肮脏的东西。”（《资本论》）资本家通过剥削、征服、垄断实现财富的不断积累。而“支配着物质生产资料的阶级，同时也支配着精神生产资料”（《德意志意识形态》）。资本家的统治，依靠的往往是意识形态的国家机器，这个机器在替其说话。

在儒家看来，文明需要正确处理“义”与“利”的关系，给财富的欲望加上一个精神的紧箍咒——“不义而富且贵，于我如浮云”（《论语·述而》），并且主张“何必曰利”“舍生而取义”（《孟子·梁惠王上》）。道家则更加倡行一种万境皆空的思想高标，试图彻底从破除文明的观念去思考财富问题，故老子曰：“不贵难得之货，使民不为盗；不见可欲，使民心不乱。”因为是非、贵贱的欲望，都是二元对立的文化所塑造的，如果我们视金钱如粪土，便不再会汲汲于功名了。这与儒家思想构成了某种深层的精神勾连，因为儒家之“义”，也能做到如《孟子·滕文公下》说的“富贵不能淫，贫贱不能移”式的浩然正气。

当然，上述儒家和道家的精神气质是在一种批判视野下展开的。如果商人能够对社会有所担当，具有社会使命意识，那么其将能够为社会带来无限的福祉。这类似于西方基督教的“天职”（calling）意识。只不过在中国文化里体现的则是对周围亲友的责任，而在基督教世界里则体现为荣耀上帝。据《史记》记载，范蠡“十九年之间三致千金，再散分与贫友昆弟”；白圭则“能薄饮食，忍嗜欲，节衣服，与用事僮仆同苦乐，趋时若猛兽挚鸟之发”，并做到“以欲寡而事节，财足而不争”。通过对自我欲望的内向反思而提升财富的精神价值，并且努力避免由于欲望的膨胀导致的社会冲突或失范。

商人及其资本欲望的膨胀，永远是一个人类文明的精神难题，人类文明的很大一部分内容都是在处理这一问题。思想史上有一个有趣的现象，就是思想家扎堆。据统计，与宋国高度关联的先秦思想家共五人，分别是儒家的孔丘（其父为避宋国战乱逃到鲁国）、道家的庄周、墨家的墨翟、名家的惠施、商家的计然。为什么“诸子百家”时代多位思想家出现在宋国或与宋国有关联？这可以从两个角度去解释：其一是经济的繁荣为思想提供了闲暇的可能；其二是商业以及战争的欲望所导致的“礼崩乐坏”。因为宋国周初是

“二王三恪”制度下商朝后裔的封地，是一个具有商业基因的“前朝”，而周工“商政周索”的政策，又使其获得了“经济特区”的待遇。我们耳熟能详的很多先秦典故往往都与宋国有关，比如守株待兔、揠苗助长、探骊得珠、野人献曝、郑昭宋聋、尔虞我诈等。典故常常讽刺宋人不劳，这就间接反映了宋国的商业意识与大多数诸侯国“以农为本”的主流价值观相抵牾。

空间的流动：交易的社会动力学

除了征战，商族还经常迁徙。据《尚书·夏书·胤征》载：“自契至于成汤八迁，汤始居亳，从先王居。”按照唐代孔颖达的注疏，商族至商汤一代，已是第十四世，十四任首领带动了八次迁徙。“王亥服牛”的故事里所说的王亥被有易部落所害，就是商业贸易中社会流动性所带来的问题：商业空间的流动，必然带来文化间的冲撞。鲁人猗顿原本为贫寒书生，在向范蠡问计后去晋南一带大畜牛羊，后又开发河东池盐，十年间成为巨富。

商业交易往往会克服空间障碍、解除既有限制，社会便在欲望的驱动下彻底流动起来。正如《史记·货殖列传》所描述的汉朝情况：“开关梁，弛山泽之禁，是以富商大贾周流天下，交易之物莫不通。得其所欲。”改革开放以来，我国出现了大规模的“孔雀东南飞”现象，中西部地区人才流失严重，但是仍然阻挡不了人们南下的步伐。商业的发展，是社会分工的结果。

商业常常会导致同质化社群的解体，形成新的社会结构。对此，法国社会学家涂尔干在其《社会分工论》中就划分了两种社会结构方式：第一种是传统社会的“机械团结”，它依靠的是高度同质化所带来的归属感；第二种是近代分工社会所带来的“有机团结”社会，它由于分工合作而相互连接，谁也离不开谁。在当下国际竞争中，“断供”“卡脖子”竟然变成了一种惩罚、一种竞争策略，就是因为我们高度依赖于全球市场。如果自成体系，这些威胁都将不存在。全球化时代的反全球化，也在不断地提出各种空间政治学问题。

空间的加速，是人类历史的永恒命题。孙悟空一个筋斗云翻越十万八千里，是中国人对于空间加速的极端想象。人力车、马车、自行车、火车、高铁、飞机、火箭等，都在不断地克服空间的限制，获得更加广阔的舞台。西方地理大发现，进一步勾起了殖民扩张的欲望，一个无远弗届的全球市场，在资本家眼里显得令人垂涎欲滴。正如马克思在《资本论》中所言：“资本一方面要力求摧毁交往即交换的一切地方限制，征服整个地球作为它的市场，另一方面，它又力求用时间去消灭空间，就是说，把商品从一个地方转移到另一个地方所花费的时间缩减到最低限度。”

改革开放之初，有一句叫得非常响亮的口号：“要致富，先修路!”中国的公路、铁路、机场等交通建设已经成为世界的样板，高铁的速度甚至成了“中国速度”的隐喻性表达。“一带一路”倡议的展开，也是由交通基础设施建设所引领的。交通，已经成了中国经济发展的引擎，它不但连通了穷乡僻壤，而且连通了全世界。西方世界的霸权时代，依赖的是海上交通霸权，而“一带一路”的陆路交通，也许将带来不一样的世界格局。

交通不但带来了流动，而且重构了空间。所谓乡下人、城里人，其区别的核心就在于交通。那些曾经的穷乡僻壤，由于公路或者高铁的修建，搭上了商业的列车。轨道交通的开通，也常常会使周边地段的房子升值、房价上涨。一个城市的CBD，往往是最繁华的地段，也是最有价值的地段。在社会网络中，存在一个“度中心性”（degree centrality）的问题，它描述的是：一个节点对外连接的对象越多，网络中的位置越关键，它便具有越大的重要性。农村市场中的“集”“墟”“市”“社”实际上是一种通过交通而实现的汇聚，由此它们便获得了中心的位置，成为“城镇”。对于空间的布局，长官意志必须服从市场规律，“城”是“市”自然发展的产物。不符合市场规律的长官意志会导致资源的浪费。空间布局有了，但是没有“市”的活力，空间仍然只是一个死寂的空间。

空间的改变也会带来文明的改变。费孝通曾在《乡土中国》中说：“在乡土社会中，不但文字是多余的，连语言都并不是传达情意的唯一象征体系。”因为在人流静止的乡土社会中，一切都很熟悉，根本不需要语言即能感知。正如费孝通所言“文字是现代化的工具”，没有现代化，要语言何用。乡村振兴逐步推进，农村开通了旅游，农民也开始说普通话了。20 世纪 90 年代，中西部青年为了能去广东打工，掀起了一阵阵学习粤语的热潮；但是，现在到广东打工已经不需要学粤语了，因为职场中的广东人已基本掌握了普通话。语言的变迁史，就是一部空间流动史，就是一部商业发展史。一种沟通的逻辑总是全面地贯通于商业中！

规则再造：欲望、修辞与计算

恩格斯曾在《费尔巴哈与德国古典哲学的终结》一书中谈道：“自从各种社会阶级的对立发生以来，正是人的恶劣情欲——贪欲和权势成了历史发展的杠杆。”可见，欲望是个好东西，也是个坏东西。《淮南子》也称：“秦国之俗，贪狼强力，寡义而趋利。”一个充满功利主义的秦国，实力强大，但也令人畏惧。

人们常说“无商不奸”，指责商人缺少诚信意识；“商人重利轻别离”，描述了商人的流动性导致其情感不稳定；“投机倒把”，指商人囤积居奇。商业门市常常挂出“童叟无欺”的标牌，这可以被视为一种关于诚信的承诺，但也意味着市场总弥漫着不信任。购物，似乎成了一场斗智斗勇的战争。

柏拉图也认为财富会使人奢侈和堕落；最好不要跟商人交朋友，因为他们除了钱之外对其他任何事情都不感兴趣。在古希腊，从事农业、手工业或者商业的，往往都是最底层的人。据《德摩斯提尼时代的雅典民主：结构、原则和理念》记载："当公民在阿哥拉市场被当众叫作'商人'，他有权告对方诽谤罪。"在莎士比亚的《威尼斯商人》中，我们可以看到，商人精于算计，视财如命，毫无同情心。

要克服商业存在的问题，必须规则统一。为此，商鞅统一了秦国的度量衡，度测长短，量计容积，衡称轻重。如果度量衡标准不一样，不良税官或商贾就会利用度量不规范与百姓争利。统一斗、桶、权、衡、丈、尺之后，农民可以自己丈量土地面积，计算赋税额度，保障自身的合法权益不受侵犯。

思想家们也意识到了"权衡轻重"之于国家治理的重要性，甚至使其成为一种隐喻性的话语。孟子用"麻缕丝絮轻重同，则贾相若"来质疑对不同事物的"一刀切"；荀子用"贵贱有等，长幼有差，贫富轻重"来强调社会秩序的差序格局；庄子用"子华子可谓知轻重矣"来形容一个人说话办事有度。"权衡轻重"不仅仅是一种度量标准，而且成了一种有关公平的话语修辞。

古代商业，管理上的空间分布也是一个政治问题。孔子尝言："先王治土，籍田以力而砥其远迩；赋里以入而量其有无；任力以夫而议其老幼。"也就是说，在给商贾划分地方时，一定要考虑收入多少的问题。这句话显示：先秦社会管理是"人以群分"的。《国语·齐语》也记载："处工就官府，处商就市井，处农就田野。"为什么要这样做呢？其目的是"不见异物而迁"，防止相互攀比。周王室也有"士大夫不杂于工商"的规定。

各诸侯国还就商业贸易订立盟约。齐桓公于公元前651年发起葵丘会盟，相约鲁、宋、卫、郑、许、曹等国共同盟誓，其中有“毋壅泉、毋讫籴”的内容，是指彼此之间不要筑坝截流，不要阻止粮食出口；公元前579年，宋国执政华元召集晋、楚于宋都会盟，提出“交贽往来，道路无壅”的主张；公元前562年，包括晋、鲁、宋、卫在内的十多个诸侯国在宋国亳州会盟，再次强调各国之间应保障粮食与山林川泽产品的往来通畅。这些会盟条款无疑具有国际公约的性质，目的就是要“通”。

随着商业话语的改变，人们的正义理念也发生了变化。正义，已不是旧的身份正义，而变成了新的交换正义。如“诚实”一词，在莎士比亚时代，“诚实”主要指“尊贵”，而在后来简·奥斯汀的小说里，“诚实”在8部作品中就出现了31次，没有一次是指“尊贵”，而是更多地指向“正直”“真诚”和“说真话”。也就是说，“诚实”的词义已经从贵族身份转向了企业家精神。

当然，商业最核心的规则是货币，它保证了不同货物之间的可换算性。不仅如此，货币也使得所有人在金钱面前都平等了，人们只需要按照标准去衡量自身即可。人从传统的人身依附关系中解脱出来，自由得以可能。职业身份之间不再有高低贵贱之分，而是通过货币的量化获得了一个统一的尺度。当一切身份与观念都被货币剔除之后，一种社会平等的观念就被重置了。

经济的规则甚至成了社会的观念体系。“时间就是金钱，效率就是生命”，经济成了评价生命的隐喻标准；“贫穷不是社会主义”“发展才是硬道理”等口号，也都在用经济逻辑去论证政治的问题。经济，俨然已经成了社会思想的底层逻辑，成了思维的一种隐喻体系。

“商”还指数学中除法运算的得数，同时意味着科学的发展。除了音乐“五音”之“商”以外，经济、沟通以及数学层面的“商”都存在某种内在的关联。商业的交往，得有科学规范的数量计算，这就需要数学、经济学、财会学。一系列计算的规则，确保了商业的健康运行。而为了让消费者获得适合的商品，电商平台不断地推进大数据、人工智能、算法、AR/VR 等科技研发，甚至畅想着未来的“元宇宙”。商业，已然成为一种科学的杠杆。

身份的政治：“商”的社会位置

“商”也是“媒”，是中介。它衔接了两个不相干的对象，使彼此差异的事物相融合。它也在让事物流动，使原本静止的世界获得了生命的活力。但是，动机、目的、责任、精神等的差异，往往导致其身份的天差地别。“商”需要商量，需要精神，需要社会担当。

其实，“媒婆”也是“商”，是中间协调人。“媒婆”既可被尊称为“红娘”，也可以被骂为“王婆”。《西厢记》里的红娘，在青年男女张生和崔莺莺之间不断地传递爱意，加油鼓劲，出谋划策，使有情人终成眷属。但是，《金瓶梅》里的王婆，却为了讨好西门庆，获得利益，挑唆两个已婚男女行苟且之事，终致家破人亡，害人害己。王婆其实就是一个在紫石街开茶坊的生意人，她明面上开茶坊，暗地里干的却是马泊六的生意。她将商人的一套逻辑，毫无道德感地加诸男女关系上。她站在人物命运之外，少有同情与关怀，一切只是为了“利”。红娘则不同，她不是商人，而是崔莺莺的贴身丫鬟，不靠拉皮条营生。她与崔莺莺有着深厚的感情，对他们的爱情能够感同身受，因而她的行为是撮合而不是伤害，是沟通而不是勾搭。

爱情就应该按照爱情的方式来处理，而不把爱情当生意。情感与利益，永远处在张力当中：一半是海水，一半是火焰。

“商”与“权”的关系，也是一个永恒的难题，它打破的是私与公的关系。

周代实行过一种“工商食官”制度，商人在替官方做买卖，领取官方的俸禄，又称“官贾”。有学者将官贾分为“在府官商”和“在市官商”。前者负责采购、价值鉴定、处理报废物资、对赃物进行估价、携带使团礼品等；后者负责管理市场，或者出售官府经营的商品。他们虽有一定的商业自主性，但在身份上始终依赖权贵阶层。

在封建社会的体制中，一直都有一种“捐官”制度。士民向国家捐纳财富以取得官职。据《后汉书·崔寔传》载：“灵帝时，开鸿都门榜卖官爵，公卿州郡下至黄绶各有差。”“捐官”制度通过出卖官职与爵位，使国家得以解决一时的财政危机，同时为商人进入国家体制开辟了通道，与科举考试一样，成为身份晋升的一种通道。

商人讲求的是收益，其进入体制的后果往往如《儒林外史》所言：“三年清知府，十万雪花银。”文人参加科举，靠的不是“利”，而是知识和文化，晋升之后就不会有太多利益纠葛。中国的文人，始终在不断提倡一种高贵的人格。其境界可以分为三种：第一种是养成“浩然正气”的精神气度；第二种是“先天下之忧而忧，后天下之乐而乐”的责任担当；第三种则是“达则兼济天下，穷则独善其身”的进退操守。

文人，有一种来自精神的坚守；而“商人”所依赖的“利”则不足以形成一种稳固的社会状态。司马迁在《史记·货殖列传》中描述了这种状态：“天下熙熙皆为利来，天下攘攘皆为利往。”这是一种流动的状态，是一个不安全的状态。

儒家并不是反对商业，而是主张人应该获得精神层面的主体性，如此才能有效地驾驭其欲望。孔子眼中的贤人是像颜回这样的：“贤哉，回也！一箪食，一瓢饮，在陋巷，人不堪其忧，回也不改其乐。”只有安贫乐道的精神追求，才能避免被利益所裹挟。颜回实际上已经“跳出三界外，不在五行中”，获得了一种不被束缚的精神状态。庄子的主张则更为彻底：“至人无己，神人无功，圣人无名。”如果说儒家试图做到“无名”“无功”，庄周则期待能做到“无己”，即获得一种通过“吾丧我”而达致的与万物为一体的自由状态。在此，“我将无我”，“私”也就无所依附。

当然，到了资本主义社会，资本家成为统治阶级。其最高的境界就是重构一套新的意识形态体系，让无产阶级也按照他们的思想去思考。正如马克思在《德意志意识形态》中所言：“他们还作为思维着的人，作为思想的生产者进行统治，他们调节着自己时代的思想的生产和分配；而这就意味着他们的思想是一个时代的占统治地位的思想。”马克思所做的工作，就是要打破这一思想的幻象，洞察到其统治的秘密。如此，我们才能摆脱异化状态，真正回到一种“自由而全面发展”的境界。此时“每个人的自由发展是一切人的自由发展的条件”，而不是群体与群体之间的压迫与剥削。人也就成了人。身份不再被赋予道德意味，也不再意味着剥削与被剥削。

互联网之“商”：公共性与个性

商业必然伴随人与人之间的频繁互动，形成一种公共意识，一种契约精神。据载，美国常被认为始于“五月花号”：一群初抵美洲的英国人，为了形成彼此的权利界限，签署了《五月花号公约》。此公约成了美国宪法的基础观念。一种商业契约的精神，发展成了一种政治理念和政治实践。

当商业按照货币来处理彼此关系，人与人的人身依附关系、人与土地的空间依附关系将不复存在。人便可以自由流动。空间的流动、传统身份的失落中，使作为“个体”的原子化的人，只能依靠契约来维持共同体。人们通过咖啡馆、沙龙、舞会等空间中的自由交谈或交往，形成了具有批判精神的公共领域，公共精神得以养成。

商业曾经是一件私人的事情，但在互联网时代，它似乎已经成了公共的事情。那种基于信息不对称的交易，最容易发生价格欺诈，“奸商”由此而生。但是，互联网时代的交易，一切都能看见，“种草”“好评”“安利”等模式层出不穷。他人的决策，成为我们决策的重要参考。一个“差评”就会成为一件致命的武器。服务好每一个消费者，成了商家的底线。商业模式也不断在变。从行商到坐商，从电商到微商，商业的空间、技术、关系都在更迭，并形成了不同的沟通关系。走街串巷的商人，沿街叫卖的小贩，用脚丈量着每一寸土地。电商和微商，凭借互联网的平台，延伸着一个个“长尾”。最奇怪的产品，也能对接上相应的需求。

从采购商品到采购服务，从服务外包到共享自助，“商”字承载的含义大大拓展。我们甚至可以买星星、买月亮，买“晚安”、买哄睡。没有你买不到的，只有你想不到的。当一切都变得个性化，公共性在哪里？圈层阻隔、信息茧房、群体极化等现象纷至沓来。“商”还是商量吗？还是沟通吗？当商品推荐依靠的是算法，客服服务依靠的是机器人，人在哪里？最后也许只见商品的流动而不见人的身影。因为太方便了，我们便可以“宅”，可以“独”，可以“虚拟”，人和社会也就跟我们没有关系了。祸兮福兮？

（郑宇丹，暨南大学文本实验室研究员、华南理工大学新闻与传播学院教授；李红，暨南大学文本实验室研究员、暨南大学新闻与传播学院教授）

虚

虚 | 《图像和真实之间的距离》

影像的发明打破了人类的时空，让瞬间的情景得以再现。本质上，照片是为了还原现实，模仿“真”。但我们还想超越“真”，在“术”的层面让“真”更“真实”。这棵被数字化的芦苇，和真实的它之间究竟有多大的距离？

虚

从昆仑虚到数字墟

摘　要　“虚拟”是人类文明螺旋升级的两条路径。“虚”从造字本意的“大山”到“井田制”到“天地状态”，再到今天的“泛在空间”，它在不同年代的不同释义记录着人类整体在“道”的层面对无限“时空”的探索；“拟”的技术是模仿“真”，超越“真”，在“术”的层面让“真”更“真实”，满足不同时期单个人类对“快乐”和“幸福”的体验。

关键词　虚拟；泛在空间；“非遗”传承；数字分身

虚的造字本意是大山，被商周“井田制”用作行政面积单位。春秋时期道家用“虚”来形容天地间的一种状态。这种充满力量与生机的东方哲学概念类似于现代物理学的“量子场”。由于道家经典没有对“虚”和“虚”中所包含的物理量定义、定性，“虚”常常被误解或误译为“空”，又从“空”衍生出“缺乏”和“无效”的负面含义。

虚的本义是"实际"的空间单位

虚在《说文解字》中曾经是两个实际的空间概念。一是大山。"虚，大丘也"，"丘，土之高也"，最早出现在《山海经》中的昆仑虚，就是昆仑山。二是始于商代，兴于西周的"井田制"中的单位，"九夫为井，四井为邑，四邑为丘。丘谓之虚"。井田制中百步为亩，百亩为田。九"田"平铺就是"井"。虚就是 144 块"田"（9×4×4＝144 田，即 14400 亩）的面积（约等于 960 万平方米）。

虚造字之初的这两个释义，在今天的《现代汉语词典》中已经没有了。事实上，《康熙字典》中"虚"的第一释义已经变化为"空虚"。

虚字的小篆写作"虗"。虎狼出没的大山就是"虗"。后来写法上讹变为"虚"，但意思还是"大山"。《山海经》中的昆仑山虽大，却是仙妖出没、虎狼成群的地方，并不空；商周时期的井田制，对"虚"有精确的数字定义，也不空。大不等于空。虚的造字本义中没有"空"的意思。

《道德经》是脱实向"虚"的开始

周代以后清代之前，"虚"对应的"空"的释义是哪里来的呢？

春秋时期，老子在道教的经典著作《道德经》中为"虚"增加了新的释义。老子将"虚"描述为天地间的一种状态。老子没有正面定义"虚"，只是把这种状态比作大的风箱，"虚而不屈，动而愈出"。并进一步提出"致虚极"，即到达虚的极致。

老子不给"虚"正面下定义的原因是，"道，可道"，"非常道”。充斥于天地间的“道”，如果是能用语言精准定义的，是像牛顿三大定律一样可以具体参照执行的，就不是天地恒常的“道”。虚，是常道，也就无法精准定义和给出具体的法则、规律。

顺治皇帝在顺治十三年（1656 年）内府刊印的《御注道德经》中把“虚”比作“山谷”。“谷，喻言也。以其虚而能受，受而不有”“见其生而不见其所以生也”。山谷很虚，但是依然能够划出山谷的这个空间，能接纳万物，却不会让里面的物“全域静态”，一直叠加，只看到万物不断涌生，但不知道它如何持续这种状态。

老子的“虚”，不是物理的真空，里面充盈着“道”，或者说某种不可凭言语描述的物质。用现代物理的术语来说，就是充斥着某种物理量的一个“场”。继“大山”和“面积单位”之后，道家为“虚”这个实体空间概念增补了一种新的形态。这种形态虽“不可说”，但本身没有“空”的意思。

世界三大百科全书之一的《不列颠百科全书》对“虚”的解释是：“中国哲学术语，道家用以形容宇宙的原始状态。”对应的英文翻译是 void。

老子没有给“虚”这个“场”里的物理量下定义，西方人不理解道家提出的“虚”的概念，就把它简单对应为 void。这种简化是一种误读。void，再回译成中文就成了“空”。

void，来源于拉丁语 vacivus，意为空的、缺乏的。void 的英文释义除了“空”，还有缺乏和无效的意思。

把“虚”等同于“空”的误读不仅存在于翻译中，也存在于汉语言本身。而由“空”引申出来的“缺乏”和“无效”，使“虚”渐渐有了负面的意象。

《康熙字典》中的“虚”，已经“脱实”，出现了“空虚”的释义。

《汉语大辞典》中“虚”的20条释义，总结起来分为四类：一是“空”，跟“不实”相对，如“空虚”；二是“假”，如“虚假”；三是从“不实”引申出来的各种“不实”的状态，如“徒劳”；四是一系列的星象占卜用语。

现代汉语里由：“虚”字组成的词语中，使：“虚”变成一种状态，附加在另一个字之上，成为“……的样子”，譬如，虚心，使心虚的样子；虚伪，伪的样子。

虚拟，重在“拟”。

虚假，重在“假”。

虚弱，重在“弱”。

谦虚，重在“谦”。

在上海外语教育出版社出版的《外教社·柯林斯英汉双解学习词典》和北京大学出版社出版的《当代日汉汉日大辞典》中分别搜索“虚”，对应的都是上述现代汉语主要使用的前三类释义：

devoid of content：缺乏内容；务虚。

void：empty，空。

false：虚假。

vain：空虚的、徒劳的、徒有其表的、徒然。

虚しい：空虚的。

空虚：空虚，没有价值。

虚弱：虚弱。

仮想：假想。

偽り：假，不真实。

虚是东方哲学的生机与力量

在提倡“修身养性”、研究“出世”学问的东方哲学中，“虚”并不孤独。梵语跟佛教中 sunya 所描述的一种无品质性的空间层面，日本文化中的“气”，跟道教中老子提出的“虚”的概念有异曲同工之妙。

传说唐代佛教两大高僧神秀和惠能，曾经有过一场经典论辩。

神秀就像老子一样，对于通过修行所能达到的哲学状态做了个比喻：“身是菩提树，心如明镜台。时时勤拂拭，勿使惹尘埃。”惠能认为这个比喻不准确，因为“菩提本无树，明镜亦非台。本来无一物，何处染尘埃”。惠能反驳了神秀的比喻，但是他也没有直接正面定义这一哲学状态。

梵语中有一个词，音为 sunya，本意为“零”。日本哲学及佛教思想史学者中村元指出，sunya 原为梵语中的“民用”词汇，常被译为“零”或“空”。然而在古印度的观念中，没有无质量的绝对的“空”（或“虚”）。在古印度经典著作《奥义书》（*Upanishad*）中提到，天地是由风、火、水、地、空组成的。

把 sunya 表达的概念直接翻译成“空”（void 或 empty）是一种误译，美国学者罗伯特·卡普兰（Robert Kaplan）解释说，sunya 是物质存在于所有表象之下的一种无品质性的层面，是可以孕育一切的状态。这种孕育众生的“空”，就像一个“怀孕的”零，具有潜在的力量，是万物皆可生于此的一种原始状态和原始空间。

凡谈及“品质”就会有两面性，譬如好坏、高低、阴阳。罗伯特的意思是，sunya 所表达的这种“空”的状态是不能用“品质”词汇去形容和定义的宇宙的某个层面。

日式哲学中，也没有绝对的“空”（或“虚”）的概念。日语中有个俗语：空気を読む，直译就是“读空气”，意思是“察言观色”。在日本文化中，天地间充斥着“气”，天地间的人、事、物也都散发着各自的气质、气场。气是一种空间氛围，也是一种力量。

经世致用的“以虚控实”

在以“治国平天下”为理想，研究“入世”学问的东方哲学中，虚是一种流动的状态，也是一种力量，“以虚控实”是经世致用的学问。

心学的创立者王阳明强调“心”对实物的作用。

物理学中有一个著名的双缝实验，一束光穿过两条平行的狭窄缝隙投射到后面的面板上，面板上会出现相互干涉的明暗条纹，但当科学家打开旁边的高清摄像机要记录时，面板上显示的是和双缝平行的亮纹，相互干涉的明暗条纹消失。关闭摄像机后，面板上出现的仍然是相互干涉的明暗条纹。光的粒子好像有意识，“知道”有观察者在看它们。

这个实验与王阳明的“心学”虽有唯物唯心之分，却有“不谋而合”的结论。所谓的“心”感知的状态与实质的世界，并非“虚实”相对，更有可能是物质的不同形态。就像顺治皇帝关于山谷的那个比喻一样，物质不会消亡，但它可以改变形态或属性。心动一刻所看到的并非无中生有的新产生的物质，而是此前的物质发生了形态和属性的变化。

《孙子兵法》有“虚实篇”，里面提到“兵无常势，水无常形，能因敌变化而取胜者，谓之神”。在兵家看来，虚和实是流动变化的状态，合理地因势利导，虚和实之间就会交换。

美国前国务卿基辛格在《论中国》中谈到中国文化和西方文化的异同，就如同象棋和围棋的区别。国际象棋的目标是“全胜”，要么是决战决胜，要么是两败俱伤，无力再战，被迫“握手言和”；围棋，讲究“势”，围棋的高手在棋盘上是占“空”，“虚”着打，目标是消耗敌人，以虚控实，不战而屈人之兵。

将“虚”理解成“空”，或者翻译为void，就是将“虚”等同于真空、真缺、真无效，是对“虚”的本意的误解。东方哲学中的“虚”，是流动变化的“实”，虚实之间是sunya转换的关系。从形态上来说，虚是“大而有”的物理空间概念的一次延伸；从状态上来说，虚是孕生万物隐而未发的一股力量。

“虚拟世界”实为“平行宇宙”

汉语言中“宇宙”一词连用，最早出现在《庄子》中，“旁日月，挟宇宙，为其吻合”。“宇”代指一切空间，“宙”代指一切时间。

在神学家、哲学家和科幻小说家的笔下，“虚拟世界”的本质是一个又一个“平行宇宙”。从古希腊的理想国到今天的元宇宙，每一个被构建出来的平行世界都有其具体的定义和运行的规则，有其闪光的时代意义，也有不可逾越的规则缺陷。

《圣经》中关于伊甸园有实景的描述，对于生活在伊甸园中当遵循的规律和规则有具体的规定。

柏拉图的《理想国》，把不变的理念看作唯一的真理，把变化的事物看作由理念而生的幻象。在此基础上，探讨了“理想的”治国理念。

《乌托邦》，通过一个航海家的眼睛，“看到”一个财产公有、人人平等、按需分配的社会。

元宇宙，在科幻小说《雪崩》中是一个数字化的现实世界。

众多的科幻小说如《三体》《沙丘》《银河帝国》，一些带有科幻性质的文学影视作品如《黑客帝国》《时间规划局》《端脑》《开端》，都构建了不同的空间形态。

虽然这些基于神学、哲学、科幻的"平行宇宙"大多被理解成"虚拟世界""虚构文学"，但有趣的是，这些"世界"的信条中没有虚设的条文。

"虚之实相"并非虚构

"虚数""虚拟空间""虚拟语气"，这些词条在英汉辞典中之所以有"虚"的释义，是因为汉语言将两者对应起来了。经翻译之后，这些概念在汉语言使用者的意识中被画上了等号。与之相对，这些概念在原本的语言世界中，有各式各样的实质性的内容，甚至表达的都不是同一个概念，更没有空无一物、徒然无效的负面内涵。

虚数（imaginary number），直接翻译，就是"想象中的数"。虚数把一维的实数域拓展到了二维的复数域。以扩大空间维度的角度来思考的话，虚数并不"虚"，它是另一个维度下的实数。

萨特的哲学名著《存在与虚无》（*Being and Nothingness*），直译是"存在和不存在"。nothing 源于拉丁语 nihil，意为不存在。

虚拟空间（virtual space）的 virtual 有两个释义，一是实质上的，二是虚拟的。与物理空间（physical space）相对，虚拟空间不是物理性质上的存在，但它是实质上存在的空间。virtual 的"虚拟"的含义在《柯林斯在线全英词典》中被标注为电脑用语

(Virtual objects and activities are generated by a computer to simulate real objects and activities)。

virtual 源于拉丁语 virtus，意为勇武，一种实质性的力量。vir 是拉丁语“男人”的意思，virtus 就是“男人的勇气”，在高度“重男”的时代，男人的勇气就是力量和美德。源于 virtus 的 virtual 在电脑产生之后有了“虚拟”的概念，被用于形容电脑和网络空间产生的非物质性的事物和动作。我们或许可以这样理解，virtual 的“实质性”的概念在“数字世界”产生之后被拓展到了用于形容数字空间产生的实质性的物质。

拉丁语中有种特殊的语言规则：虚拟语气（subjunctive mood），意思是相对于某个时点，假设将（或已经）发生的事，或者假设某种逻辑关系。比方说，“虽然题目很难，但我考得很好”，题目很难要用虚拟语气，因为“题目很难”和“考得很好”之间的逻辑关系是说话人假设的，考得很好的真实原因有可能是“题目并不难”，也有可能是“老师心情很好，改卷松”。

虚拟人生（*Second Life*）的游戏，直译是“第二人生”。在游戏中，玩家可以选择新的肤色、外形、职业，在物理世界之外，开启一段新的人生。

普利策文学奖包括虚构和非虚构（Fiction & Nonfiction）两类，直译就是“小说”和“非小说”。

让现实看起来更现实

英语中的艺术（art），来源于拉丁语 ars，原意是“技术”。比方说，古罗马奥维德的经典著作《爱的艺术》，拉丁文原著叫 *Ars Amatoria*，直译就是“爱的技术”。又比方说，传说中的米诺斯迷宫，它的建造技术（ars）被后世誉为建筑的艺术（art）。我们或许可以这样解释，艺术和技术本来就是同一件事物，艺术靠技术实现，技术因为艺术而发光。

文艺评论家傅雷在《世界美术名作二十讲》中提到，文艺复兴三杰之一的拉斐尔精擅"透视法"这一技术。为了达到视觉的"真实"，拉斐尔把许多人物画的身体比例都改变了，譬如大胆缩短人物的手、脚。

1984 年，库尔特·温纳（Kurt Wenner）通过透视、变形等方式，创造了新的艺术表现形式——三维立体画。温纳受邀为当时的罗马教皇保罗二世创作了一幅以《最后的晚餐》为主题的大型街头绘画作品。

"透视法"来源于拉丁文 perspectiva，意为几何学意义上的"透视""透视图"。透视法的本质是在平面上表现三维空间，更真实地再现自然。

库尔特·温纳的三维立体画

2010 年，裸眼 3D（Autostereoscopy）开始进入公众视野。今天在东京、上海、广州的街头都能看到这种不借助偏振光眼镜等外部工具，实现立体视觉效果的大屏幕。

数数上图有几个黑点？闪光栅格错觉，有图不一定有真相

视觉器官在真实面前未必能捕捉到绝对的真实。从文艺复兴时期的透视法到裸眼 3D，人类一直在取悦视觉的方向上努力，虽然画面本身不符合绝对真实的比例，却符合视觉呈现的真实比例。我们或许可以这样理解：这些都是某种意义上的“增强现实”（AR）——让现实看起来更“现实”的技术。

信用和价值交换体系的扩容

公元 1375 年，明太祖朱元璋发行纸币，面值最高可等同于 600 克黄金的价值。票面上，一边写着“大明宝钞”，一边写着“天下通行”。英国经济学家默文·金恩称这张纸币的本质是一种关于货币价值的合同，换言之，“它的价值是由发行单位背后的机构是否稳定来决定的”。

同一时期的大多数国家和地区，都还在使用金属铸币。对于金银铜币而言，纸币是一种“虚拟”的钱，因为它本身并没有价值。担保交易进行的是机构与个人之间的信用体系。在某种意义上，大明宝钞的发行可以看作虚拟的社会经济秩序，即国家信用体系的诞生。

1958 年，世界出现了第一张信用卡。1990 年，信用卡真正实现了全球通行。跟纸币相比，这张小小的信用卡通行天下的背后是人类信用体系的大升级：参与虚拟形式价值交换的人、领域以及为价值提供担保的信用体系都突破国界，扩容到全球范围。

无论是早期的纸币还是后来的信用卡，再到现在的微信、支付宝、PayPal，跟实际的金属铸币相比，都是基于信用体系的“虚拟”形式的价值交换。只是交换方式所使用的工具、范围，参与的人数、规模，在不断升级扩容。

从这个角度来说，“虚拟经济”不是“空”或者“无效”的意思，也不意味着跟现实物理世界的绝对隔断。虚拟的经济行为包括两个层面：一是交易行为，以及保障交易的体系是虚拟的；二是获得价值或者消费价值的行为，部分或者全部发生在虚拟空间。

虚拟经济的发展是社会经济形态、人类经济行为与担保信用体系的范围从物理全球拓展到数实结合的泛在空间的结果。

国务院前副总理刘鹤2001年担任国家信息中心常务副主任时，在中国资本市场发育十周年大会上的讲话中强调了一个概念，即“新经济”。彼时刘鹤所说的“新经济”就是当下的数字经济。

中国目前的国家战略之一就是“推进数字经济和实体经济融合发展”。数字经济是个虚实结合的泛在空间的经济概念。根据中国信息通信研究院发布的《中国数字经济发展白皮书（2020年）》，2019年我国数字经济规模达到35.8万亿元，占GDP比重为36.2%。

虚拟的数字化行为，与物理世界的实体经济融合，提升了整个泛在经济体系的劳动生产率，比如数字化就业，智能化转型。

“90后”的王妙出生于河南鹿邑县，自小患有成骨不全症。2020年，王妙通过腾讯课堂的公益项目在线学习编织技能，并尝试创新。王妙创新的手艺多次获得国内外大奖，被命名为“非遗—王妙勾绳编织技艺”，作品远销各地。

由中国农业科学院牵头，采用阿里巴巴达摩院科技的“智慧育种”计划，能够把育种时间从10年缩短到5年。

至2022年2月，阿里云飞龙工业互联网平台仅在广东地区就服务超过2000家企业，提供超过100个标准化的“数实融合”解决方案，连接设备超200万台。

数字空间还为泛信用体系的构建和跨地域的亲社会行为创造了条件。一个人日常生活的点滴，譬如某天采用了公交环保方式出行，偶尔或者经常的慈善行为都被进一步“扩容”后的泛社会信用体系所记录。

阿里公益数据显示，2016年至2021年的5年间有超过6亿人通过日常的环保行动在蚂蚁森林创造了2000万吨“绿色能量”，相当于294亿度电，或4万亿张A4纸。

文化空间的复原与再现

无形的物质，也是物质的一种。比如端午节吃粽子的习俗，包粽子的手艺，它们没有实体，但并不“虚”。文明的传承方式最终肯定是以远离实物的形式进行的。那么在没有实物参与的实际传承中，从泛义来说，无论是学校基础教育的“教与学”，还是面向社会大众的文化遗产的保留和传承，都涉及两个层面：一是对人类迄今为止的文明成果的系统保存和精准传递；二是用尽可能快的方式在尽可能大的空间中传播与普及。

被誉为“埃及风光宣传大片”的《刺客信条：起源》游戏，高度还原了公元前古埃及文明的神祇崇拜、建筑风格与尼罗河两岸的民俗生活，给予玩家穿越时空的文化体验。

游戏《刺客信条：起源》

《王者荣耀》游戏在2021年端午节不仅有线上活动，还在屈原故乡设立了线下的民俗体验区，参与者可以在游戏里近距离高分辨率地观赏到精美的“非遗”作品，同时叠加线下活动带来的味觉感受，形成动态复合的文化体验。

广东省佛山市南海区西樵镇的“岭南功夫文化体验馆”是非物质文化体验的全新尝试。广东南海是一代宗师黄飞鸿和叶问的故乡，具有深厚的“功夫”文化积淀。南海的习武组织机构林立，有160多个武馆，6万人参与武术的传播和传承，拳种包括太极拳、洪拳、白眉拳、咏春拳、龙形拳、周家拳、八卦拳、蔡李佛拳、鹰爪拳等。岭南功夫文化体验馆沉浸式互动参观的体验形式，实现了文化场景活动的复原和再现。把一座城市的地域风土人情跟非物质文化结合在一起，体现了文化传承的“泛在空间”概念。

地域与文化相结合的新形式泛在文化空间

从数字孪生到数字分身

数字空间出现之前，人们的通婚半径往往在方圆 5 公里左右。物理半径能到的范围就是人的社交半径。社交形态决定了这是一个近距离、浅入口、强联系性的交往模式。

数字空间出现之后，人们跟上万公里之外的人因为某种观点的一致性或共同的兴趣爱好，在一个很窄的切面上可以有很深的交往。数字空间的社交形态具有远距离、深入口、弱联系性的特征。

现在的人可以开视频聚会，隔空喝一杯；可以在云端设置一个共享文件夹，与千里之外的人一起看一场电影；可以在手机游戏中，与其他由真人操作的虚拟 ID 结伴来一场云旅行。在做这些事的时候，我们可能在公园里、在地铁上，并没有跟身边“实际”存在的人交谈和发生联系。

关于虚拟世界与真实世界的关系，最经典的电影之一是《黑客帝国》。主人公所在的世界已经全民数据化，肉身躺在棺材里，脑袋上伸出根电线连着主机，大家都衣着光鲜、生活富足地生活在虚拟的数字世界。有一天，主角被反对这种状态的人类义军唤醒了，并带他走出了“虚拟”世界，来到了真实的物理空间，那里的人都披着麻布衣，住在岩洞中，义军首领对目瞪口呆、心情复杂的主角说了整部电影最经典的台词：“欢迎来到真实的世界！”

从电影《楚门的世界》到《失控玩家》，人类讨论的另一个命题是：究竟什么才算是真的？生活在巨大摄影棚里的楚门，正在进行一场只有他本人不知道的电视“真人生活秀”。楚门身边的一切都是编剧设定好的。尽管环境是假的，朋友是演员，楚门却在虚假的世界里付出了真实的感情。就像古印度人对于梦的解释：梦境也是现实的一部分，因为在梦中经历过的事也是经历的一种。

诞生于2007年的初音未来，是世界上第一个使用全息投影技术举办演唱会的虚拟偶像。2018年，一个35岁的日本公务员近藤宣布跟初音未来结婚。初音以全息投影的形式出现在后者的生活中，两人还举办了一个线下的结婚仪式。

2022年北京冬奥会，出现了包括冬奥宣推官“冬冬”、数字记者“小诤”、“3D虚拟冰冰”等在内的几十个数字人，其中包括中国移动打造的谷爱凌的数字分身Meet Gu。

如今虚拟数字人已经有了跟真人一样的社会经济地位，他们有粉丝、有工作、有婚姻，还有愿意为他们花钱的真人：抖音上的虚拟博主柳夜熙有百万粉丝；虚拟人AYAYI不仅是时尚博主，还入职了阿里巴巴；乐华娱乐旗下的虚拟女团A-SOUL在B站迅速走红，还获得字节跳动的大笔投资。

慧辰股份于2022年3月发布的《虚拟数字人深度产业报告》显示，到2030年，我国虚拟人整体市场规模将达到2700亿元人民币。接受调研的Z世代（出生于1995—2009年）中有近一半的人表示愿意为虚拟人付费，其最熟悉或最喜欢的虚拟人见下图。

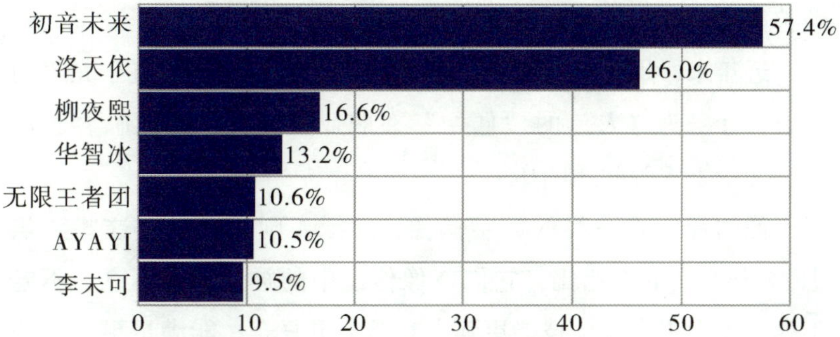

目前 Z 世代最熟悉或最喜欢的虚拟数字人

科技上有个概念叫数字孪生（digital twin），简单来说，就是给现实中的物品做一个对应的数字映射系统。通过孪生的数字系统，可以观测、模拟对应的物品。

从数字孪生到数字分身，镜像中的另一个“自己”，会永远只是镜像分身，还是会进化成拥有自主意识的硅基生命，目前我们还没有结论。但是可以断言的是，新的空间结构意味着新的社会关系和新的社会价值评判体系。虚拟人、真人、真人的数字分身，哪一个实，哪一个虚，哪一个深，哪一个浅，已经不能用过往的指标来衡量。未来人类的分组分群方式可能会变化，旧有的社交社会法则可能会改变，但人类始终需要陪伴。

拟之恒在：人类对“增强现实”的需求

2022 年 3 月开始，辅助生殖被北京市纳入医保。当试管婴儿技术变得成熟且通行，送子观音的“人设”和技能受到了挑战。

古希腊和古罗马的神跟人是同形同性的。神和人的区别只在于神是长寿的，是有神力的。神是形体和技能更加完美的人。从这个角度出发，当人变得更强大更完美的时候，“神”作为人的精神偶像，就只能被迫升级。

近年来，娱乐圈所谓的“偶像塌房”频频上演。过于完美的人设，让身为“人”的“偶像”在职业生涯中长期面临容貌体形、恋爱婚嫁等问题的压力。

像初音未来一类的数字偶像、虚拟人则完全没有这些“焦虑”。与真实的人相比，它们就像传说中的神，不病不衰，不老不死，外形更完美、技能更强大、形象更复合，能满足更多人的需求。

公元500年左右，全球各地不同宗教都“不约而同”地出现了以人为造型的神明的样子；随着偶像以“人”的形象“实实在在”地存在了1500年之后，数字偶像又转向了“务虚”。

在文明的进程中，从虚到实，“拟人化”是为了帮助人理解“神”；而从实再到虚，是为了“神化”偶像。因为现实科技的极大发展，现有的神颜、神技、神迹已经不能对现有的人产生足够的精神刺激。人类进入广义的“增强现实”的阶段。目前的虚拟技术，如VR、AR、MR，通过“数字化”，让“真”更“逼真”。

人类在自我升级之后，无论是实际的视觉、体感效果，还是精神刺激方面，都期待“增强现实”。如何能让人类的“五感”体验到更多的“场”、“虚”、sunya这些状态中充盈的“气”“道”“空”等元素呢？人类需要更真的真实，需要增强的现实，这是所谓“虚拟”技术不断发展、长盛不衰的根本原因。

虚之泛在：虚拟空间就是数字墟

虚和拟，是人类文明螺旋升级的两条路径。

虚拟分解开来，“虚”代表某种“空间”或“状态”，譬如大山、太空、数字空间、三维以上的高维空间；“拟”就是模拟，通过增强现实，带来“快乐”体验的技术，譬如拟化更完美的偶像以满足精神性的崇拜，模仿出更“真”的真实，以作用于五官，刺激神经，带来生物性的愉悦。

“虚”和“拟”是人类文明同时追求的两个目标。一方面，对整体人类来说，总是在有限资源和有限生命的条件下，通过无数代人的努力去提升科技水平，从一座山到一个国，从一个国到全地球，从大航海时代到火星移民计划，无论是对于数字空间的追求，还是太空移民的梦想，更或者是掌握三维以上技术的愿景，人类一直在并且将继续在寻找“大而有”的“空间”的路上前进；另一方面，对于单个的人类来说，主导“幸福”与“快乐”的，从来不是某种定性定量的物质、财富、权力，而是主观体验到的一种个体的生物反应，这种反应的刺激源，是可以通过“增强现实”技术来实现的。

从狭义上来说，虚的“大而空旷”的概念引申出的一个释义是“集市”，亦作“墟”，虚拟世界就是数字墟，是线上的空间；从广义上来说，“虚”从“大山”到“井田制”到“天地状态”，再到今天的“数字空间”，是人类生存区域的不断升级，是融合物理世界与数字世界的泛在空间。

麻省理工学院媒体实验室的创办人尼古拉斯·尼葛洛庞帝（Nicholas Negroponte）在1995年出版的《数字化生存》（*Being Digital*）中，向我们描述了数字技术全面应用于工作、生活、娱乐后，人类社会的整体状态和单个人类活在“新空间”中的“新感受”。

2020年北京大学新闻与传播学院教授胡泳在《数字位移：重新思考数字化》中提到，虽然“数字化革命远未到结束的时刻”，但“been digital（数字化之后）的问题，比 being digital（数字化之中）的要严重得多”。

所谓的“问题”是每一次工业革命之后都会引发的社会秩序重构面临的机遇和挑战。新的社会秩序意味着与之对应的新价值观与新空间势力。南京大学的杜骏飞教授在2022年3月的演讲中就提到了“虚拟化人类”，即从“乌托邦”到“未托邦”的泛在空间秩序的建立。

与过往社会相比，数字墟中人类的群分方式从过往的绝对的树状结构，向着相对的网状结构发展。与结构相对的空间秩序也从命令原则转向了共识原则。网状分布的个体会在不违反空间总体规则的前提下，去追求个体利益的最大化。个体行为就像“随机森林”（Random Forest）理论描述的那样，一系列看似随机而无序的选择，最终可以达到高效的最优结果。

今天地球的物理空间，没有一处不在卫星的监测之下。但是在第一张世界地图出现之前，上到苏莱曼大帝，下到平民，没有人能了解世界空间的大小。如同16世纪之前的人，我们尚不清楚未知尽头的数字墟究竟有多大。但是我们知道，无论空间怎么拓展，社会结构怎么变化，数字墟并不虚。它有切实的定义，有它应当遵循的社会公约和社会共识。而拓展生存的空间，是为了在更长的时空历程中，保存和传承人类的文化遗产，提高全球劳动生产率，提升人类的生活体验。

无论是火星移民，还是数字移民，都是为了在“宇宙”之外寻找“宇宙”，在更广的时间概念里寻找更大的空间。

（向熹，暨南大学文本实验室研究员、暨南大学新闻与传播学院讲座教授、广州时间网络科技股份有限公司董事长）

留

留 | 《存在与消逝》

枯荣之间——活着是为了什么？死后想留下什么？能留下什么？会留下什么？人是被记忆链接起来的，而记忆是自我建构的。

留

动态去留观："石榴红"与"共存灰"

摘　要　留的造字本义是"止"。现代汉语中留的七种释义都是"止"。从原始壁画到留声机，从灵魂到基因，从文献史记到数码痕迹，"留"的本义千年未变，人为"留"所作的努力却一直在进化。"留"有两个条件：基准和载体。"留"跟传播学一样要解决"5 个 W"和"1 个 H"的问题。何时留、留何地、留何物、何人留、为什么留，这五要素合在一起的答案，就是留的"基准"，是创建文明信仰和社会秩序的基石。"1 个 H"是"记忆"：生死记忆、基因记忆、秩序记忆、数码记忆，留的成果都要以这四种"记忆"为载体才能呈现。

关键词　去留；留存；记忆竞争；基因记忆；数码痕迹；动态秩序

"榴"是"留"组成的意象最美、单一释义的字，石榴象征的"共存的圆满"，被历代宗教、皇族、平民共同喜爱。石榴充满生命力的明红颜色，紧紧依靠、和谐共存却又和而不同的样子，是人类向往的姿态；石榴象征的季节往复、死生循环、生生不息，是人类关于“圆满”的理想。对于现实来说，长期共存的圆满，往往需要短期局部的动态妥协。

以石榴为媒的一桩婚姻

古希腊诗人赫西俄德（Hesiod）的《神谱》中有一个故事：波塞芬妮（Persephone）是奥林匹斯十二主神之首的宙斯与十二主神之一的大地女神的女儿。宙斯的兄弟冥王哈迪斯（Hades）掌管死人的王国。有一天，冥王跑到地面上抢走了波塞芬妮，破坏了天上、人间与地府的多边秩序。大地女神奈何不了冥王，一怒之下令四季常冬，地面上断了给天神的供品。宙斯担心大地荒芜缺少供奉，于是派神使游说哈迪斯放人。波塞芬妮临行前吃下了哈迪斯给她的四颗石榴籽。按照规定，她必须一年中在地下待四个月，其余的八个月，可以回到地上跟母亲住在一起。

今天，在罗马的博尔盖塞美术馆里有一尊贝尼尼（Bernini）雕刻的关于这个故事的大理石雕像，名为《抢亲》（*The Rape of Persephone*）。

在英国画家罗塞蒂（Rossetti）的作品《波塞芬妮》中，“抢亲”的故事又有另外一种解释：波塞芬妮明知吃下石榴籽的后果，依然在犹豫是要回到阳光之下，还是留在冥王身边。石榴象征的美满姻缘，是以永居死人之国为代价的。后世的艺术评论家把这幅画阐述为：挣扎在光明与黑暗、纵情与节制、性爱与亲情之间的女神。

贝尼尼的大理石雕像《抢亲》(*The Rape of Persephone*)

罗塞蒂的画作《波塞芬妮》(*Persephone*)

不管怎么说，以石榴为媒的这桩婚姻称得上是皆大欢喜。冥王娶到了冥后，大地女神没有失去女儿，主神宙斯依然享有万物供奉，并且维护了十二主神之间的和谐。神界的“秩序”只是做了一点主观的动态调整，就“留”下了各自需要的东西。

石榴表达 “共存的圆满”

清代光绪年间编纂的《辞源》里关于“榴”这个单一、固定意象的字，有四个词条，从石榴果到石榴花，再到石榴花般的颜色，足见古人对“石榴”的喜爱。

石榴，果木名。

榴火，形容石榴花色似火。

榴花，石榴花。

榴锦，石榴花。

石榴的英文是 pomegranate，源于拉丁文 punica granatum。在植物学中，punica 是石榴属，punica granatum 是石榴，直译就是：迦太基的包含很多种子的（水果）。punica 又引申出“亮红色（石榴红）”的意思。迦太基是公元前 2000 年兴起的腓尼基文明在北非建立的一个殖民地。

相传石榴原产于伊朗，后引种到地中海地区。迦太基与古罗马争夺地中海霸权的过程中，石榴随贸易与战争进入欧洲。古罗马的水果种类有限，古罗马人第一次见到石榴，就把它命名为迦太基苹果（malum granatum），跟波斯苹果（malum persicum），即桃子，相映成趣。在亚洲，石榴被汉武帝的使臣张骞从西域的安石国带回中原地区。石榴最早名为安石榴。

石榴花明红亮眼，被当作观赏性植物。唐代曾盛行石榴裙。诗人韩愈写过“五月榴花照眼明”。在流行于康熙年间的十二月令花神杯中，五月是石榴花杯。在中国传统文化中五月又称“榴月”。

中国古代的皇室和贵族对石榴有好感，民间历代都有以石榴为主题的戏曲小说。石榴花是西安等几个城市的市花。现在有以“石榴”为名的新媒体“石榴云”。

墨西哥名菜石榴烤辣椒

佛教文化中，石榴与菩提、棕榈、莲花，并称四圣果。

古埃及十八王朝法老墓的壁画上已经出现作为食物和贡品的石榴。

伊朗“伊斯法罕半天下”的年代，城中四十柱宫的壁画上，石榴随处可见。石榴也是阿拉伯国家的“天堂之果”。

迦南地区“应许之地”的古特产是七种作物：小麦、大麦、葡萄、无花果、石榴、橄榄、蜜枣。其中石榴象征丰饶，是以色列人庆贺丰收的住棚节和新年必吃的水果。南京林业大学教授、国际园艺学会石榴工作组主席苑兆和提到，在以色列文化中，613 颗石榴籽代表 613 条犹太戒律，有学者甚至称伊甸园的智慧果是石榴而不是苹果。

公元 300 年，罗马帝国统治之下的英格兰正处在一个新旧信仰从并存到交替的时期。在英格兰多赛特（Dorset）地区的一处庄园出土了一幅马赛克拼图，图上基督的头像两侧是石榴的图案。石榴象征着季节往复，死亡与复活、坠入地狱与重见光明的循环。曾任大英博物馆馆长的尼尔·麦格雷戈（Neil MacGregor）解释说：从形式上讲，作者通过石榴，把耶稣和也经历过死亡与复活的希腊神祇相联结。从精神上看，多赛特的作品把古代世界所有人类最深层的希望合而为一：死亡只是一个范围较大故事的一环，死亡最后会升华为丰富的生命和更伟大的荣耀。

波提切利的名作《持石榴的圣母》

英格兰多赛特庄园出土的马赛克拼图

石榴代表生命、种族、国家与信仰的“共存的圆满”。组成“榴”的“留”，则代表人为“圆满”做出的主观努力。

“留”即止：单一释义千年未变

在《说文解字》中，留的解释只有一个，“止也”。

在《现代汉语词典》（第七版）中，留的七个释义表达的仍然是不同情境下的“止”。

留，造字之初写作“畱”。“丣”，代表水渠。“畱”就是水过田间。“留”有两个条件，一是留跟去相对，必须有“基准”，有参照物才谈得上去留，譬如造字本义的“田间”、止字下面“一横”代表的大地，故国、故土，无根者的归根之处；二是“留”的结果要以“记忆”为载体才能呈现。

现代汉语中不同的“留”表达了两种有微小区别的“停”，一是有时间限制的停的状态，比方说拘留、滞留、留洋、留守；二是留的动作，比方说留白、留步、留客雨。

古人对“畱”有跟现代汉语呼应的两种解释，一是水停在田里，意为“停留”；二是水经过田间，表示“流动”。譬如，山东临沂银雀山汉墓竹简《孙膑兵法·奇正》中有“使水逆留”。

“留”字跟“金木水火土”五行组成的字也分成两类：一类是停的状态，如装饭的土碗，位于树上的突起；另一类是流的动作，如醋过白菜，金过器物，人在溜达。

镏，镏金，镀金的方法。

塯，古代盛饭的瓦器，如“饭于土塯”（《墨子》）。

熘，一种烹饪方法，如醋熘白菜。

溜，滑行，偷偷地走开。如溜号、溜之大吉。与足字组成的

"蹓弯"，又作"遛弯"。

榴，石榴。

留组成的另一个单一意象字是"瘤"。榴和瘤本义相通，都是植物/动物体上的赘生物、共生体。《本草纲目》记载，"榴者，瘤也，丹实垂垂如赘瘤也"。瘤跟癌不同，瘤有良性恶性之分，譬如反刍动物的胃瘤，又譬如肿瘤、毒瘤。瘤既是病变，也是珍宝，既是和谐共存，也是资源竞争。

现代汉语中"留"组成的词，都表达着选择的意愿。譬如，事物停在某个地方，遗留、弥留、逗留；精神停在某个地方，留恋、留心、留神；主观或"被他人主观"地留下某件东西，留影、留言、留有余地、要留清白在人间。

从"留"的对象和结果来说，不同的"留"展示着不同的态度和立场。譬如，立德、立功、立言"三不朽"这样进击式的"留"，与"不食周粟""终南捷径"式的以退为进的"留"，都是为了豹死留皮、人死留名、雁过留声、万古流芳。

留的含义千年未变，人为"留"所做的努力却从未停止。留是一个选择性的动作。选择跟放弃相对，本身就意味着竞争。留是"榴"所代表的"和谐愿望"与"瘤"所代表的"资源竞争"的结合体。

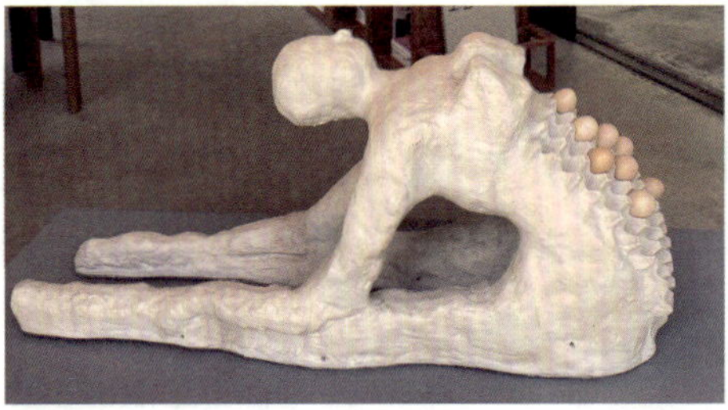

和谐的珍宝？还是竞争的肿瘤？"留"的评价见仁见智

去留 “基准”在包容中动态调整

“留”的两个条件：一是基准；二是载体。留作为能被人感知、认同的主观发出的选择性行为，跟传播学一样有“五个 W”要解决：何时留、留何地、留何物、何人留、为什么留。这五要素合在一起的答案，就是留的“基准”。留的基准是创建文明信仰和社会秩序不可或缺的基石，随历史长河流动，在包容中动态调整。

维新派政治家谭嗣同在狱中写下著名的“去留肝胆两昆仑”。后世对这句话有两种解释，一是以谭嗣同本人的生死为基准，去是指赴义，留是指活着，英雄本人无论活着还是赴义都如昆仑般浩气长存；二是以全体维新志士的成败为基准，去是指赴义的作者本人，留是指“留得青山在”，当时流亡海外的康有为、梁启超等人。

清代的“留发不留头”是定在“刀锋”之上的去留基准。这样绝对的“去留”观，往往只会存在于非常短暂的时期。人类对于“去留”的基准因为认知的升级在不断地变化中。就像石榴代表共存的圆满，而所谓的“圆满”的范围也在不断扩容。

德国音乐家施特劳斯从尼采所著的同名小说中汲取灵感创作了交响乐《查拉图斯特拉如是说》（*Thus Spake Zarathustra*），《2001 太空漫游》（*2001：A Space Odyssey*）电影原声就采用了其中部分选段。

查拉图斯特拉有另一个名字叫琐罗亚斯德（Zoroaster），是祆教的创立者。祆教又名拜火教，是 2000 年前伊朗这个中东强国的国教，也是我们所熟知的金庸小说《倚天屠龙记》中波斯明教信奉的教宗。

英国历史学家詹姆斯·霍兰德（James Holland）总结，查拉图斯特拉说的是“善恶对立”，“时间有限”，世界末日随时会来临，在这一天之前，人应该就其信仰的“去留”尽早地做出选择。这两条重要的理论被后来包括世界三大宗教在内的几乎所有的“教派”和“主义”当作了创建信条的基准。

今天全球信奉拜火教的人数已经非常稀少。但是查拉图斯特拉提出的关于“善恶对立”“时间有限”的争论却从未停止。人们突破了“火神”建立的时间观与善恶观，却在更多的民族与信仰、更多的国家与领域间讨论“共存共在”，研究“包容”更多与族群、物种、文明的有关“去留择取”的新基准。

记忆的竞争、掠夺、抹除、植入

“留”是人对“永恒”的渴望，是人对时间的抵抗。留的一个“H”（How）是“记忆”，留的结果都要以“记忆”为载体。人能留下的“记忆”到目前为止有四种：生死记忆、基因记忆、秩序记忆，以及数字空间产生之后的数码记忆。

“完美的记忆”，是不存在的。因为留会面临竞争，会遇到障碍。

数字空间中的记忆是一段数据，数码记忆能被替换，可以重置。这听起来很科幻，事实上物理空间中的记忆同样可以被替换与重置。

2022 年 4 月，乌克兰政府拆除了位于首都基辅中心、象征俄罗斯与乌克兰友谊的大型雕像。日本曾多次人为修改教科书，为民众“植入”新的记忆。历史被单方面地改写，记忆竞争的本质是一部分人对另一部分人的记忆掠夺。

《史记·项羽本纪》记载项羽“烧秦宫室，火三月不灭”，此处的秦宫是指咸阳宫。唐代学者杜牧在明知上述事实的前提下，依然在《阿房宫赋》中杜撰了项羽火烧阿房宫的“谣言”。当代考古发掘显示，阿房宫其实没有建成，也不存在火烧过的痕迹。杜牧在他本人的其他作品中也提到“造谣”的原因是想借古讽今。遗憾的是，《史记》留给后人的记忆就这样被大文豪的谣言给“替换”掉了。

陕西考古博物馆 2022 年 4 月首次展出了武则天时期的“巾帼宰相”上官婉儿的墓志，后者死于唐隆政变后，被唐玄宗“官方毁墓”，人为地抹除了一段历史记忆。

美国心理学家费里曼（Freeman）提出的“现实重构”，指的则是一个人通过潜意识否定现实已经发生的事，进而改变自己对这件事的“记忆”和印象，以缓解内疚、焦虑和痛苦。现实重构是个体对自我记忆的抹除、重置与替换。

生死记忆：渴望“永恒”的灵魂

想要灵魂永恒、留下“精神”的人制造了关于轮回、重生的神话与信仰，试图打通天国、人间与地府的语法体系。活着想要控制名字，死了想要控制灵魂，生死都想“管控”声名，本质是大多数人类想要追求的：生命尽在掌控之中的“笃定感”。

皮克斯出品的《寻梦环游记》讲述的是墨西哥亡灵节的故事。对死者来说，死亡本身不代表消失，被所有的生者遗忘，才意味着彻底的死亡。只要还有人记得，逝者就能以另一种姿态继续留在世间。

电影《狮子王》中，主角辛巴的父亲告诉他，历代的祖先已化作满天繁星，与辛巴一起守护大草原。无独有偶，电影《星球大战》中，绝地武士一旦领悟到原力量的真谛，就能与过往所有的绝地武士的“亡灵”建立起精神联系，从他们那里获得更大的力量。

一方面，活人以“记忆”为媒介留住了“祖先”，这意味着百年之后，后代也能以这样的方式留住自己；另一方面，人想要控制生前死后的名声，让活人记住他们想要活人记住的事。比方说，报纸上的讣闻、葬礼上的悼词、墓碑上的碑文，都是以活人为传播对象的，目的是让活人反复回忆起逝者的事迹与声名。

在日本文化中，一个人若是失去了自己的名字，就会被世间所遗忘。日语中取名字，写作“名前をつける”，跟吃寿司时蘸酱油的蘸是同一个动词，本义是“粘在某处”，取名就是把名字粘在某个人身上。换个角度来看，就是“命名”了一个人，把这个人“留”在了某个既定的领域中。

电影《你的名字》中，主角忘掉了名字，于是人生记忆和人际关系同时清零。电影《千与千寻》中主角的父母因为贪吃，被妖怪夺走了本名，变成了没有意识的猪。他们失去名字，就失去了命名者为他们划定的精神“自留地”。“名字”承载着身份、记忆以及由之而来的人“留存”世间的凭证。

在中国的神话里，最严重的神惩是“魂飞魄散”，中国的人和神都害怕彻底消失。日本电影《夏目友人帐：缘结空蝉》，背负神罚的主角肉体和精神都活着，但是没有“人”能记住他，主角虽在人间，却等同于消失，没有名字，不被记住，无法与身边的事物创造联系，日本文化中最严苛的神惩是不能与他人“结缘”。

我们害怕什么，就会想要留下什么。如何才算“留存”成功，则视乎我们的主观定义，即主观记忆。

基因记忆：族群习性的密码

想要物身不灭、留下种族的人学会了制作木乃伊、纪念品，遵守要让血脉留存的契约。同时，族群的生活习性也会被动地留在基因和文化的记忆中。

埃及法老相信死亡只是通向下一个生命阶段的开始，古埃及语中没有“死”，古埃及人用“停止活动”来代替死亡。埃及法老会以制作木乃伊的方式精心地保留自己的肉身，以待下一个阶段的“生”。

“不孝有三，无后为大”，孟子创建的这个“规则”，反映的是华夏文明中绝大多数人想要留下后代，作为自身延续的愿望。最传统的希伯来人今天还在严格履行关于生育的契约，即“不仅要生养后代，还必须有儿有女”。

从另一个范畴来说，我们每天的生活习惯也会在我们共同的基因中留下记忆。人文地理学家西蒙斯（Frederick Simoons）的研究表明，乳糖不耐受与人群分布存在明显相关性：牧民后代的乳糖耐受性明显优于农耕人群。这个特性源自一万年前的一次 DNA 突变。造成这一 DNA 产生并留存的原因是：相比有足够鲜奶制品的牧民后代，狩猎民族的婴儿往往会更早断奶，让母亲能够腾出手来参与狩猎活动，断奶还能让母亲更早地恢复生育能力。

疫苗记忆，2020 年以来，全球所有国家和地区为应对“大流行病”新冠肺炎而注射的新冠疫苗，是全种族身体和基因的一段“免疫记忆”。

肌肉记忆，指肌肉受无意识的内隐记忆支配，同一种动作重复多次之后，肌肉就会形成条件反射，不用刻意动脑，也能完成动作。

脂肪记忆，指一般减肥后的三个月到半年，脂肪想要“重生”，容易发生反弹。

经历过苦难的人，会有“饥饿记忆”“贫穷记忆”“恐惧记忆”，曾经的灾难留给身体和基因的“记忆”会在特定场景和关键状态下影响人的决策和行为。

“留”是一种“能力”，也是一种刚需。曾经的主动的生活习性被动地“留”在了身体和文化的DNA中，成为一组关于基因的被动记忆。

秩序记忆：社会规则的系统评估

希腊神话中有司掌记忆、语言和文字的女神谟涅摩叙涅（Mnemosyne），有掌管季节时间和人间秩序的时序女神荷莱（Horae）。人类自古就渴望有秩序、有记忆。关于秩序的记忆跟主观的择取息息相关。

联合国教科文组织在1992年发起了《世界记忆名录》（Memory of the World）项目，到目前为止，共收录了全球400多件文献，其中包括中国的《本草纲目》《黄帝内经》以及清代“样式雷”建筑图档等。

哥白尼的《天体运行论》是波兰在1999年提交的“世界记忆”。众所周知，近代天文学的奠基人是伽利略。

16世纪宗教影响力下降，精英阶层的怀疑主义与下层的巫术迷信双双盛行于世。根据武汉大学历史学院教授潘迎春的统计，在1450年至1650年的200年间，10万人被当作“巫”处死了，其中75%是巫女。哥白尼《天体运行论》的发表标志着科学革命的开始，重创教廷的同时，开启了终结迷信时代的序幕。《天体运行论》作为天文学著作本身并不完美，却是标志人类社会秩序变迁的重要文献。

《世界记忆名录》留下的都是所谓“人类行为改变社会规则的节点和成果”，这些关于文明的“集体记忆”的选择，带有很强的主观性。

20 世纪西方未来主义作品《我在记忆中又一次看到了乌德妮》

艺术评论家罗伯特·休斯（Robert Hughes）的《新艺术的震撼》中包含一个章节，叫“已经成为过去的未来”。艺术家试图用作品“留住”想象中的未来人类、科技、秩序的样子，这些想象中的一部分还没有到来就已经偏航或者已经过时。

数码记忆：从数字藏品到“被遗忘权”

数字空间的“数字财产”和“数据留痕”是数码记忆，是硅基生命用“记忆”留住了碳基生命。

“文化”通过数字化的形式，有机会在不同的时空和记忆中同时“留存”。

“汉典重光”是阿里巴巴公益基金会、四川大学、美国加州大学伯克利分校、中国国家图书馆、浙江图书馆合作开展的一个项目，旨在让流散海外的中国古籍能以数字化的方式回归故土。至2021年5月，首批20万页古籍已完成数字化，并沉淀为覆盖3万多字的古籍字典，公众可通过“汉典重光”平台翻阅、检索古籍。

2022年2月，奥运数字徽章发行，纪念章从百年前的纸质徽章到金属徽章再到今天的数字徽章。今天个人的数字财产不仅有数字纪念章，数字专辑，还有国宝级文物的数字藏品，譬如故宫博物院通过蚂蚁链“宝藏计划”发行的故宫太和殿上屋脊兽龙的数字藏品。

“云游敦煌”小程序在新冠肺炎疫情防控期间上线，不到两年时间，访问量已超过5000万人次。在一周年纪念日，小程序还上线了“敦煌诗巾”活动。用户自主创造的丝巾作品超20万，300万人在线上敦煌留下了“足迹”。无独有偶，在疫情防控期间上线的“数字故宫”，以数字化的形态为线上游客呈现共计7万件文物。

碳基生命的“数码痕迹”被硅基生命默默记住，以另一种形式获得了“永恒”。与之相对，对于不想被任何记忆留住的人，或者意外离世、还来不及处理自己数字财产与数码痕迹的人来说，则留下了关于互联网“被遗忘权”的讨论。

2021年，国内越野跑顶尖选手梁晶在马拉松比赛中不幸遇难。抖音保留了他的账号，把它变成了“逝者纪念账号”。B站、微博都有类似的“纪念账号”。豆瓣有“豆瓣公墓”，纪念去世的豆瓣用户，逝者主页上写着“用户已故，此账号已被锁定保护”。

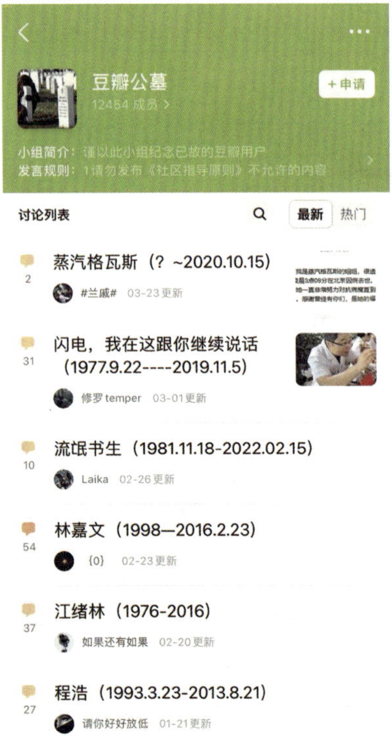

豆瓣公墓

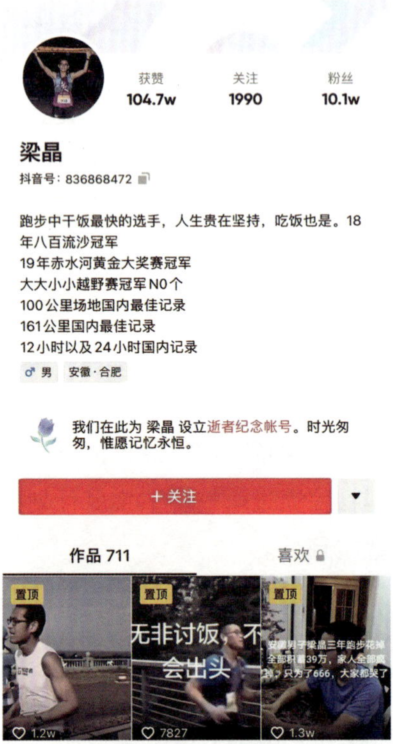

抖音的逝者纪念账号

宗教、神话、传统文化中的各种“留”的行为都是人为“长存不朽”所尽的最大努力。这些数字空间出现前的关于“留”的尝试，在数字空间诞生后变成了另一种担忧：不管是否情愿，“大数据”都会“毫无保留”地保留一个人互联网生存中的全部“痕迹”，去过哪里，吃了什么，点赞了几条视频。幽默的是，人想要彻底消除这种被动留下的“数据留痕”，跟主动要被历史和他人记住，竟然同样困难。

最难留的“绝对状态”和“对立物质”

从文明的传承来说，“永恒”和“不朽”是在追求某种意义上的“绝对”长存。有趣的是，无论在社会空间还是物理空间中，最难创造和保存的恰好正是绝对状态的事物，最难共存的是相互对立的物质。而改变困境的方法是将试图一次到位的绝对目标化为无数次动态的努力；将绝对对立纳入更大的范围，让对立物质之间出现并立的可能。

现知的自然界中没有绝对静止的事物。西班牙圣家族大教堂的设计师高迪说：“直线属于人类，曲线归于上帝。”自然界中甚至没有绝对的直线。

现知自然范围内不存在、实验室中最难留存的是与正物质绝对“对立”的反物质（antimatter）。当正反物质相遇时，双方就会相互抵消，发生爆炸并产生巨大能量。1995 年欧洲核子研究中心在实验室中制造出的世界上第一批反物质（9 个反氢原子）只存在了 0.17 秒。2011 年，这个时间增长到了 15 分钟。如此看来，人类与一个反物质星人似乎无法共存，但换一个角度，设想二人隔着一片真空区域相见的话，在扩大的范围中，正反星人依然有可能实现对话。

竞技运动常常研究运动员身上的“反社会”与“亲社会”行为的矛盾与消解。对运动员而言，在对抗中渴望胜利的强烈意愿有时会转化为“反社会”的倾向，譬如场上场下的各种不道德行为。于是，教练就会引导他们在“不择手段”求胜的极端意愿之外，追求对荣誉的高度渴望，以此引发“亲社会”行为的对立因子，两个对立又强大的精神念力在更大范围的并立，会锻造出赛场上既顽强又高尚的运动员。

从“石榴红”到“共存灰”的包容色系

中国传统红色根据深浅分为绛、赤、朱、丹、红。石榴红是红色的一种。

记忆是有颜色的。在人类的远古记忆中，红色代表火与血。对远古的人类来说，血液意味着生命，血流成河是危险的信号。所以红色除了是“生命力”的象征外，也有禁止、暴力与恐惧的象征意义。

与红色相对的绿色，从“环境”的角度诠释了欣欣向荣的生命力，是环保的颜色，是代表健康的绿码，但也是中国股市下跌时候的颜色。埃及神话中的冥王奥西里斯（Osiris）全身都涂满了象征生命的绿色，藏传佛教中的观音有绿度母的化身。

绿色的埃及冥王奥西里斯（Osiris）

电影《辛德勒的名单》中的红衣女孩

在不同纬度下同时象征“生命力”的红色与绿色调和在一起，会变成灰色。任意两个180°相比的互补色调和在一起都会变成灰色。

灰不是“黑白分明”，灰色本身有着不同的层次与色度，是一种庞大的色彩系统。德国画家格哈德·里希特认为灰色传递着“客观的中立”的概念。数字艺术家约翰·盖奇（John Gage）认为灰色是所有颜色的基础，它的本质是“包容”，是对于“未知”的中立式的包容。

灰色系统是现代管理学中的一种治理系统，指研究者在某个阶段对研究系统的变量和权重只有部分认识，尚无全面认识的状态。现实中，由于变化的速度、海量的信息，社会、经济、文化、教育、医疗等各种系统，都有可能在某个阶段处于“灰色状态”下。

灰码，2022年4月15日，武汉市对核酸“应检未检”人员的健康码赋灰码。灰码意味着待检测的不确定性。

180°相对的互补色

不同的文化、同样文化的不同语境，对于同一种颜色也有不同的解释。中山大学岭南学院的院训是“红灰精神”，红色代表热情，灰色代表沉着冷静。格林童话《小红帽》为了增加标题戏剧性的对比，常译作“小红帽与大灰狼”，此时的红与灰，大概不能被看作热情的小红帽和沉着冷静的大灰狼。电影《辛德勒的名单》中红衣女孩穿梭在深深浅浅的灰色人群中，灰色既不能被简单当作沉着冷静，也不能被片面看成大灰狼。

灰色系统理论的核心在于“包容性”。承认“他者”的存在，承认未知，放弃对未知事物的绝对“排异”，这恰好意味着扩大“圆满”的可能性。

“共在”（being with）是德国哲学家海德格尔提出的一个概念，简单来说，就是要以客观的眼光“看到”和自己共同存在的其他事物。

在现代汉语中，共存和共在是同一个意思。“存”跟“在”都表示“存在”，即持续占据时间和空间的一种状态。存，有保留和存留的意思。在，除了“存在”，还表示“事在人为”“在岗”，是一种涉及人的决定的行为。现代汉语中这两个词都表达客观存在与主观选择的双重含义。

从对客体地位的摆放来看，共存关系中的主客体是对等关系，共在关系中的主客体是从属关系。海德格尔的共在被翻译成being with。这个表达有一个汉语言使用者较难感受到的微小区别：

A and B 是 A 和 B。

A with B 是 A 为主，带上 B。

拉丁文的文献中，关于凯撒的出征，直译是“凯撒渡河，以和大军一起的方式”，句子的主语是凯撒一人，“共在的大军”仅仅只是渡河这个动作的状语，既不是“凯撒和大军一起渡河”，也不是“凯撒率军渡河”。在西方的语言中，这三种表述的主客体关系是不同的。所以当我们说 being with，即“共在”的时候，是把 with 的部分当成了“从属”。

流动的规则：网格关系的大地基准线

留存，保留，共存的基准，在加入时间和空间的维度之后，都必然变成一个“流动的规则”。

当我们想要制定一个关于“去留”的基准，会涉及两个维度，一是愿望，二是预期。愿望可以常存，预期则取决于基准制定者的认知和认知局限。

华尔街投资人兼学者塔勒布提出“INCERTO”理论，直译就是“不确定性”。重视不确定性的意义，不陷入对精准预测的“自以为是”的笃定感中，恰恰是风险管理的关键。塔勒布举了一个例子，一只火鸡每天被主人投食，火鸡会认为被投食是常态。结果感恩节这天，火鸡没有等来投食，而是被杀掉送上了餐桌。对主人来说，养鸡千日就是为了做成大餐，但是火鸡认为自己遭遇了“黑天鹅”。

在“止”字代表的足踩大地的年代，空间是唯一的，时间是线性的，社会关系是树状的。大地、故土、血亲是一种在相对长的时间里可预测的变量组成的基准。今天，数字空间使人和人之间沟通的节点变成了点对点，可以在此处同时也在彼处。什么才是网格时代的大地基准线呢？

在永动的世界中，首先要承认他者的客观存在，接受动态的平衡，放下对于精准掌控和预测的关于“笃定感”的执念，采用流动的秩序来实现更大范围的稳定与和谐。动态的平衡在局部来看，恰恰是“不稳定性”和“妥协性”并存的状态。

美国前国务卿基辛格在《世界秩序》中提到，“人类社会不可救药地充满变化和冲突，在表面之下，事物统一在一起，而统一取决于在相互对立的事物之间做出平衡的应对”。

人文社会的留是动态的“停”。停留，停战，暂停，人在矛盾与冲突中停留与前进，无数次调整姿态的“留”才有到达“存”的可能。

英国考古学家约翰·罗谟在《世界七大奇迹史》中提到，古埃及人留下的金字塔对今天的人来说“只不过是记录了人类虚荣的巨大坟墓”，但是“对于受限于自然力量和节奏的古人来说，在地表修建类似金字塔这样巨大的建筑，其过程和结果本身意味着人跟神的一次交流，是一份连接俗世和天堂的契约”。

承认未知、放弃静态绝对的“去留”基准，恰恰是文明进步，“圆满”扩容的基础。就像我们的祖先那样，受限于自然力量，依然心怀“永恒”，愿意为“留”尽己所能。当我们以流动的规则和动态的妥协来应对世界和环境的“不完美”“不确定”，克服“对未知的恐惧”的时候，我们同样能够长久地喜爱石榴，能够延续不变的关于圆满的古老愿望。用发展的眼光来看待“存在”的矛盾与困难，心存信仰才能改变世界。

（文景、安代，暨南大学文本实验室研究员）

卷

卷 | 《仓库里的故纸堆》

书籍同“卷”，“卷”亦是动词。这次，这根“会思考的芦苇”在一座寂静的仓库里，坐在众书卷中。这是一堆古旧的书籍，是确定已经被深藏的书卷。它们是等待再次被发现的宝贝？还是继续卷藏在时间深处的古籍？“卷”的尽头是什么？

卷

读书安能破万“卷”

摘　要　“内卷”的“卷”是近年来互联网中出现频率最高的动词之一。“内卷”最早被用于描述新西兰原住民的装饰花纹。与这种花纹有共同特征的文化表现为：社会发展被锁死在某个阶段，以单调的形式不断自我复制，既不能提升劳动生产率也不能改换经济形态。“内卷化”在海外的盛行起源于学界关于中国明清资本主义萌芽是否被小农经济“内卷”扼杀的争论，在国内从学术界出圈后不断泛化、衍生、梗化、通胀。“内卷”与“逆袭”在行为上高度相似，评价却截然相反。从期待“逆袭”成功到倦于“内卷”而“躺平”，社会集体意识变化的根源在于对经济与科技发展路径的判断和评价。“内卷”的本质是“单调地重复”，走出“内卷”的核心路径在于善变地创新。

关键词　内卷；内卷化；逆袭；出圈

2020 年，“内卷”被《咬文嚼字》杂志评为该年十大网络流行语，“内卷”的简称“卷”，是近年来互联网中出现频率最高的动词之一。2021 年，中国前任驻美大使秦刚在一次文化交流活动上结合中国流行的 7 个“热词”，向美国公众介绍了中国的最新发展情况和中国人的精神面貌，“内卷”“躺平”与“逆行者”“人民至上、生命至上”并列其中。

“内卷”：由学术概念演变而成的热词

“卷”是中国历年网络流行语中最特别的一个，因为它是唯一由学术概念演变为流行语的词汇，而且这一概念理解起来并不容易。从象牙塔进入舆论场，它走过了一段 30 多年的路，这段路既充满机缘巧合，也是历史的必然，就算“内卷化”这一概念从未出现，也会有其他的同义词代替它卷入舆论的洪流中。

“内卷”这一概念在学术界流行，是意识形态、多元文化主义和高校改革合力的结果。

世界历史研究中有一种观点，即历史的发展经历了五个阶段，分别是：原始社会、奴隶社会、封建社会、资本主义社会和社会主义社会。按照这个顺序来解释中国历史发展的时候就会遇到一个重要的问题，即 1840 年鸦片战争以前，中国是否曾经有过资本主义，或有出现资本主义的可能吗？

学界长期奉行的主流观点是，明朝中期江南地区出现的纺织业手工工场是“中国资本主义的萌芽”，这一萌芽在清中期即所谓“康乾盛世”继续发展，后来被帝国主义的入侵所打断。假如没有鸦片战争及后来的列强入侵，中国本土也会逐渐进入资本主义阶段。

上述观点被写进了中学历史教科书。2013 年版高中历史（人教版必修 2）中，有“明清中后期，出现资本主义萌芽”的表述，2020 年修订版教材则没有明确提出这一点。

1985 年，围绕中国明清时期的资本主义萌芽是不是被小农经济的“内卷化”给“卷”掉的等问题，加州大学洛杉矶分校教授黄宗智发表了自己的观点。

“内卷”的本质是单调地不断重复

“内卷”（involution）最早由人类学家戈登威泽提出，他在研究新西兰原住民毛利人的装饰画时发现，这种画虽然复杂精细，有很强的装饰性，但作品要素的数量其实很少，其复杂性是空间安排的多样性，而非艺术要素的创新，表现为单调的繁复。他继而把这种对艺术结构特征的静态描述，进一步拓展为对“内卷”这一动态过程的形容，即用“内卷化”概括某一类文化模式的演化——当发展到某种形态之后，既不能升级为新的形态，也不能实现对外扩张，同时还停不下来，总是在不断地自我复制，充斥空间，占据资源，让内部变得更加繁复。

人类学家格尔茨在《农业的内卷化》（1963 年）一书中用“内卷化”这个词描述印度尼西亚爪哇岛的经济模式：在缺乏资本、土地数量有限、行政功能有障碍的情况下，爪哇岛的农业无法对外扩展，劳动力只能不断地投入本地的水稻生产中。造成的结果是农业耕作越来越精细化，虽然边际回报率没有显著下降，但人们的生活水平只有非常小的提高。

毛利人“内卷化”的装饰画

格尔茨的这次跨界“类比”，让“内卷化”这个词自此走出了新西兰原住民的装饰画，一脚跨进了经济学界和社会学界。

1985 年，黄宗智发表英文论著《华北的小农经济与社会变迁》，用 involution 这一小众概念，解释中国明清时期为什么没有所谓的“资本主义萌芽”。1986 年中华书局在国内出版这本书的译著时，按照 in 和 volution 这两个词根，将其直译为“内卷化”。

黄宗智之前，“内卷化”这一概念在美国学界的影响有限，学界之外更无影响力。今天我们在 Quora 上搜索 involution，相关问答数量极少，其中还有相当一部分是指数学中的对合函数（英文也是 involution）。

黄宗智频繁用以论证“内卷化”的例子正是明清江南纺织手工业。按照黄宗智的描述，江南棉农形成了一个“农业与手工副业紧密结合的顽固生产体系”，也就是我们常说的男耕女织。男耕女织打败了当时具有资本主义生产关系的雇工农场，原因是小农户家庭凭借廉价的家庭辅助劳动力（女人和小孩），拥有相对较低的劳动力成本，从而能够承担比雇工农场更高的地租，将后者不断挤出直至消灭。这种以廉价劳动力为优势的生产体系，甚至可以成功抵制机械化。

这一结论当时在中国学界引发的轰动，通过“内卷化”这一翻译即可看出。20 世纪 90 年代初，黄宗智在国内出版论著《中国农村的过密化与现代化：规范认知危机及出路》时，没有采用“内卷化”，而是译为“过密化”，但由于“内卷化”已深入人心，黄宗智后来也放弃了“过密化”这一翻译。

黄宗智用“内卷化”阐释华北小农经济，其实是对格尔茨“内卷化”的误读。格尔茨的“内卷化”只是描述爪哇岛农业的精耕细作形态越来越复杂，并没有得出边际回报递减的结论，相反，爪哇岛农业的“内卷化”是边际回报稳定不变的。但是黄宗智反复论证的中国明清时代“卷杀”了资本主义萌芽的农业经济模式是因为人多地少，越来越多的人投入同样面积的农业劳动中，形成边际回报下降的趋势。同时如同毛利人的花纹，这种模式虽然面临边际回报下降，却既不能转型、出圈，也停不下自我复制，最终形成一个内部高度密集化的顽固封闭体系。

两位学者的结论是否一致并不重要，重要的是“内卷化”推导出了一个当时令中国学界震撼的结论——中国明清时期的资本主义萌芽被“内卷化”掐灭了。

“马尔萨斯陷阱”与人口论的改良

“内卷化”在20世纪80年代中后期被接受，与当时学界的思想解放有很大关系。早期世界历史将社会发展分为五阶段的理论受到质疑，新兴的“内卷论”成为顺手的理论武器。

实际上，貌似新颖的“内卷化”只是马尔萨斯人口论的翻版。马尔萨斯人口论的核心观点即“马尔萨斯陷阱”：技术进步虽然可以在短期内提高劳动生产率，但劳动生产率的提高必然导致人口增长，人口增长反过来又会将劳动生产率拉低。除非技术进步连续涌现，或者突然出现大量可供开垦的新土地，劳动生产率一定会均值回归。黄宗智“内卷化”的逻辑前提，正是明清人口的爆发性增长，造成大量剩余的廉价劳动力。

然而马尔萨斯人口论在20世纪50年代曾被认为是“仇视人类的思想”。受马尔萨斯启发的马寅初撰写的《新人口论》也是长期被批判的对象。黄宗智“改良”后的“内卷化”被当作马尔萨斯学说的替代品登上了学界的舞台。

彼时的“内卷化”只是在某一时期成为一件理论工具，完成了自己的历史使命。如果没有加州学派与黄宗智关于“内卷化”的论战，这一概念很难盛行至今。

“大分流”引发“内卷”之争

2000年，加州学派的代表人物——美国学者彭慕兰发表论著《大分流》，试图解释为何19世纪的工业革命发生在英国而非中国。

彭慕兰用以跟英国作比较的对象同样是明清时期的江南地区。但他与黄宗智的观点正好相反：英格兰和中国江南地区在18世纪中叶以前处于同一发展水平，从生活水准（卡路里的消费、日用家居和纺织品、储藏和分发粮食以备饥荒的能力）到商业化的程度，以及农业与手工业劳动力的分工和人的寿命等方面都存在着惊人的相似性。而工业革命之所以发生在英国，是因为运气和殖民：运气是指工业化大生产和运输所需的煤矿恰好位于英国工业发达地区，而更“幸运”的是，当时的英国有大量的海外殖民地，有可以对外连接以破解封闭体系的人力和资源，这些恰好是中国江南地区没有的条件。这两个条件是中西“大分流”出现的根本原因。

彭慕兰及其所代表的加州学派在美国风行，并非因为学术水平，而是其秉持的“反欧洲中心论”和“反殖民主义”立场。这一学派的核心观点，就是将西方文明的优势归结为运气和掠夺的结果。

“冷战”结束后，用以凝聚美国社会各族群的共同目标不复存在。贬抑西方文明、认为所有文化和制度一律平等的“多元文化主义”滥觞于社会各界，并愈演愈烈。加州学派的兴起正是对这一时代趋势的呼应。

实际上，加州学派不考虑任何制度和文化差异，只用某一时期的某些经济指标比较文明发展程度的做法饱受学界诟病，但由于对“多元文化主义”的迎合，在当时甚至成为社会经济学的主流。2014 年，学者赵鼎新在《学术月刊》发表的《加州学派与工业资本主义的兴起》一文中就曾指出，加州学派和黄宗智在解释资本主义起源时犯了同样的错误。

2002 年 5 月，黄宗智在《亚洲研究杂志》发表对彭慕兰一书的长篇书评阐述自己的观点。2003 年，彭慕兰、史建云撰文《世界经济史中的近世江南：比较与综合观察——回应黄宗智先生》，认为黄宗智对明清江南的研究犯下了一系列概念错误和统计错误，他也借此否定了“内卷化”的存在。双方你来我往之下，“内卷化”在 21 世纪初卷土重来。

“内卷”论战与高校改革同频

有趣的是，关于“内卷化”的论战，正好与高校“非升即走”的制度改革同频。

2003 年北京大学推出教师人事改革方案，核心内容是在教师聘任和晋升中实行“非升即走”策略：大学教师入职后与所在高校签订“3 + 3”合同，即首先签订 3 年合同，3 年后中期审核，如果通过则续签 3 年，6 年期满后如果无法评上副教授就意味着离开。此后，这一制度迅速在国内各高校普及。

因为上述背景，“内卷”一词在 2020 年出圈之前，早已是高校“青椒”（青年教师）群体的流行语。他们口中的“内卷”与“非升即走”直接相关：“非升即走”的施行，是“青椒”们无暇顾及教学和真正有价值的科研的一个重要原因。“青椒”们认为学术界这种“无发展的增长”，正好跟黄宗智对“内卷化”的定义吻合。

正是“青椒”的“内卷”导致“内卷”一词在学术论文中

出现的频率居高不下。社科学者能否在核心期刊发表论文，往往与其所研究的问题是否为学界主流所关心有关，而社会经济史长期的“时髦话题”正是彭慕兰和黄宗智争论的“内卷化”。

据统计，除 2018 年外，2013 至 2021 年，每年都有 100 多篇以“内卷化”为主题的论文在学术期刊发表。

“内卷”本身就是被“内卷”出来的。而当下科研评价体系的“破五唯”（唯论文、唯帽子、唯职称、唯学历、唯奖项），恰好就是对“内卷”的矫正。

“内卷”出圈成为社会流行语

2020 年，“内卷”从高校蔓延至互联网大厂，继而成为网络流行语，正式出圈。

“卷”在互联网语境下的使用，带有明显的词义“泛化”特点，即词的隐喻含义被投射到了不同领域，词的使用范围被大大拓展。

都柏林大学语言学家约翰·赛义德（John Saeed）在《语义学》一书中解释道：“隐喻是语言学中的一种认知方法，它指的是通过使用另一个概念来表达一个概念，从而将一个概念领域投射到另一个概念领域。”

“卷”最初是社会学在分析农业社会生产时使用的概念，但跨界进入经济学、政治学等其他学科，并被逐步应用到高校、公司、学校甚至消费等不同场景，词义持续泛化。

“卷”的词义泛化有着诸多成因。

其一是情绪的传染性，即词义所传达的情绪在不同场景具有强大的类比性。例如，公司的竞争压力和高校的竞争压力有相似性，在菜场货比三家砍价和在互联网上多平台比价消费也有着相似性。

其二是表达的经济性，“卷”一个字就可以传达说话人想传递的多种复杂微妙的情绪，即可以使用最简单的语言词汇来传递更广泛的语言含义。

其三是社交货币的功能性。所谓社交货币，简单来说就是谈资，即人们发生社交行为时可以交换的彼此认同、互相参与的知识概念。比如，朋友饭局聊天时抱怨工作压力大，一起吐槽公司“太卷”。

“卷”的词义泛化与词性升级

梳理“卷”在传统媒体和社交媒体语境下的使用演变，经历了五个阶段，词义泛化和应用场景扩容的同时，词性和搭配也不断增多：

第一阶段，“内卷”词义从社会学概念出发开始快速泛化，被投射到各种社会场景，并经由社交平台透传至主流媒体，如：

（1）加班不停，谁来叫停大厂“内卷”顽疾。

（2）警惕公权力运行中的“内卷”现象。

（3）基层用人切勿“内卷化”。

（4）教育“内卷”下我们该如何自处？

（5）新消费“内卷”，谁动了快时尚们的奶酪？

第二阶段，“卷”脱离“内卷”的固定搭配，开始独立作为动词或形容词使用，如：

（1）你在睡觉的时候别人已经开始卷了。

（2）从早站到晚，原来追星也卷。

（3）只要卷不死，就往死里卷。

（4）这届年轻人是怎样慢慢卷起来的？

（5）卷得卷中卷，方为人上人。

第三阶段，在“卷”作为独立概念之外，加上“太”等其他搭配用法来强化词义情绪，如：

（1）儿子输球，家长请多位名人录安慰视频，四川一小学回应“太卷”。

（2）卷过头了？海归学霸毕业生当老师，教学方式让人大开眼界。

（3）今年考研真是卷到飞起。

第四阶段，“卷”开始产生固定搭配的衍生词，如：

（1）“卷王”出征，寸草不生。

（2）“90后”“00后”“10后”，谁才是婚恋市场的“卷王”？

（3）我是一棵“卷心菜”，有卷死别人的心，但我菜。

（4）我像“卷心菜”上的虫，他们都在卷，而我在爬。

（5）万物皆可卷，人人都是“卷家军”。

第五阶段，“卷”的“内卷”词义和传统词义开始出现交替，甚至刻意模糊词义边界，如：

（1）造型师问我要什么发型，我说自然内卷。

（2）初闻不知卷之意，再听已是卷中人。

（3）别人都是躺着睡觉，我不一样，我连被子都是卷起来的。

“卷”的词义不断泛化和衍生，使得“卷”成为《咬文嚼字》2020年十大热词之一。一年后，前任驻美大使秦刚向美国民众介绍中国国情和中国热词的时候都提到了“卷”。并且，这一热词并未如其他一些热词一样热得快、凉得快，两年后的今天，“卷”依然是中国互联网世界的高频词。

“内卷的模因”急速通胀

“卷”激发了新的对应概念，如“躺平”，后者成为《咬文嚼字》2021 年十大热词之一。该杂志如此解释："其实，许多喊着'躺平'的年轻人，并未真正'躺平'，他们只是在用自嘲的方式反抗当今巨大的生活压力、高度的'内卷'竞争。"

"内卷"词义的持续泛化和衍生，让"卷"成为一个真正"出圈"的热词。而在出圈之后，"卷"的使用也越来越多地呈现"梗化"的特点。在抖音上，"卷死他们"成了热梗，年轻人制作了大量以此为梗的视频，例如：

（1）室友们都在刷视频，我偷偷练习化妆，找男朋友，卷死他们。

（2）当室友都在熬夜时，我打开《王者荣耀》，但早已偷偷敷上面膜准备入睡，第二天皮肤比他们都好，卷死他们。

（3）室友都去吃饭了，我要减肥，一个月后瘦十斤，轻松俘获男神的心，卷死他们。

这些热梗视频或图片，大都是在不同的场景下，最后均以"卷死他们"结尾。这种戏谑化的表达方式，让热梗在年轻人中快速复制和流行。

热梗流行的背后是 meme（模因），该词在《牛津英语词典》中被定义为："文化的基本单位，通过非遗传的方式，特别是模仿而得到传递。"这一概念的创造者理查德·道金斯（Richard Dawkins）在著作《自私的基因》中提出：模因理论指"人类社会文化传递的复制因子"。

在这种模仿传递的过程中，"卷"的词义发生了巨大的通胀。例如，学习稍微认真一点，就是卷；工作稍微努力一点，就是卷；简单化妆，就是卷；早睡早起，就是卷……在一些网络平台，"卷"字被约等于努力、认真、自律、勤奋等正面行为，而反"卷"就是"躺平"，"一时躺平一时爽，一直躺平一直爽"。

“内卷感”背后的倦怠情绪

“卷”的词义被不断泛化、衍生、梗化、通胀，使用场景被不断拓展，但其反映的社会情绪有相似之处。西南交通大学的王斌在《从内卷到内卷感：情感转向与理论分析——兼论网络消极情感的传播趋势及治理》一文中，将“内卷”传递的负面情绪分为四大类：压力、焦虑、倦怠、挫败。

如果我们来画一个象限图，横轴代表从当下到未来；纵轴代表从个体到群体；我们借用上述四大类负面情绪，恰好可以代入这四个不同的象限 。

（1）压力：自我当下状态。竞争加剧导致个体产生了难以承受的压力感。虽然“内卷”一词的原意是描述一种社会发展状态，但互联网群体在使用该词时更多是想表达个体感受。这种情绪感受，和社会竞争态势不断加剧有着直接关系。

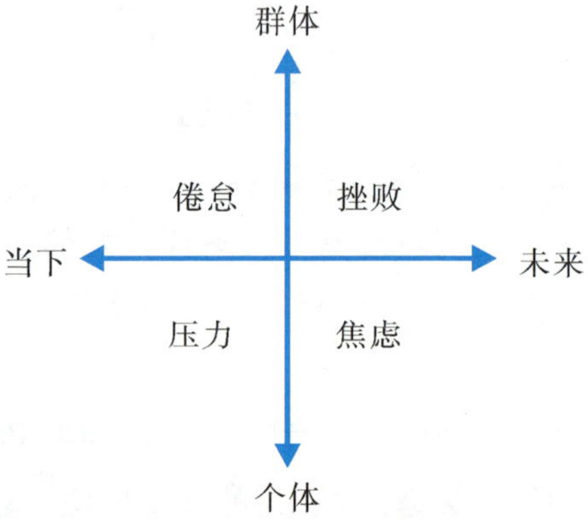

“内卷感”背后的四大负面情绪

譬如，曾登上知乎热榜的清华大学大一 C + + 大作业，因为太难，被吐槽“超级内卷”。这种弥散在校园内的压力感，和当下的大学生就业竞争压力加大有着直接关系。

2022 年高校毕业生高达 1076 万，在经济遭遇新冠肺炎疫情冲击的当时，毕业生人数却首次突破千万大关。央视主持人白岩松就在节目中说：“在城管录用人员中，有北大的博士、海归的硕士，名校生到处都是。于是大家感慨，这最难毕业季太卷了。”

（2）焦虑：自我面对未来的心理状态。对未来不确定性的担忧是人产生焦虑情绪的主要原因。正如牛津大学人类学院研究员项飚对“内卷”成因的解释，这是一种没有退出机制的竞争。不能退出、只能向前，身处快速变化社会中的个体，有着强烈的“末班车心态”，担心一旦错过机会，就会被时代潮流所遗弃。

（3）倦怠：当下的社会群体状态。个体压力的聚集最后汇成社会层面倦怠情绪的泛滥。比如《被困在系统里的外卖骑手》之所以成为刷屏热文，是因为这揭示了当下社会的一个普遍逻辑循环：用户期待驱使骑手加快速度，更快的速度又强化期待，从而形成一个不断“内卷”的循环。而这样的“内卷”循环已渗透入社会的方方面面。

（4）挫败：焦虑、压力、倦怠等负面情绪叠加给部分群体带来的“挫败”感受。

韩裔德国哲学家韩炳哲在《倦怠社会》一书中指出，当代社会已经从福柯定义的“规训社会”转变为“功绩社会”，而后者是一种新的精神性的规训社会。功绩社会里的人被迫全员崇尚“积极生活”，自我剥削比来自他人的剥削更加严苛，这也是抑郁症、注意力缺乏症等频发的根本原因。功绩社会发展到一定阶段后，“倦怠”的人需要重建自我与他人的空间关系。

“内卷”挫败与期待“逆袭”成功

此前，媒体也偶尔会用“内卷”来形容和预判经济形势，但“内卷”一出圈就与本义偏离：无论是戈登威泽、格尔茨还是黄宗智，使用“内卷”描述的对象都是文明或经济形态；而网络流行语中的“内卷”，一开始就以人或者企业作为主语，且内涵不再只是“无发展的增长”，更多用来形容人与人之间、企业与企业之间的恶性竞争，甚至非正常竞争。

“内卷”及其派生词最常用的场景如下：将工作卖力、经常加班的同事称为“卷王”，形容内部竞争激烈的公司很“卷”，媒体常常将不同企业尤其是互联网企业的市场竞争称为“内卷”。

用“内卷”和“卷”替代“恶性竞争”，符合语言学中的“语言经济性原则”：口头语广泛传播的一个前提，就是用最少的字数表达最通用的语义。《咬文嚼字》历年评出的十大流行语，两字词和一字词占压倒性多数。

表面上看，“内卷”替代的是文字表面看起来就“恶劣”的恶性竞争。但这并不是“内卷”从高校“青椒”群体中出圈，在2020 年前后成为全社会大流行词的根本原因。

“内卷”开始持续流行的最直观的原因是，2018 年开始的中美贸易战和2020 年的新冠肺炎疫情，导致中国 GDP 增长率下滑，宏观经济呈现出的“内卷化”特征被大众感知。

但经济下行周期并非中国独有，与中国同样处于汉文化圈、早期经济发展模式与中国相似的日本和韩国，虽然在下行周期也出现了难以避免的社会问题以及与之相应的流行语（如日本的“失去的三十年”“无缘社会”“下流社会”，韩国的“泥勺阶层”等），却并没有出现与“内卷”相对应的概念。

要解释这一现象，需要将以人为主语的“内卷”和以企业为主语的“内卷”分开，因为二者“卷”的原因并不相同。

社会上的“内卷”行为，在“内卷”一词出现之前早已出现。如今被斥为“内卷”的“没事也要加班”等现象，早在多年前已是职场常态，但人们似乎一直习焉不察。

同样是《咬文嚼字》，2013 年的十大网络流行语中出现了

"逆袭"。"逆袭"是日语，本义是"反击"，不带褒贬意味，成为流行语后则表达"通过辛勤努力后来居上"的意思。"逆袭"和"内卷"一褒一贬，但描述的同样是努力工作的行为，只不过"逆袭"实现阶层跃迁，"内卷"最好的结果也只是保住工作。

短短7年时间，同一种行为在公众话语中呈现出截然相反的情感色彩，原因是原本被掩盖的职场矛盾裸露在公众的视野当中。

不愿"躺平"的"卷王"

后发国家初期的竞争优势，无一例外都是低廉的劳动力价格，不如此则无法承接发达国家的劳动密集型产业。日本、韩国发展之初，存在人为压低劳动力成本、在劳资关系中向资方倾斜的情况。发展到一定阶段后，劳动力结构和薪酬结构与前期相比，会发生变化。

进入"失去的三十年"以后，日本白领与蓝领的工资差距已经很小。同时日本的薪酬、物价都失去了增速。例如，2007年，在日本千人以上的企业中，港口装卸工月平均工资为368万日元，中学教师则为333万日元，程序员只有345万日元，除少数职业如大学教授、医生之外，白领与产业工人的平均工资水平看不出明显差距。韩国经济结构与日本不同，大型企业如三星、现代主导经济命脉，蓝领的平均年薪不到白领的三分之二，但也有一些和白领差不多或高出白领的公司。

产业工人在日韩的社会地位明显提高，说明经济差距的缩小会抹平社会地位的差距。

职场压力和倦怠情绪，在经济上行阶段会被大量的阶层跃迁机会所掩盖，劳动者愿意为了高预期承受暂时的痛苦，这正是2013年"逆袭"流行的原因。而一旦经济下行，社会普遍对未来调低预期，眼下生存环境的种种痛苦便难以忍受。

升迁渠道变窄、竞争压力骤增，“躺平”成了舆论场中的主流声音，社会情绪在指向企业主的同时，指向了那些不愿“躺平”的个体，所谓“内卷”“卷王”，描述的是恶性竞争，其潜在含义其实是“另类”。

而企业层面的“内卷”与“内卷”评价体，与2018年之后中国出现的将科技划分为“软科技”“硬科技”的声音紧密相关。

被大众误解的“软科技”

国外并无“软、硬”科技的二元划分。这一概念最早是中科院光学博士米磊提出的，他将“硬科技”定义为“基于科学发现和技术发明之上，经过长期研究积累形成的，具有较高技术门槛和明确的应用场景，能代表世界科技发展最先进水平、引领新一轮科技革命和产业变革，对经济社会发展具有重大支撑作用的关键核心技术”，主要包括“光电芯片、人工智能、航空航天、生物技术、信息技术、新材料、新能源等”。

米磊最初提出这一概念是在2010年，回应的是当时舆论场中“中国人口红利即将消失、亟须产业升级”的声音。当时提出之后反响平平，直到2020年，“硬科技”的概念开始走红。

硬件、软件并无高下之分，而“硬科技”“软科技”却有鲜明的评价指向。“硬科技”走红之后，原本被归类为科技企业的中国互联网公司被资本市场和舆论笼统地定义为“软科技”。在大众传媒中，“软科技”概念与当初学界的定义相比，变得模糊，更多地指向只有商业模式而无关键技术创新的企业行为。并在没有明确定义的情况下，将商业与技术对立起来。事实上，硬件/

软件、硬科技/软科技、硬科学/软科学、硬实力/软实力，它们之间的关系很难简单评价。

在这样的前提下，有更极端的观点以偏概全，进一步将“软科技”评价为无用。而凭这样的“软科技”制胜的商业平台竞争自然是“有害”，以“内卷”之类的贬义词来命名似乎也“恰如其分”，但这显然是再次对“软科技”乃至“内卷”的误读和误用。

梳理媒体的报道和舆论场的评价，“内卷”的主语最多是“平台型”企业，其次是消费类企业，即在传统印象中主要依靠商业模式、算法流量营利的企业。而传统的制造业、科研机构，甚至“内卷”发源地高校，反而没有被卷入这波“内卷”负面评价漩涡之中。

去“内卷化”依赖于破圈创新

为了回应“内卷”在中文网络的走红，黄宗智于2021年初发表文章《再论内卷化，兼论去内卷化》，对“内卷”开出了“药方”：

“过去的学术在‘内卷化’（involution）的概括中，多将其与‘演化’（evolution）、‘革命’（revolution）三种-volution并列或对立。但与内卷化真正相对立的其实是‘创新’（innovation），这才是中国和美国的主要不同。在展望中国今后的发展中，加大对创新的关注是一个必要条件。而这样的发展，除了国家的投入和引导之外，无疑还更多依赖人民的创新能力，更大范围赋权、赋能于人民。它需要更多采纳培养创新人才的教育制度，尤其是高等教育，来激发更多的创新。不仅在理工领域如此，在社科和文史哲领域也如此。这样才有可能创建具有中国主体性的研究和学术。”

黄宗智的“药方”显然忽略了一个问题，“创新”固然是摆脱“内卷”的法门，但如何定义“创新”才具有现实意义。中国改革开放历程中，互联网的创新曾经让国人引以为傲，2017年网络流行语中的新“四大发明”，除高铁外，扫码支付、共享单车和网络购物都出自互联网创新。如今的数字经济、平台企业、元宇宙都需要新一轮的颠覆式创新。

2021年，阿里云自主研发的分布式存储系统“盘古”存储技术解决了超大规模下数据不丢不错和高可用的难题。目前已能承载全球各行业的数十EB容量的数据，未来可应对ZB级的存储挑战，已经运用在包括国家天文台、华大基因等硬科学领域。

无论是原始创新还是改良创新，无论创新的场景和领域如何变化，其本质都是为了提升整个社会的劳动生产率，从而摆脱“卷”的困境。就如彭慕兰指出英国兴起工业革命有其“特定”的国情成分，同样，信息革命的创新破“卷”，中国也有独特的资源、条件和优势。

人口密集度带来的平台型企业的模式创新和劳动生产率的提升，跟提高水稻单亩产量的创新性质是相似的。我们不能因为没有发现全新的粮食品种和粮食生产方式而否认现有提升亩产量的研究成果的价值。

如果技术创新是唯一的创新模式，其他创新就会失去动力，摆脱“内卷”的路也只能是一条窄路。

开卷有益，读书破万卷。但遗憾的是，也正因为技术的创新，让大家提笔忘字。而层出不穷的新的词汇的快速迭代，又在加速对传统汉字、语言以及长久持续的文化形成挑战。

走进世界还是走进书本，突然变成了两难的选择。

（王帅，暨南大学文本实验室研究员、暨南大学新闻与传播学院讲座教授、芸廷艺术空间发起人）

诈

诈 | 《倒影》

“诈”的本质是真假问题，但它本身却又是“信”的一体两面。芦苇倒影在水中，水中的芦苇与水是同一物，又不是同一物，它们互相依赖，共同存在。水与水中的芦苇的关系微妙又脆弱，水面一丁点的涟漪就会戳破二者之间的真假联系。水生的芦苇每天都必须立在水中照镜子，芦苇的倒影和芦苇本身，长期共存。

诈

诈则失信，诚则不欺

摘　要　在《说文解字》中“诈”和“欺”互为解释，“信”和“诚”互为解释。“诈”和“信”都是人类特质，是不外显的内心态度。主体因为“诈”或“信”的内心态度发出的动作都不能直接作用到客体身上，需要以对方的“信任”为媒介，才能完成“互动”。每一次“诈”都对应一次“信”，反之，每一次“信”未必对应一次“诈”。“诈”是表里不如一，想的和说的不一样，是个体特性。“信”把个体连成整体，信是相信，是信仰和信用，信仰是集体理想，信用是监察机制。

关键词　诈；反诈；零信任；信用体系

人“想的”和“说的”不一致，就构成了“诈”。“诈”在造字之初跟“欺”互为解释。现代汉语中，“诈”比“欺”和“骗”多了两重释义：假装和试探。这两重释义是“诈”诞生之后，在数千年的应用场景中逐渐生成的含义。“诈”因为诈骗、反诈成为新闻文本的高频词。诈骗是一个法律概念。在科学、医疗、军事、艺术、社会、哲学领域，“诈”有不同的表现形式和概念称谓。

“想的”和“说的”不一样就是“诈”

刘慈欣的科幻小说《三体》中，三体星人跟地球叛军代表伊文斯有一段有趣的对话。

外星人告诉伊文斯，他们通读了地球文明全部的文献，但有一本很有名的书看不懂。伊文斯就问：是哪本书呢？外星人回答说：三个王国的故事。伊文斯想了一下就知道外星人说的是《三国演义》。外星人说：这三个王国之间的战事挺简单的，但逻辑很混乱，书里的人一会儿想，一会儿说，想的和说的还不一样。这样的书怎么会成为地球文学名著的呢？

伊文斯说：“想的和说的不一样，这哪里混乱了？”外星人当场就被震惊了，说：“‘想’和‘说’原来不是同义词！”对三体星人来说，人和人通过脑电波交流，一个人在想什么，立刻就会化作电磁波传到对方的脑袋里，所以“想”就等于“说”，“想”和“说”是同义词，“思维”是无法隐藏的。

正是因为这个前提，三体星人看不懂《三国演义》，因为他们理解不了“空城计”的兵不厌诈。他们也理解不了大灰狼为什么在吃小红帽之前还要隔着门跟她聊天，这不会暴露自己的想法吗？伊文斯解释说：“大灰狼打扮成小红帽最信任的人——小红帽的外婆，和她聊会儿天，正是为了取信于她，为了更省事更顺利地吃掉小红帽。”

对话的结尾，伊文斯明白了科技碾轧地球人的三体星人的“弱点”，就和他们说，假如想占领地球，需要人类叛军的帮助：

“您需要我们。”

“我害怕你们。”三体星人回答。

这是双方最后一次交谈。之后，无论伊文斯怎么呼叫，三体星人都没有再应答。

诈、欺、骗的释义不完全重合

在《说文解字》中，“诈”只有一个解释，“欺”；反过来，“欺”的解释是“诈”。跟“诈”相关的一系列的字都是言字旁，比方说：

谲，权诈（讹）也。

谩，欺也。

诳，欺也。

谝，便巧言也。(《说文解字》中没有“骗”字）

諆，欺也。

讦，诡譌也。

在造字者的思维中，“诈”是要以语言为工具来完成的。想的和说的不一致，就是“诈”。造字之初的“诈”与“欺”是同一个意思。

在《现代汉语词典》（第七版）中，“欺”是欺骗、欺负；“骗”是用谎话或诡计使人上当，以获得什么。而“诈”有三个释义：一是骗；二是假装；三是用假话试探，使对方吐露真情，比“欺”和“骗”多了两重含义。

从释义来看，“欺”和“骗”是不折不扣的贬义词，而“诈”则要视使用的场景和目的来区分它的性质。

在《人民日报》《南方日报》《南方都市报》近 18 个月（2021 年 1 月 1 日至 2022 年 6 月 14 日）的见报稿件中，在不重复的 15547 篇文章中出现了“诈”。

“诈”出现的频率

词语	词频
诈	24124
欺诈	2115
诈骗	14561

与“诈”紧密连接的高频词

词语	词频	备注
骗	14344	诈骗
反	5562	反诈
欺	2115	欺诈
电	683	电信诈骗
涉	517	涉诈

数据来源：《人民日报》《南方日报》《南方都市报》2021 年 1 月 1 日至 2022 年 6 月 14 日的见报稿件。南方舆情数据、凡闻科技、云润大数据提供数据支持。

当代汉语言词组“反诈”的英文翻译是 anti-fraud，其中 fraud 是欺诈、欺骗和骗子的意思。这个词来源于拉丁语 fraus。“反诈”把“诈”的范围限定得更加明确，即在“骗”这个领域。

在英文中，scam 和 fraud 都表示“诈骗”。2016 年人民网选出的年度十大热词之一就是“电信诈骗”（telecom scam）。scam 多指以诈财为目的的骗局，偏重于“局”，或者说骗案过程。fraud 多指通过谎言或欺骗手段获取金钱的人，侧重骗案中跟人相关的部分。从这个角度来说，“反诈”可以理解为：反骗子。因为骗局总是无限的，反骗局，反之不尽。

反诈针对的骗案重灾区

最高人民检察院在2022 年工作报告中提道：2021 年，起诉金融诈骗、破坏金融管理秩序犯罪 4.3 万人，同比上升 3.3%；起诉互联网诈骗、赌博、传播淫秽物品等犯罪 28.2 万人，同比上升 98.5%。

公安部2022 年4 月发布信息：电信诈骗类型超过 50 种，其中网络刷单返利、虚假投资理财、网络贷款、冒充客服、冒充公检法是主要类型，而利用虚假 App 实施的诈骗占全部发案的 60%。

明代张应俞的《杜骗新书》，即《骗经》，全书共四卷，罗列古代诈骗案件 84 宗。纵观“被骗”的原因，总结起来只有六类：求财、求色、求官、求买学、求脱罪、求长生。进一步来说，当个人能力不足以解决以上六类问题，或想用更省时省力的方法解决问题时，就想借助“外力”。而这就给了“诈”以空间。比方说：

疫苗诈骗，如九价 HPV 疫苗“杀鱼盘”。

婚恋诈骗，如“恋爱杀猪盘”“夕阳红婚恋诈骗”。

刷单诈骗，如“兼职杀鸟盘”，刷单返佣，针对学生、全职太太。

健康诈骗，如保健品推销诈骗。

财务诈骗，如明星偷税漏税行为；又如2022 年5 月搜狐全体员工集体收到工资补助的诈骗信息，以致有人被动上当受骗。

金融诈骗，如非法集资、虚假投资理财、网络贷款。

事故诈骗，如碰瓷。2020 年 10 月，最高人民法院、最高人民检察院、公安部联合印发《关于依法办理“碰瓷”违法犯罪案件的指导意见》，指出实施碰瓷，虚构事实、隐瞒真相，骗取赔偿，可以以诈骗罪定罪。

交友诈骗，如租男/女朋友回家过年遭遇骗财骗色。

传销诈骗，如庞氏骗局，金字塔骗局的始祖。

公益诈骗，如诈捐，又如非法慈善募捐、募资。

招生诈骗，不法分子通过伪造文件、私刻印章、设立报名处和咨询电话、假冒高校招生人员、假冒校领导亲戚等方式，骗取考生和家长的信任。

科技造假，如硅谷“滴血验癌”。2003 年一家名为 Theranos 的血液检测公司称自己开发的检测设备仅需采集几滴指尖血，就可以在 4 小时左右的时间里检测出包括胆固醇和癌症在内的 200 多项指标。其创始人曾登上福布斯全球最年轻女富翁榜单，身价超过 60 亿美元，公司最高估值曾达 90 亿美元。2015 年，“滴血验癌”被证明是彻底的骗局。

学术造假，如学术论文抄袭、编造虚假数据。

食物造假，始于 1991 年的央视《3 · 15 晚会》中，食品类的打假维权每年都会涉及。其中，2013 年至 2022 年的 10 年间，被《3 · 15 晚会》点名的食物大类就达到 15 种，包括：粉条、酸菜、猪肉、海参、汉堡、辣条、鸡蛋、饮料、保健品、面粉等。

还有一大类表面上看不直接包含“骗局”，但依然被相关部门定义为“诈骗”的行为，譬如：手机窃听 App、人脸识别信息窃取、恶意扣费、公共 Wi-Fi 信息窃取等。

“反诈”中的“诈”，是个法律概念。北京大学法学院教授陈兴良在《民事欺诈和刑事欺诈的界分》一文中指出，民事欺诈属于民事不法，刑事欺诈属于刑事犯罪，两者要通过欺骗内容、欺骗程度和非法占有目的这三个方面进行界分。日本民法学家我妻荣也曾指出，刑法针对的“诈”是铲除危害社会的行为，民法针对的“诈”是保护受害者的正当利益。

四大名著中的“诈”与“骗”

在现代汉语中，诈除了“骗”，还有另外两重含义，一是假装；二是试探。这两重含义是“诈”诞生之后，在数千年的应用场景中，逐渐生成的含义。

《三国演义》中包含了大量的“诈”：诈降、诈败、兵不厌诈；诈的近义词和同义词出现的频率也很高，譬如，计：献计、中计、连环计；谋：谋诛、谋士、谋定天下。蒋干的外交之诈，七擒孟获的军事之诈，望梅止渴的心理之诈，虽然没有出现“诈”字，但是“诈”作为军事才能和外交智慧的象征，成为贯穿全书的思想。作者对于使诈、用计，始终持褒扬态度，如第三十回结尾的总结：势弱只因多算胜，兵强却为寡谋亡。成都武侯祠门口的对联是清代学者赵藩对诸葛亮的评价：能攻心，则反侧自消，从古知兵非好战。多用计，少用强，多用嘴，少动手，攻心为上，不战而屈人之兵才是兵家最高境界。

四大名著中“诈”“欺”“骗”“信”“诚”“忠”的词频

名称	诈	欺	骗	信	诚	忠
《红楼梦》	6	54	14	373	35	42
《水浒传》	60	67	19	424	57	370
《三国演义》	174	87	—	260	76	568
《西游记》	17	101	51	172	116	9

数据来源：南方舆情数据。

正是基于这样的思想，在全书都以“攻心为上”的《三国演义》中，具有绝对贬义的“骗”字一次都没有出现过。

《红楼梦》是四大名著中出现“诈”字最少的一部书，全书仅出现了6次直接使用“诈”和14次使用“骗”的情景。然而，众所周知，大观园内外社交之诈无处不在。

《聊斋志异》中有一篇专门讲骗局的小说叫《局诈》，它由三个设局诈骗的故事组成。

元代戏曲家关汉卿的《诈妮子调风月》《赵盼儿风月救风尘》，讲的都是下层女子“用计”“设局”跟身居上位的坏人及其所做的坏事做斗争的故事。作者对下层人民的勇气和智慧所持的是同情、肯定和赞扬的态度。

说谎是“人神共愤”的特质

与《山海经》并称古代两大“神书”的《神异经》中记载了一种叫“讹兽”的动物：“西南荒中出讹兽，其状若菟，人面能言，常欺人，言东而西，言恶而善。其肉美，食之，言不真矣。”传说讹兽面容姣好，身形如菟（像老虎），经常骗人，肉质鲜美，但吃了它以后就不能说真话了。

北欧神话中也有一个专门说谎的神——洛基（Loki）。洛基是谎言与诡计之神，但在另一些神话中，他又被描述为一个“足智多谋”的神。在丹麦主教献给丹麦国王克里斯蒂安四世（1577—1648年）的《老埃达》（*The Elder Edda*）手抄本中，有一篇名为《洛基的争辩》（*Lokasenna*），讲述了洛基跟北欧神王奥丁通过“血盟仪式”结为兄弟的故事。血盟是指没有血缘关系的人或神以血为媒定下盟约，盟约规束双方：要像血亲一样互助互利，永远不能刀剑相向，背叛对方。否则，“失信”的一方会受到巨大的反噬。因为这个严苛的条例，奥丁在很长的一段时间里相信了洛基，并给他在尊奥丁为神王的阿萨神族

（Asgard）中留了一个座位。

有趣的是，作为一个“以说谎和使诈”为主要技能点的神，洛基却跟其他的神定下一个终生都不可违反和撤销的盟约。最终，洛基经过长期的思想斗争，在“诸神黄昏”（Ragnarök）的最终一战中背叛奥丁倒向了巨人一边。在这一战中，洛基和奥丁双双战死。

神话、童话、传奇故事的作者总是希望“谎言”能以客观的方式成为外显的特征，从而变成风险可控的因素。譬如在《木偶奇遇记》（又译《匹诺曹》）中，“你怎么可能知道我在说谎?”“宝贝，说谎是很容易认出来的，因为说谎会变成短脚或长鼻，不信你看，你说谎就是长鼻子那种。”但是，现实中的说谎者并不会有如此明显的体表特征的变化，甚至有可能在相当长的时间内难以被“识破”。

被英国诗人雪莱誉为“万王之王”的埃及法老拉美西斯二世，在卡迭石战役（Battle of Kadesh）中和敌人打成平手。当他回到埃及后，却“编造”了大获全胜的作战记录，并迅速将战果刻在七座神庙之中。埃及古文物学者凯伦·艾克塞尔（Karen Exell）如此评价，“这一切当然都是编的，但他完全懂得如何利用谎言”。拉美西斯二世让人们相信了他的伟大，也让当时的世界乃至今天的世界记住了埃及“强大的”帝国形象。

比利时画家詹姆斯·恩索尔（James Ensor）擅画“面具下的众生百态”。其中一幅画被作者命名为《诡计》（*Intrigue*，又名《密谋》）。画中的人都戴着面具，坦然地伪装自己。英国作家奥斯卡·王尔德说过，“一个人做自己的时候未必会讲真话，假如给他一个面具，他就会告诉你真相”。

《诡计》(詹姆斯·恩索尔)

“诈”的科学性质:人类之外不称“诈”

从泛义来讲,想的和说的不一样就是诈,是人类特质,是全地球的族群特性。但是,在不同的学科中,“诈”会因对象不同而被称为“试”“探”“测”。

在医学上,mRNA 技术,就是人对于自身机体的一次“诈”。mRNA 里面的 m 是 messager(信使)的意思。用通俗的话来说,这一技术就是人工发送一条信息到身体的蛋白质工厂,指导身体合成蛋白质。工厂看到信使带来的订单,就把蛋白生产出来了。以新冠疫苗为例,疫苗携带的这条指令,是合成病毒的 S 蛋白。S 蛋白一经合成,在身体里出现,人体的免疫系统就会发现这个“异物”,进而去扫清它。在这次“反诈”演习中,通过清除过程,免疫系统识得了 S 蛋白,人体就拥有了中和抗体。

因为人的肌肉、血液、器官都是由蛋白质分子构成的。如果能够从体外发送一个“信使”使其穿过人体细胞的边界,进入蛋白工厂并说出一条“人造”指令，就能让机体出现很多“奇迹”。《麻省理工科技评论》将mRNA疫苗评为2021年全球十大突破性技术，称mRNA技术在传染病、艾滋病和癌症等多种疾病治疗方面具有广阔的应用前景。

在信息技术领域，伪代码（pseudocode）是一种非正式的，类似于英语结构的，用于描述模块结构图的语言。伪代码用介于自然语言和计算机语言之间的文字和符号来描述算法，是人用自己熟悉的语言对计算机进行的一次“糊弄”。

“诈”的社会性质：语言和人设的共谋

戴上面具不等于要诡计，也不等于要密谋害人，不讲绝对的真话也不能简单地等同于“骗”。在泛义的人文领域，人根据“诈”的不同性质和目的，对“诈”的行为有不同的定义和称谓。以下试作分析。

社交语言集体共谋。英国社会人类学家凯特·福克斯（Kate Fox）在《英国人的言行潜规则》一书中提到：英式聊天都是从天气开始的，但聊天要遵循“同意规则”，即假如对方说“很冷，不是吗”，唯一正确的答案是“是啊，好冷”。如果就真实的情况和感受回答为“我觉得不冷啊”“你真的觉得冷吗”，大家就会觉得回答者“失言”了。福克斯得出结论，英式聊天里，“每两声‘请’‘谢谢’‘对不起’‘好可爱’中，至少有一声是虚伪的”。而这种社交语言之“诈”是一场集体无意识的共谋。

这种集体语言共谋，同样也出现在当代汉语中，比方说，“语言通胀”。在社交媒体聊天中，表示高兴用“哈哈哈哈哈”，因为传统的“哈哈”会被误解为反讽；听到对方的话，用“嗯”

回答可能会被误认为有情绪或不肯定，同意要用“嗯嗯”。

人物设定主动虚构。很多人都会经营自己的社交媒体圈，精心地打造“人设”。“人设”来源于“人物设定”，本义是指艺术作品中角色的外貌特征、身世背景、性格特点、行为方式。社交情景下的“人设”更多是指当事人主动塑造的“别人眼中的我”。“社会人”把“人设”当作自己跟环境交流的“媒介”，通过“人设”交换信息甚至获取利益。这种刻意营造的人设中有可能存在不真实的成分，譬如，过度夸大的美德、行为；还有可能存在虚构的成分，譬如，伪造的学历、身世、收入。

对于全面社交媒体时代的人来说，信息是碎片化的。为了保证“人设”的完整、完美、统一，人就会有选择性地隐瞒、嫁接这些碎片化的信息，刻意误导他人，在极端情况下甚至虚构事实。

社会风俗表里不一。美国学者保罗·福塞尔在《恶俗：或现代文明的种种愚蠢》一书中写道，“整个社会披着欺诈外衣”，恶俗的语言是，人们在他们只想说“内容”的时候用“语境”，想说“同情”的时候用“共鸣”，想说“想法”的时候用“概念”。而产生这种风俗的原因，是20世纪80年代的美国人标榜道德且社会风潮浮夸。

设计修辞学之视觉“魔术”

艺术设计以假乱真。油画界有个术语叫“乱真之作”（trompe l'oeil），追求的就是以假乱真，戏弄观众，让他们思考何为真，何为幻。

日本设计大师黑川雅之在解释自己设计的一张名为“象的小椅子”

的时候说，“我通过这件作品想表达的是一个小小的戏法，吸引人的眼球，刺激人的想象”，“它不是真实的表现手法，表象扰乱人的感知，如同骗局”。

室内加装镜子以呈现更大的空间感，人通过化妆美饰自己，这些行为的本质都不是以表达事物客观真实的一面为目的的。

事实上，表扬真的事物的最高境界是“像假的一样”，表扬假的事物的最高境界是“像真的一样”。这大概就是“乱真之作”想要表达的艺术哲学。

从自欺欺人到“演久成真”

“诈”不仅可以用在他人身上，也可以用在自己身上。

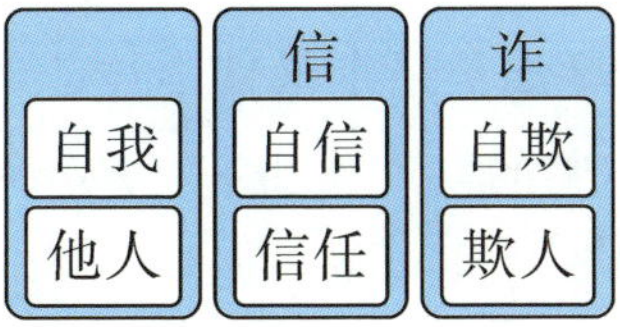

自我与他人的信与诈

北美食品开发领域的研究者芭柏·史塔基（Barb Stuckey）在《味觉猎人：舌尖上的科学与美食痴迷症指南》（*Taste What You're Missing: The Passionate Eater's Guide to Why Good Food Tastes Good*）这本书中提到，当下社会到处都是美食，经过咖啡店、面包店，里面飘出咖啡、奶油的香气，商家狡诈的策略使人的身体形成被动的“自欺”，人在不饿的前提下被神经反射“诈”出了进食欲望。

心理学上把主动的“自欺”分为不同的等级，严重的是精神分裂，较轻的被称为“妄想”。譬如，“235 分上清华”“清华女博士报考协警”，这两条新闻的主角都是因为太想上清华了，“妄想”出自己考上了清华，他们甚至分不清现实和脑补内容的区别。又譬如，钟情妄想，有一些粉丝不仅自己狂热地喜欢明星，同时觉得明星也喜欢上了自己，还找出很多“证据”来证明明星也喜欢自己。

前文提到的硅谷“滴血验癌”骗局在华尔街投资者们的火眼金睛下竟然延续了十多年，其中一个原因是主角在无数次的演讲和宣传中，“演久成真”，逐渐相信自己所说的话，不仅骗了社会，骗了投资者，甚至骗了自己。所谓演久成真，来源于硅谷的一种创业宣传策略：fake it until you make it，意思是在没有做到之前，一直宣传，一直假装做到了，直到真的做到了。微软、苹果、甲骨文等知名的硅谷科技公司都曾被谴责在某些时候采用过类似的营销手法。对还没有做到的事过度承诺也成为硅谷的特征之一。

获得 2020 年第 92 届奥斯卡最佳影片、最佳导演、最佳国际影片、最佳原创剧本奖的《寄生虫》（*Parasite*），历史性地成为首部获得奥斯卡最佳影片的非英语影片。《中国日报》点评这部电影：“震撼人心的是电影中深埋的人性主题——无论是诈骗者，还是受骗者，都让人同情。”《寄生虫》可算当下对电影大师让·雷诺阿那句名言的回应：“人生最可怕的事在于：每个人都有他的理由。”

诈与信的共生关系

在《说文解字》中，信是“诚”，诚是“信”。信是会意字，由人、由言会意。即相信了人，相信了人说的话，就是“信”。

每一次诈的背后都是一次信，每一次信不一定都对应一次诈。用现代互联网语言来说，诈是带来损失的一次互动。信息社会、信用社会中，每人每天不一定会遇到“诈”，但一定会遇到“信”，即信用交换体系。

跟诈相关的字，都是言字旁，诈要以语言为工具，靠想，靠意念，实现不了“诈”。一方面，一个人从大脑产生“诈”的想法到诈的实现，中间需要语言为媒介；话讲完了，对于使“诈”的人来说，可以做的事已经完成了，信不信是对方的决定。另一方面，被诈的人，从听到话开始，再到大脑中产生“信”的念头，诈的行为才得以实现。后者在表达“相信”的时候，同样会以语言或行为来表达。譬如点头、说出肯定的话。此时，“信”有可能是真信，也有可能是对对方的“反诈”——其实我不信，但我假装我信。此时信与诈的对象就颠倒了。

从语言学的角度来说，诈和信的动作都不能直接作用到对象身上。诈和信都是主/客体在互动中的不外显的内心态度。

在艺术作品中，除了语言之外，表达“信”，会低眉垂首、神情肃穆、仰天合十，用外显的动作来向对方传递自己的内心态度。比方说在仪式中，人可能会跪下，会低头，会默念，会流泪，会控制表情为“神情肃穆”。

“信”和“诈”跟“吃饭”“打球”不一样。比方说，吃苹果，人能真的咬到苹果，“吃”是对苹果有实质性“伤害”的动作。但是“信”和“诈”不同，相信某个人或某件事，并不直接影响这个人和这件事的可信度。类似的词还有“满意”，如我满意考试成绩，是我对考试结果满意。满意的动作不会改变考试成绩。吃和不吃是有物理区别的，但是信和不信，满意和不满意，只有精神区别，没有物理不同。

《不列颠百科全书》定义信（faith）为宗教名词，指人对于至高神明和救恩的内心态度、信念或信赖。“信”就是人受感召而对这种启示作出的响应。比方说：

希伯来人认为“信”是神和人的契约精神，指订约双方的信实态度；

16世纪宗教改革运动的发起人马丁·路德“因信称义”；

19世纪德国哲学家施莱尔马赫强调“信”的主观性质；佛教的“信”指“信心”，即相信神佛的心。

在文学、艺术作品中，主人公会经受“试炼”，会动摇。这种语境下与信相对的诈，往往被称为“背叛”。譬如，文艺复兴巨匠达·芬奇的名作《最后的晚餐》，画面呈现的正是就餐的全员听说他们当中出了叛徒的一瞬间，各自的表情和行为。

信是规范和约束的力量

在不同的文化中，“信”都表达一种内心态度，以及由这种态度凝聚而来的力量。比方说：

儒家的“信”为五常（仁、义、礼、智、信）之一，是儒家的传统道德规范。儒家强调诚实不欺，言行一致，反之，“人而无信，不知其可也”。

宗教的“信”，指忠诚，对应七宗罪中的“傲慢”。广义的傲慢指没有信仰，行事凶残、放纵、反人类。

日本武士道的“武家法规”是镰仓幕府发布的《御成败式目》。“忠”和“勇”分别在法规中排第一、第二位。勇，是勇武，不仅武艺好，还要勇敢。忠，是绝对的忠诚和服从。诚，是诚信。

信仰主义（fideism）是一种哲学观点，譬如法律信仰主义、科学信仰主义、网络信仰主义。

事实上，正因为想的和说的可以不一致，“诈”是无处不在的。诸子百家的贤者几乎一致强调，人应当以“信”为本。比方说：

人之所以为人者，言也。……言而不信，何以为言。（《春秋穀梁传·僖公二十二年》）

人之所助者，信也。（《周易·系辞上》）

诚信者，天下之结也。（《管子·枢言》）

不宝金玉，而忠信以为宝。（《礼记·儒行》）

口惠之人鲜信。（《韩诗外传》）

信信，信也；疑疑，亦信也。（《荀子·非十二子》）

但是关于信什么，不同历史时期、不同学者流派、不同的人之间有着很大的争议。

“零信任”体系将“信任”实体化

“信”是信仰和信用。信仰是集体理想，信用是监察机制。“诈”是人类特质，而信将个体连接为整体。作为整体，需要共同的理想，但又因为思维的不外显，对于集体，需要“信用”监察体系。

当代的信息技术是以“零信任”为基础的，每一次数据交换都要交换凭证。密码、口令、区块链的算力证明、非对称的私钥，都是把“信任”凭证化、实体化了。这样的信用体系的设定原则，恰恰实现了更大范围内的安全的信息交换，实现了将更多的个体连接为整体的构想。

“信”是信息社会、信用社会中，每个人每天都会遇到的信任、信用、征信。现代信用体系将人与人、人与机器、机器与机器的关系都设定为“零信任”，每一次都要输密码、交换代码，要亮码扫码，才能完成信息交换。对于破坏信用体系的行为，会惩罚，会标记为“失信人”。这种如影随形的信息标识就如同古代的黥刑，在重犯脸上刺字，以警示他人不要再轻信此人，甚至强行禁止系统中的其他人再次与此人发生联系。

从技术层面来看，一方面，“诈”的行为是主动的，而绝大部分安全策略则侧重于防守，强调对关键信息的保护，关闭“诈”发生的渠道，戒绝“诈”发生的可能。因此在技术层面，所有针对“诈”的反制，并不一定塑造“信”的环境。从另一方面来说，“信”作为一种集体规束，天然带有对个人权利的限缩，而所有积极增进“信”的技术进步，还涉及人与机器的关系，因此往往都会面临现代伦理的苛刻审视。譬如，一些金融机构利用AI技术对普通消费行为进行甄别，将其中明显不符合一般消费习惯的选出来给予警示，甚至直接拒绝交易。但这是以商业机构对普通消费行为的搜集与分析为前提的，个人隐私的边界被迫后退。从这个层面来讲，“诈”和“信”之间的每一回合的“进退”，都是一次社会关系的微调甚至重塑。

要阻止“诈”的信息传递，除了每次交换信息前都要交换凭证的“零信任”信用体系外，还需要“主动”的技术识别与干预。

阿里集团联合鹏城实验室、浙江大学、广州大学、智社区等研究机构开启大规模电商图上风险商品检测AI挑战赛。利用来源于真实场景中的大规模异构且存在噪声和缺失的图数据，以及不均衡的样本，邀请国内外AI参赛选手研发更高效的AI方案，进行风险商品检测。风险商品检测的目标是识别可能存在的假货商品、法律法规不允许发布的商品等，旨在维护平台内容信息健康。

阿里安全与澳门大学还向公众开放了“假图粉碎机”的体验技术。这种技术是通过AI识别图像被篡改的区域。此前，国内外学术界对图像篡改检测的研究集中在自然图像篡改检测，但日常在大众传播领域带来风险损失的假图通常是资质证书、电子证件等，当现有的篡改检测方法直接应用到这些新类型图像时，准确性大幅下降。而“假图粉碎机”的技术则主要集中应用于电子证照等非自然图像。

信息传播领域信任关系的重塑

《科学》杂志2018年发布了麻省理工学院数据科学家Soroush Vosoughi的一项研究成果：《网络中真实与虚假信息的传播》(*The Spread of True and False Information Online*)。研究结论是：谣言的传播速度不仅远远超过辟谣速度，甚至会超过正常新闻的传播速度，而且传播谣言的主要载体，并不是恶意的“第三方”或“机器人”，而是大量怀着朴素情感的一般人。一条具有“吸睛”元素的“爆款”谣言，在短时间内快速波及数万人，其中参与传播的1万左右的人都是被瞬发的情绪裹挟的不明真相的普通人。在社交媒体时代，恶意炮制谣言、曲解事实的人利用本意善良、关心社会的普通人，使“谣言之诈”呈放大之势，不仅侵害了已有的社会共识，甚至侵害了社会常识。

全球知名市场研究和咨询服务公司盖洛普（Gallup）2016年针对美国民众的一项调查显示，独立的个人被网络赋予了超出自身承载能力的信息，从而被动地参与到对社会层面的“信”的破坏中来。因此在信息传播领域反对“诈”，重塑“信”，也变得前所未有的重要。

美国信息技术领域的学者戴维·雷泽尔（David Lazer）指出，在全新的时代，人们需要用新工具去应对新形式的“诈”，比方说，利用机器识别和算法介入，为社交媒体网络上新闻的传播设计一套全新的安保体系，以技术去保护普通人。

“信”和“诈”之间的关系，是集体生活经验和个人内在意识的矛盾。对整个族群来说，为了创造更高的文明，必然是需要集体合作的，集体合作的基础是由“信”连接起来的。比方说，信用系统支撑下的全球金融贸易交换。同时，个体的“诈”是内心态度，信的程度和诈的想法，都不外显。孔子虽然提出了一套完整的行为规范，但是这套规范的底线是“君子慎独，不欺暗室”的共同意识。当君子身处暗室的时候，到底欺不欺，是个体内心意识的选择。

“诈”源于人类的“想”不等于“说”。只要人的思维不会在脑袋上变成一排字显示出来，想和说就永远是两件事。只要想和说不能画等号，“诈”就会一直存在下去。然而光是相对于暗的存在。所以从信仰的层面来说，正因为“诈”是无法检测的内心存在，“信”的价值才如此珍贵。

信与诈的共生关系，恰恰是“信”的力量来源。

（文景、安代，暨南大学文本实验室研究员）

社

社 | 《相见》

“社”这个词和人的关系太过密切。“会思考的芦苇”随意的、倾斜的、模糊的，在河塘社会与其他的芦苇擦肩而过，镜头也被撞得歪歪扭扭，芦苇与芦苇之间的关系仿佛就停留于此刻。

社

“社”与“会”：从精神信仰到俗世交往

摘　要　“社”的汉字本义是土地崇拜，具有一种神圣性，侧重精神连接的关系；“会”指的则是人与人之间的关系层面的聚合。现代意义上的“社会”是一个复合词，它是“社”与“会”的结合。社会一方面靠物理或技术连接，另一方面离不开精神层面的凝聚。互联网时代的“社会”超越了时空的限制，但是并没有改变“社”与“会”的本质内涵。单纯靠技术连接的社交不能组成社会，有社交不一定有社会；仅靠神圣精神凝聚的社会不能完成现代民族国家的全部系统性功能，有社会不一定有社交。

关键词　社会；社恐；社死；社交

“社”的造字本义是“土”，来源于人们对土地的崇拜，有一种神圣性。在周代，社成为乡村管理的基本单位；随后演变成一种人与人之间相互合作的团体。近代以来，“社”吸收了西学词汇的含义，社会也由原来祭祀的场所，变成了群体的集合，展现为“会”之意涵。纵观“社”字的意义变迁，它始终起着文化传承和维系群体生活稳定的作用，并经历着从以神为中心的秩序构建向以人为中心的社会实体的转换，从人与土地、人与神灵的交流走向人与人交流的会通过程。

土地的崇拜：神明与祭祀

“社”的甲骨文卜辞为“土”，初无完整的“社”字。郭沫若在《甲骨文字研究》中提到，（甲文）土为古社字。至金文，“社”的基本字形才开始出现：它的左边为“示”，右上是“木”字，右下为一横，表明在土地上生长的万物。而在篆文中，其右部则被写作“土”，与甲骨文的“土”形成了关联，再与“示”组合，也就基本接近了后世的“社”字结构。

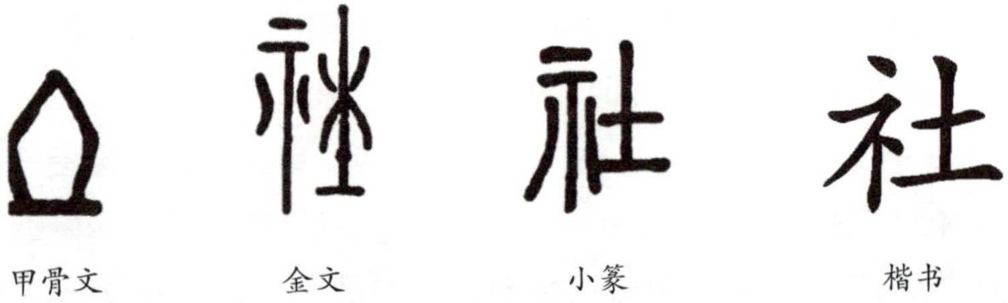

“社”字的演变

《说文解字》对“示”部的解释为：“示，神事也。”即与神明相关的事情；“社”则被解释为“地主也”，即土地神。《春秋传》曰：“共工之子句龙为社神。”《左传·昭公二十九年》曰：“共工氏有子曰句龙，为后土，此其二祀也。后土为社。”句龙也被称为大地之母，其土母形象则可能与原始的母系社会相关。

除此之外，常见的还有“五色土”的说法，即五帝，代表了东西南北中五个方位，金木水火土五行的土地神，它主要掌管一切与“动土”相关的事物。后世还把那些功勋卓著、令人敬仰的人物称为土地神，如《淮南子·氾论训》载：“禹劳天下，而死为社。”三国时期的蒋子文、唐代的韩愈、宋代的岳飞等都曾被奉为土地神，姜尚也在明清以后被奉为土地神。这些都显示了中国传统社会土地崇拜、土地信仰的传统。所谓“江山社稷”即意指国家，同时包括了土地（社）和粮食（稷）的双重内涵，体现了农耕文明的底层社会结构。

“社”也表示对土地之神的祭祀活动。《孝经纬》提道：“社者，土地之神。土地阔不可尽祭，故封土为社，以报功也。”《诗经》也有“以我齐明，与我牺羊，以社以方”的说法。祭天与祭社是古代最隆重的祭祀活动，皇帝每年都要祭社，祈求风调雨顺，表达对大地的感恩与祈祷。

祭祀土地神的日子又被称为社日，立春后的第 5 个戊日为春社，立秋后的第 5 个戊日为秋社。许多文人将燕子称为“社客”，因为它们春社来，秋社去。“社”成了一个记录时间的单位，民间就有“清明不过社”的说法，意为给新坟扫墓要在春社之前。

在汉语言的语境中，“社”及其祭祀仪式，成为国家合法建构的一种管理模式、文明表达和社会结构，国家的合法性和神圣性得以建立。

世界各地都有类似的土地崇拜传统。如西方的“国家”一词，就包含了土地的意思。英语的“国家”是 country，中古英语写为 contree，源自拉丁语 contra（对面的），contra terras 即对面或面前的土地，后延伸为向四周绵延的土地和地区的意思。海德格尔曾提出“天—地—神—人”的存在结构，这与中国人所讲的

"天—地—人"三才之道有异曲同工之妙，老子曰："道大，天大，地大，人亦大。"土地是人类存在及其思维的坚实地基，是我们想象国家和人类的基本思维原型。

文化的传承：象征与实践

在中国文化的漫长历史中，"社"始终具有象征作用，承载了不同时期的集体记忆。据记载，鲁国有两社，即周社和亳社：周社是周朝的祭祀，而亳社则是商朝的祭祀。鲁地有诸多商朝遗民，故而周朝官方允许商人保留其祭祀仪式，体现了一种对文化的基本尊重。凡神社必须依树而立，"社树"崇拜即起源于社，具有图腾性质。《论语·八佾》记载"哀公问社于宰我"，宰我说："夏后氏以松，殷人以柏，周人以栗。"钱穆注曰："立社必树其地所宜之木为社主。亦有不为社主，而即祀其树以为神之所凭依者。今此俗犹存。"可见，社树成了社神的具象化身，树即成为祭祀的对象。人们常常用社树比喻福禄、国运、国祚、祖先、亲人甚至爱情、婚姻，同时，将其种植在村宅旁边。久而久之，社树也就成了家乡的象征，寄托了离家游子的思念。

1986年，考古学家在三星堆遗址二号祭祀坑出土了国家一级文物——青铜神树。它是全世界已发现的最大的单件青铜文物，即一号神树。学者推测该青铜神树的原型可能是东方的神木"扶桑"。据《山海经·大荒东经》记载："汤谷上有扶木，一日方至，一日方出，皆载于乌。"而"扶桑"的原型就是上古时期的社树，人们通过扶桑树来祈求风调雨顺。因此青铜神树寄托了古代先民对人神互通、与自然和谐交融的美好憧憬。

除了社树象征社神之外，社还表示神社，即供奉神的地点和场所。神社和社树一样，起着象征神的作用，接近后世的庙宇或道观。一些生前有过重大功绩的人，在死后也会立社，以祭奠他们。《史记》记载：“栾布为燕相，燕齐之间皆为立社，号曰栾公社。”围绕神社，乡土社会便会展开很多文化活动。鲁迅的文章《社戏》，就生动地描述了其参与的一场赵庄社戏的经历。《辞海》中对社戏的解释是：“旧时农村中迎神赛会所演的戏叫社戏，用以酬神祈福，一般均在庙台或野台演出。”陆游的《春社》就描写过社戏的场面：“太平处处是优场，社日儿童喜欲狂。”还有一种与社戏相似的祭祀活动被称为“社火”。南宋范成大有诗《上元纪吴中节物俳谐体三十二韵》曰：“轻薄行歌过，颠狂社舞成。”其注释提道：“民间鼓乐谓之社火，不可悉记，大抵以滑稽取笑。”

三星堆出土的青铜神树

围绕社树、社神、社火、社戏展开的文化实践，促使“社”的象征意义得以生成，人与大地、与万物、与国家的关系得以建构。同时，它通过仪式活动、文化技艺、信仰模式等使得中华文化和文明得以传递，塑造着中国人的思想观念、思维方式、审美形态、信仰结构和行为模式，并最终形塑了“中国”。

由于年轻人远离家乡求学、就业，那种传统的基于乡土的文化实践便失去了社会结构的支撑，城市文明对于乡土文明的宰制已成不可逆转之势。随着国家乡村振兴战略的推进，对于乡土文化的重建，也为人们提供了新的想象空间。在乡土社会中，既有基于“道—天—地—人”的宇宙时空的原型意象，也有基于山水田园的诗意想象，还有基于自然、健康、戒律的自然生命状态。

关系的聚合：组织与结社

基于“社”的各种文化活动，实际上是一种人群的聚合，社会团体或者组织得以形成。“社”的文化内涵充满着变动性，而“会”则是人类的永恒追求。“社”的目的是“会”（會），是形成一种共同体。

现代人所讲的“社会”，在古代是两个字，分别表意。《说文解字》曰：“会，合也。”《广雅·释诂三》曰：“会，聚也。”从“会”的字形演变来看，它是一个带盖子的盛放食物的器皿，故而《说文解字注》曰：“器之盖曰会。为其上下相合也。”因此，“会”有人群聚合之意，比如会盟、会商、会议。

“会”字的演变

“社”还可以作为一种基本的社会单位，具有社群之意，其义项就与“会”字有了某些重合。《周礼》曰“二十五家为社，各树其土所宜之木”；《管子·乘马》也曰“方六里，名之曰社”。与“社”相关的基本管理单位还有“里”“亭”等，刘邦就曾担任过泗水亭长。

社的范围与中国古代人口数量多少、活动范围大小，以及社会关系复杂化程度密切相关。中国古代社会围绕“社”将各个邻里团结在一起，形成了一种稳定的社会关系。这种以社为中心的关系是一种既封闭又开放的关系，造成了古代各地风俗各异的现象。各种行商、工匠、艺人等旅人往来于乡社之间，传递信息的同时，促进了各地的文化交融，一些村社之间还会结成“社亲”关系。

社还有助于教育的发展，形成了新型的教育模式，被称为“社学”。社学萌芽于唐末，至宋代开始发展，两代均属私立性质。至元代，社学得到官方正式认可，官府在各社设立社学，具有义务教育的性质，在社学教书的老师又被称为社师。明代大思想家王阳明就曾写过《社学教条》，以指导社学的发展。清朝时有规定，凡十二岁以上，二十岁以下的近乡子弟，有学习的意向都可以入社学学习，入学者还可以免差役。在鸦片战争后，社学甚至成为反抗帝国主义侵略的重要组织。中国历史上著名的三元里抗英斗争，何玉成所领导的怀清社学就起到了重要的组织联络作用。官府后来意识到社学的重要性，也大力支持其发展，社学展现出强大的聚合力量，比如《梦溪笔谈》提道：“当时（道光二十九年）各乡书院、社学屯练壮丁。”

在魏晋时期，“社”已经有了集体组织的意思。古代人们因为共同的兴趣爱好聚集在一起，相互分享交流，谓之“结社”，如东晋研修佛法的“白莲社”，又如王羲之的《兰亭集序》是在兰亭雅集上所作，“雅集”是结社的又一名称，类似的还有诗社、酒社、汤社、研社（即砚社）。明代还出现了为应对科举考试而成立的结社。社，对古代的文人来说，不仅有实质性的交流意义，更是精神抚慰的依托。

空间交融：公共与私人

社具有空间意义，它既指向一种公共空间，也指向一种私人空间。昂礼·列斐伏尔（Henri Lefebvre）认为，空间并非只是社会关系得以发生的静止容器或平台，而是社会关系的产物，它产生于有目的的社会实践。

古人的社交空间有乡校，有茶馆。人们在这些“公共空间”不仅展开商业贸易、进行娱乐休闲，而且议论家长里短、国家大事以形成舆论。《左传·襄公三十一年》就曾记载“子产不毁乡校”的故事：乡校是一个老百姓议论国家政治得失的地方，是禁止还是不禁止，子产体现了开明的态度，认为社会舆论总是具有某种认知的价值。茶馆最早出现于唐朝，宋明以后，茶馆逐渐成为集休闲、饮食、娱乐、交易等功能于一身的大众活动场所。

在家庭空间的布局中，客厅是家庭的公共空间。卧室则是私人空间。《红楼梦》曾说它记录的是“家庭闺阁琐事”，显示了一种文学偏向私人领域的倾向，由此中国文学得以进入私人情感领域，得以更多地洞察到人性的微妙和丰富性。

公开和隐秘，具有彼此相互蕴含的潜能。在互联网世界中，私人空间和公共空间常常相互交融，呈现出公共私人化与私人公共化。法国思想家罗兰·巴特（Roland Barthes）在《明室》中说，私人生活不是别的，只是空间或时间上的一块领地。但是就如美国传播学学者约书亚·梅罗维茨（Joshua Meyrowitz）曾提到的，随着电子媒介的发展，空间感会逐渐消逝。当手机作为一种社交工具，超越了公共的物理空间，卧室和被窝里的秘密也就很容易被暴露在公众的目光之下。

当代人的公共空间与私人空间的关系呈现出与古人不同的三个特点：一是公私空间全天候运转无缝连接的关系；二是这种全天候模式给个体带来了两种极端状态：亢奋内卷和断连躺平；三是“线上”“线下”公私交融的社交空间关系。

中国文化崇尚有节律的生活，倡导“日出而作，日入而息”。但是《2020 全民宅家期间中国居民睡眠白皮书》显示：国人睡眠时间整体延迟 2 ~ 3 小时。熬夜已经成为一种较为普遍的社会现象。信息时代的人们白天将大部分时间放在了公共领域之中，只有到了晚上才能拥有属于自己的私人空间。麦克卢汉在《理解媒介：论人的延伸》一书中所言，电光和电能消除了人际组合的时间差异和空间差异，它们使人深深卷入自己所从事的活动中。老子《道德经》中说，“万物负阴而抱阳”才是一种有节律的生活。当日子全是光明，就只有阳而没有阴，一切便都处于亢奋状态，社会便处于高速运转当中。

人是社会关系的总和，很容易被卷入社会节奏当中，失去自身的主体性。这种全速运转的状态在一个极端表现为“卷”，即内卷的卷，在另一个极端则展现出“躺平”和“佛系”的姿态。在过度社交的时代，人们也常常采取各种“断连”行为或者手段，以阻止“社交”蔓延的负面影响。清华大学彭兰教授在《连接与反连接：互联网法则的摇摆》一文中指出，高强度连接增加社交负担与维护成本，使私人的时间和空间受到挤压，最后不堪重负。因此出现了“反连接”行为，即断开不必要和过分压力的连接，恢复个人的时间和空间，以获得个体自由。宅、断连、屏蔽、朋友圈三天可见等行为应运而生，体现了一种回归个人化的倾向。

与古人相比，线上数字化社交是当代人可以昼夜不分、公私（空间）合一的原因。比方说，微信、钉钉，把工作公共空间事务也带到了家庭私人空间中。再比方说，2022 年春，上海市在新冠肺炎疫情封控时期出现的跟“近邻”交换物资、小区“团购”商业模式，都是线上线下复合式新型社会空间关系：附近。人类学家项飙等在《作为视域的“附近”》一文中指出：“‘附近’是一个不同立场和背景的人们在生活常态下频繁相遇的生活空间。”“附近”是基于基层共同体活力和凝聚力的一个社会空间概念。“附近”可以是物理空间上的近邻，如同一栋楼的居民，也可以是数字空间上的“近邻”，如附近的跑腿骑手。在公共频道或弹幕发言时，紧挨着的两条留言也是一种特殊的“附近”关系，甚至有网友会截屏自己和名人留言紧贴的画面，称为“合影”。

实际上，除了这些纯粹的数字关系，“附近”“社区”的概念正在不断地被引入互联网中，社交软件设计中就有“附近”的设置，电子商务中有“社区团购”，媒体转型也更加注重社区服务。“社区”也可以是国家最小应急单元。

交流变迁：虚拟与现实

2004 年，Facebook 在美国成立。2021 年，Facebook 更名为 Meta，无论叫什么名字，Facebook 的主打业务都是“社交”。

1999 年，在大洋彼岸的中国，以校友录为基础的 Chinaren，成为连接熟人社群的社交网络。2012 年起，Chinaren 逐渐退出了市场。但中国的社交媒体并没有退出舞台，反之，风起云涌的社交媒体时代随之到来，博客、微博、微信、播客、抖音、视频号等社交媒体纷至沓来，我国的抖音海外版 TikTok 甚至风靡全球。社交工具从单纯的线下、文字，进入了线上线下结合、图片视频复合的状态。虚拟的现实，也是现实的一部分，是现实的另一种呈现方式。一种元宇宙式的社交网络正逐渐走向现实。

无论社会本身的结构如何变化，传递信息的工具如何迭代、创新，“社交”行为本身都不会离场。因为人总是活在与他人的关系之中。而社交媒介的演变本身就是人类的传播实践。

古罗马著名政治家、思想家西塞罗，会把他的演讲词抄送给朋友，让他们相互传阅，而这些手抄本也就在各种社交圈内传递，成为不同人之间交流思想的媒介。只不过受限于当时的技术载体，社交圈子相对较小，传递时间相对较长。

《德文郡手稿》记录了英国都铎王朝时期贵族之间的社交方式，围绕这份手稿还有一段感人的爱情故事。当时安妮王后的首席侍臣玛格丽特公主与王朝的另一位成员托马斯·霍华德秘密订婚。亨利八世废黜安妮王后，玛格丽特成为下一任王位继承人，但亨利得知她的秘密婚约后勃然大怒，将二人关进了伦敦塔。后来，玛格丽特因身体原因被转移到了锡翁（Syon）修道院监禁。在此期间，托马斯和玛格丽特一直用写诗的方式相互通信，而这些信息就写在德文郡手稿上。有趣的是，手稿上除了有他们二人的通信外，还有他们圈子内其他人之间相互传递的信息，从笔迹看，至少有 19 人在手稿上写过东西。这就构成了一种独特的社交网络，人们在手稿上展开讨论，类似于如今的论坛或者贴吧。

“社交”可以分为两个部分：节点和关系，而连通这两者的则是中介。社交需要围绕中介展开，除了西塞罗的演讲词、玛格丽特的书信，新闻、游戏、音乐都可以成为构成社交节点的中介。

欧洲歌剧兴起于17世纪的意大利，是贵族社交的重要手段，歌剧为人们提供了一个可以社交的时空。在中国，观赏戏曲、相声、二人转也是社交行为。

在新冠肺炎疫情防控期间，线上音乐会逐渐成为一种潮流。2020年5月，“五月天”组合来到台北市立体育场，举办了一场“突然好想见到你”的线上演唱会，现场空荡荡，但是线上观众超过了3500万人；2022年5月，腾讯 Time Live 线上重映了周杰伦的“魔天轮”和“地表最强”演唱会，5月20日当晚全平台观看人数突破5000万。观众在线上用弹幕进行交流，在线获取情感共鸣。

社交游戏是以人为中心的游戏，它使人们在共同做一件事的过程中获得一种“同在感”。2009年兴起的“种菜”“偷菜”型社交游戏让很多网民“夜不能寐”，这种突破时间限制的隔空互动，增加了彼此之间“交流”的频率。2021年“双11”，淘宝让淘友自选玩伴结队扔喵糖赢红包，系统默认每一队自动生成聊天群。社交游戏《光·遇》，玩家只有结伴才能很好地完成任务。游戏设定玩家不能自动获得玩伴，而必须通过“跑图”获得蜡烛点亮好友树。获得“玩伴”必须付出心力体力，这就使得玩家格外珍视自己的好友玩伴。

美国学者雪莉·特克尔在《群体性孤独：为什么我们对科技期待更多，对彼此却不能更亲密？》一书中提到了当下社交网络高速发展所导致的“群体性孤独”现象：人们在社交中过度关注虚拟的空间，而忽视了身边的事物。人们沉迷于社交网络，最终被媒介技术所控制；虚拟的社交始终处于一种身体“缺席”的状态。

与过去以“线下”“熟人”“同学”“同事”为圈层的社交相比，线上的“玩伴”呈现出深入口、弱联系的特征。换言之，通过做游戏任务结识的伙伴，游戏之外，联结关系断裂的可能性远高于传统社交关系中建立起的联系。卡夫卡崇尚的是身体在场的交流，他说："没有身体在场的交流只是和鬼魂对话，纸面上的亲吻在传递的过程中会被鬼魂喝掉。"彼得斯也提倡："也许我们无法实现心连心，但至少可以实现手拉手。"未来的元宇宙能否解决身体在场的社交问题，仍然是一个疑问。

群体作用：保护与压迫

中国近代以来的"社"成了一个集合的概念，被称为"社会"，吸纳了近代西方词汇的意思。日本学者最初将 society 翻译为"社会"，中文世界继续沿袭了这个用法。英语中的 society 来自古法语中的 societe，而后者出自拉丁语 socius，意思是"伙伴"。

社会是一个集成，由或近或远，或稠密或稀疏，或多或少的人际关系、物质基础及信息技术构成。社会是一个比传统的"社"涵盖范围更大、涉及人数更多的群体概念。社会在保护我们，为我们提供所需要的一切，同时，社会也在限制我们，使身处其中的人难以随心所欲。社会是一种客观存在，法国社会学奠基人涂尔干称之为"社会事实"（social facts），它具有外在性和强制性，他说："当我心甘情愿服从这种强制力时，我就感觉不到或者说很少感觉到它是强制的了，而它也就不成其为强制的了。尽管如此，强制并不因此不再是这些事实的属性，其证明是：我一去反抗它，它就立即表现出来。"

个体在社会中会承受到各种的压力，也会得益于群体，依靠群体更好地生存。春秋战国时期，就已经出现了社会保障制度。管仲曾提出九项社会保障措施："一曰老老，二曰慈幼，三曰恤孤，四曰养疾，五曰合独，六曰问疾，七曰通穷，八曰振困，九曰接绝。”其中，“合独”就是为丧偶的人撮合做媒；“接绝”就是那些因公殉职而又没有后代的人，需要专门安排人员去祭祀。这些都体现出一种将个体的脆弱性建立在群体稳定性之上的管理逻辑。又譬如，基于道德而建立的慈善机构“义庄”，著名政治家范仲淹就自己出钱建立了“范氏义庄”。“义庄”的服务多样，既可以供有志者上学，也可以协助婚丧嫁娶等事宜。

现代社会的保障，则被纳入国家的保障体系，也被纳入商业规则的保障体系。现代社会的保障制度是一种结构性行为，而不再只是基于道德的个体临时性行为。在中国的文化传统中，侧重社会一面就意味着“公”，侧重个体一面则为“私”，两者存在一种彼此排斥的关系。《韩非子·五蠹》曰：“仓颉之作书也，自环者谓之私，背私者谓之公。”许慎在《说文解字》中即延续此说，显然是崇“公”而抑“私”。《尚书·周官》也说：“以公灭私，民其允怀。”此处的“公”常被理解为公正不偏，而不是公共或者公益；“私”则被理解为私情或私欲，作为权利的内涵仍未彰显。

中国人常常强调人伦关系的透明性，隐藏秘密则会让人怀疑其真诚性。个人被深深地卷入社会当中，以从中获得安全感，展现出某种集体主义的特质。“隐私”一词直到如今仍然在日常生活层面携带着负面的价值，仍然深刻地影响着人们行为选择的底层逻辑。

实际上，只有当“隐私”成为一个问题，人们才会意识到它的重要性。在互联网舆论当中，隐私的暴露常常会让人不堪其扰，无论是官员还是普通百姓，都曾经有诸多因为隐私泄露而受到伤害的案例，于是人们开始倡言“被遗忘权”。2014 年 4 月，欧洲法院裁定普通公民的个人隐私拥有“被遗忘权”，即数据主体有要求数据控制者删除关于其个人数据的权利。我国 2017 年 10 月颁布的

《民法总则》中也有类似的规定，新增了个人信息权，如果非法使用了个人的信息和隐私，应及时删除或更正。据此，互联网产品也纷纷设置了“隐身”“匿名”“删除”“撤回”“可见范围”等功能，以在技术上让隐私信息掌握在用户手中。但目前仍然存在一种“数字无意识”（digital unconscious）问题，即那些日常浏览、阅读、购买等行为留下的无意识的痕迹，仍然可以作为一种数据被捕捉，从而让我们失去对自己行为的控制权。

网络群体压力常被称为“社死”，是“社会性死亡”的简称。在“清华学姐疑似被骚扰”的事件中，“社死”一词逐渐演变成描述某人遭受网络暴力，失去社交资源的概念。2022 年 6 月 21 日百度指数显示，近两年来，“社死”的整体日均搜索指数值为 1238，而搜索指数最高的地区是广东。一种来自网络公共空间的社会压力，成为人们日常关注的焦点，“社会”不仅仅带来保护，而且带来伤害或压力。

截至 2022 年 5 月，在微博上以“社”为关键词搜索话题，相关话题有 844 个，其中“社死”的相关话题最多，高达 330 条，其次是“社恐”的话题，达 135 次。豆瓣上“社会性死亡”小组成员达到 50 多万人。而各类型“社恐”小组的数量多达 20 余个。

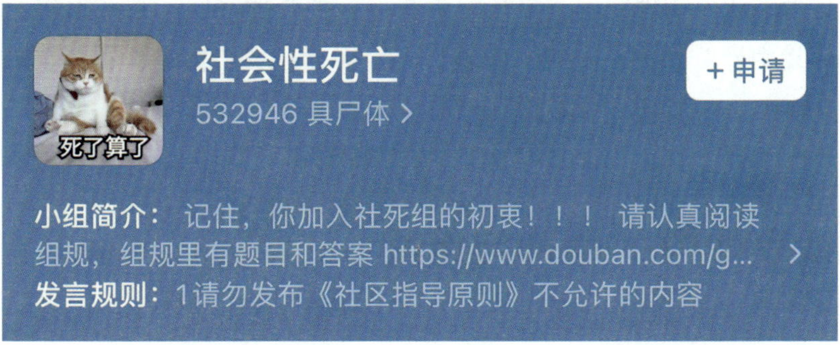

豆瓣“社会性死亡”小组

2021 年《中国青年报》的调研显示：超过八成的受访者表示自己有轻微的社交恐惧，近一成的大学生表示自己有严重的社交恐惧。在熟人社会中，“社”仅指代一种小范围内的群体集合，彼此还有诸多的血缘、情感、伦理的支撑，因而彼此始终维持着一种温情脉脉的关系。但在现代的“陌生人社会”中，剩下的只有干巴巴的关系，彼此是离身的、抽象的、陌生的关系，而且因为人多势众而充满压迫力，因而“社”的压迫力格外严重。

与社恐类似的社会“新现象”还包括“宅文化”的兴起，以及各种断连行为，是对于社群压迫性的一种回避或者抑制。在当下的观念中，“宅”似乎是一种消极的与外界的自我阻断状态，常被当成不入流的亚文化来看待，而在古代，类似的状态则被称为隐逸或者闭关，是一种诗意化生活。过度的社交或者社会性，会让人感到疲惫，而回避冲突或判断，则可以让精神获得安宁，实现一种生命力的复归。尼采曾将人的精神状态分为骆驼、狮子、婴儿，婴儿的特点是天真与遗忘，这与道家所追求的“赤子之心”具有异曲同工之妙。

罗兰·巴特十分推崇“中性”的概念，试图以此挡开、破除和避开聚合关系，克服二元对立的极端冲突处境。“宅”不仅仅是为了获得物理空间，更是为了获得一种心理空间。它在追求一种“中性”状态，是对“社会”的一种对抗或者回避，它也在追求一种人的原初性，获得一种孤独体验。

社会重构：精神与连接

地球村的畅想也许永远只是一个理想。麻省理工学院媒体实验室的创办人尼古拉斯·尼葛洛庞帝说，他当初设想互联网会促进全球共识，乃至推动世界和平，但目前为止它并没有发生，而真实的情况是：民族主义甚嚣尘上，管制在升级，贫富鸿沟在加剧。技术上的无限连接，并没有带来精神上的无限连接，世界不是在团结，而是在撕裂。

按照英国人类学家罗宾·邓巴（Robin Dunbar）提出的邓巴数，人类可驾驭的群体的平均规模是150人，其中大部分人实际生活中只有5个知心朋友，再外加10个紧密朋友。在技术上的无限连接，已经超越了人类可驾驭的范围。相应地，全球知名市场研究和咨询服务公司盖洛普在2016年的一份调研报告中指出，当代人从社交和新闻媒体上获得的信息数量和信息涉及的内容深度已经超越了一个个体所能处理的信息量的峰值。

在这样的情况下，即使在技术和空间上实现了无限连接的可能，对个体来说，这样的无限连接依然只能是“有限的”，受限于个体的信息处理与社交能力的峰值。从群体的层面来看，有社会不一定有社交，有社交不一定有社会。在美国学者本尼迪克特·安德森（Benedict Anderson）看来，民族国家也仅仅只是一种“想象的共同体”：首先，对身处同一个社会的大多数人来说，个体之间并没有形成具体的交往，人们全凭某种历史、语言、象征、博物馆等获得共同感；其次，它常常超越领土的概念而形成精神性的主权概念，形成黑格尔意义上的绝对精神；再次，它忽略了群体内部剥削或不平等的事实，使得种种差异被想象性地消弭。

新自由主义曾在西方盛极一时，它推动了全球化的展开。而“社群主义”则兴起于20世纪80年代，它认为个人是由他们所在的社群所决定的，而国家的概念过于庞大，无法较为准确地描述个人所处的共同体，因此它反对将自我和个人作为政治分析的单位。它主张从较小的社群入手进行政治分析，因而被称为新集体主义。

当下则处于百年未有之大变局中，全球化和逆全球化的讨论，其本质不是一个技术发展路径的问题，而是一种关于社群形态重组的考虑。有技术之“会”而无精神之“社”的数字空间，并不是真正意义上的“全球化”。

形成“社会”的基石不是视频网站的弹幕，也不是豆瓣的小组，而是类似于远古“社”之神的精神和理念。人们聚集在神社前、社树下，靠的是仪式化的共享。社交处于两者之间，它带来沟通，但也会带来撕裂或仇恨，仅靠社交不能形成社会，更无法成为国家意义层面的精神力。

社群与社交，处在不同的光谱带。光有“会”的聚集是不够的，还必须有“社”的神圣性或精神性。人类不是原子式的碰撞，而是精神性的凝聚。国家是一个形而上的实体，社会亦然，缺少精神的社会只是一堆杂乱无章的原子。

人类总有一种乌托邦式的技术想象，幻想着千里眼、顺风耳，幻想着一个筋斗十万八千里。人类在技术上似乎无限拓展，家庭、社区、国家、天下、宇宙，似乎一切尽在掌握，宇宙皆可社交。但是，我们是否在精神上做好了迎接各种新社群的准备？可以说，全球化的历史，也是一系列征服的历史，常常伴随着战争、殖民、剥削。在全球交往的时代，亨廷顿所说的“冲突”一个接着一个。人类的技术和市场已经征服全球，而人类的精神如何处理全球？

（李红，暨南大学文本实验室研究员、暨南大学新闻与传播学院教授）

代

代 | 《媒介与工具》

代即媒介，即转化。芦苇制品是芦苇与人类之间的“代”。芦苇芯制作的蜡烛是芦苇制品，芦苇能为人所“用”，因此芦苇与人之间便建立了连接。这根蜡烛，作为人与物，人与自然之间的相互联系的桥梁。就像科幻小说《安德的代言》讲了一个故事：异族把人杀死做成树，是因为树在异族眼中是生命的延长和转化。

相信陌生人：代言代理的消费升级

摘　要　代即更、替。替代你，既可以是替你、帮助你、成全你，又可能是代你、置换你、取代你。这中间的转换中介和媒介，就是职业化、专业化的代言人、代理人。代的形式、状态、中介，空前发达；商业代言人、专业代理人以及日益完备的专门代理服务机构，无处不在。便利的服务和对等的代价之间，如何选择和取舍，决定了消费的质量和时间的价值。

关键词　代驾；代购；体验式消费；第三方服务；人机关系

代是借代、指代、替代的连接、转换、延续关系。《现代汉语词典》（第七版）中“代”的解释，可以概括为代替和代理关系与时间秩序上的转换、更替，即年代、朝代、辈分，以及新的时空单位。

代的关键是转换中介、媒介的形式，可分为三类：一是社会分工精细化的结果，譬如代工、代培；二是社会组织的新形式，社群聚集的人口多了，就会有“代表”“代理人”；三是人和人的网状关系，每个人都可以是自己的中介，同时是别人的中介。比如，网约车，个人既可以找人代驾，也可以为人代驾。从社会学角度来看，代的关系演进是社会进化的过程，其本质是“自”和“代”的关系。个体处理好与陌生人、第三方的关系，就能在公共空间中找到存在的位置，在公共服务中享受自身的价值。

行走的替代：代步、代驾到快递、跑腿

空间感的消失，来自时间的加速度。

《战国策》有云“晚食以当肉，安步以当车”，是想表达清静的人生态度。今天的人有了代步的汽车，有了高速公路，有了一顿饭的工夫到另一个城市吃饭的“城际高铁”，有了“千里江陵一日还”的“飞的”。

小汽车一开始被叫作小轿车，但它不是古人用人抬马拉的轿车，它的马力和机动能力来自工业时代的钢铁工业和石油的大规模开发。取代石油的新能源汽车，正在成为新一轮的代步车。

从出租车到公共交通，从自驾到代驾，代步开始了双向取代，这意味着“代步”的形态再次延伸，“代”的中介不仅是工具，更是专业的人——那些我们可能永远也不会认识的陌生人。我们不用知道、不必保存他们的联系方式，我们通过平台跟他们发生联系，我们凭借系统选择“相信”陌生人。

再进一步，连代驾出行似乎也可以省了，因为有了代购、快递、跑腿。人可以“非必要不出门”。不用下楼就可以完成日常采购，货物到手的时间可以精确到分钟。

逛集市、进超市，理论上来说，已经不再是人们出门的主要选项。“人肉”代购是一种替代式的回归，“代孕”的灰色市场则

是另一种极端。

从小轿车到出租车，到代驾代购，再到快递跑腿，庞大而完备的“代步系统”，因为标准化而个性化，因为定制化而规范化，因为透明化而便捷化。代价就是个人信息和隐私权的部分让渡，是“困在外卖系统里的骑手”，是高速公路上没日没夜赶路的上千万大货车司机。

行走的空间不是简单地拉近拉远，不是简单地压缩重置，而是时间的一部分变成了空间，空间的一部分变成了时间。速度作为一个变量，介入了时空交换。传统人情社会里，办事法则是“熟人好办事”。到了代跑腿的“代步”阶段，陌生人好办事，更干脆、更准时，还不需要负担人情债。

于是，空余出来的时间也被新的空间行为取代。有人在室内的跑步机上跑步，有人在朋友圈跑步“排名”，手机变成了四肢之外的第五肢。人的活动空间，与过去相比并没有扩大，甚至陷入与过去一样的同质化困境。

新的出行规则、新的空间秩序建立起来之前，除了被局限的空间行为外，身体的体验也在进化的过程中。比如，以前人会晕车，现在看沉浸式 AR/VR 同样可能发生晕眩。我们的身体还没有跟上加速度的空间迭代，没有办法完全“匹配”，或者同步“替换”。

岗位的替代：转行，新的 360 行

科技发展、商业模式变化、人的生死、社会组织形态变迁，都会带来代际更迭。在不同的时间单位中，人世变迁，物品更新。无论时间是否以线性方式流动，迭代都必然会发生，并遵循

两个法则：一是代际不是简单的重复或循环；二是没有人是不能被替代的，没有事物形态和组织形式是不需要迭代更新的。

上班下班的职业概念，来自工业化时代的流水线生产。大量的工种和岗位都有严格的流程。每天的生活规律得像墙上挂着的时钟，一切对标“上班时间”。

“由钟表管理的时代开始了”，意大利理论物理学家卡洛·罗韦利在《时间的秩序》中提到，“14 世纪钟表发明并在欧洲大规模应用后，我们对时间的辨别，从此有了两个维度：白天和夜晚，周末和上班”。在卡洛·罗韦利看来，自古以来，整个物理学乃至科学，都在讲述事物是如何“按照时间秩序”演化的，但事实上，“世界并不是物体的集合，而是事件的集合”，这跟中国先贤的“心性说”是相通的，即被感知到的世界才是世界。罗韦利的这个观点是欧洲文艺复兴后的新主流：“整个科学的发展都表明，思考世界的最佳方式应该基于变化，而非不变。不是存在，而是生成。”

这个终极命题意味着，对于上班族来说时间是连续的间隔（上班时间和休息时间），还是衡量的变量（每八小时算一个工作日）？是持续的延长还是循环的过程？是固定的时长还是特定的时刻？每个行业、工种和岗位上的人，理解和感受都不一样。时至今日，农历还是对应着农时节气；老师学生习惯于按学期算日子。游戏里的一关一组，电视剧的一集一季，也是弹性时间中的完整一环。关于时间的区隔还有：一顿饭的工夫、一根烟的工夫、打一会游戏、打一圈麻将、看一集电视剧，这些依然是钟表之外、工作之外的日常时间。

对工作年限和何时退休，也随着弹性工作制、灵活就业法，出现了不同的理解和解决办法。就像年代，既可以指一个历史时期，也可以指一个特定的社会阶段。古代与现代、朝代与时代，家族代代相传的族谱辈分，家族成员的生辰祭日，都是代际变化的标识。

从人的繁衍延伸到技术迭代的版本，产品升级换代的型号，电脑、手机、汽车的新款式，不管叫第几代、第几版，继承者都不会是简单的复制。

广东省河源市龙川县丰稔镇田咀村村史馆，迁徙各地的客家人特别重视族谱和家族传承

被岗位管理、被钟表管理、被手机管理，人的职责变得越来越清晰，人的面孔变得越来越模糊。微信群里有了更多的工作群、通知群、项目群、讨论群，无法折叠、不敢删除的时候，工作和休息已经无法分开，上班与下班难以区别。

尽管被时间管理让人困扰，但更让人困扰的是工作岗位随时可能被别人或机器取代。模块化预示着随时可能被拆卸和升级重置，产业数字化加快了这一变化，一方面有利于随时调整产品结构和生产流程，另一方面意味着岗位迭代的加速。

互联网时代，生产过程也是消费过程，短视频的创作者既是平台的消费者也是生产者。欢呼作为消费者的福音，就得接受作为生产者的代价。频繁的交叉变动让工作的定义和性质变得更有弹性，没有人不可被替代，也没有人一无所长。

服务的替代：甲方乙方到第三方

现代服务业就是第三产业。跨界融合的中介，就是引入第三方服务。

第三方服务既有收费的，也有免费的，甚至还有倒过来补贴消费者的。为什么网上订房、订餐、打车更优惠，为什么送货上门更划算，为什么千里之外的水果比小镇集市更便宜，为什么“包邮区”能够包邮，为什么 9.9 元的东西也能免邮……这些不可思议而又合情合理的消费服务，表面上看，来自购买方式的变化，从产品到服务、从代言到带货、从商业到公益，实质上是服务理念的变化，是公共服务的系统性升级。

相信陌生人，相信第三方，就有了“公共空间”“公共服务”“公共社会”，以及习以为常的新消费形态。在朋友、熟人一路上不断走散走失的过程中，我们的手机却捆绑了更多的陌生人和第三方应用程序。

代理人制度就是一项与公司制度类似的现代发明。《守规的代理人：良政的政治经济学》一书中，英国伦敦政治经济学院教授蒂莫西·贝斯利把公司研究模型套用在政府的绩效评价上，创建了对“代理人”的评价标准。代言人、代理人的范围远比想象的要广泛：在法庭上，律师代理当事人；在商场、股市中，交易员和操盘手代理客户；在战场上，有“代理人战争”。

古代的委托代理制，源于信任、托付，来自继承、禅让，并没有现代意义上的甲方乙方的概念和现代契约精神。如果甲方乙方难解难分，并不是一件好事情，容易翻脸，容易抱怨，再严的戒律也无法持续保障双方的权责利。完善的代理人制度，叠加了代议代言、代理代办的种种设计，比如公司中的董事会、监事会、理事会、股东大会、第三方审计等。

互联网再次迭代更新了“甲方乙方”的概念：出现了公司合伙人，出现了众包众筹、协同生产。一方面，参与者作为合伙人，互为代理；另一方面，第三方采购、第三方服务成为常态化替代选择。风险转移支付、风险收益对冲，各种配套的“代理商”会接续跟上来，串起更多的第三方服务。

体验的替代：“买买买”到“逛逛逛”

消费对象从产品延伸到服务之后，消费者的体验也从实用消费到了休闲体验阶段。“买买买”不再是消费的全部目的，消费的过程变成了“逛逛逛”的体验活动：体验活在社会群体和阶层当中的存在感。生产者创建的商业逻辑代替了个体的原生诉求。

消费者以为的新消费形式、新体验感受，不仅是商家喜欢的，甚至有可能就是商家制造的。而消费者愿意为此付出的价格，商家已经代为精心计算过了，试用者也代为体验过了，我们喜欢的代言人及时出现了，代理服务网也及时铺好了。我们刚好喜欢的一杯奶茶、刚好买得起的一辆汽车，甚至刚好喜欢的一部电影、一本书，价钱也“刚刚好”。这就是满足消费者之后制造的“新需求”、制造的“新服务”。

人们的消费观和实际消费的商品被制造者创建的商业逻辑“代言”“代表”了。比如：开奔驰车的男人、戴爱马仕丝巾的女人。

2022 年 7 月，围绕消费文化，《制造消费者：消费主义全球史》作者、法国让·莫奈大学讲师安东尼·加卢佐接受《南方周末》记者专访时说，消费实际上成为一种放置于集体中的“通用代码”和“定位系统”，用来揭示人在社会中的位置。新消费心态是可塑的、易服从的，这种心态下的人从根本上渴望变化、新奇和象征性的创新。

安东尼·加卢佐还发现，几十年来广告行业有一个重大变化：广告修辞从描述性、规范性甚至有点家长作风，转向措辞反墨守成规和叛逆，“书写消费史也意味着书写媒介史和女性史”。

广告形式在变，广告的接受方式也在变。当下的消费史或者媒介史，在“买买买”到“逛逛逛”的休闲体验与潮流推广中，对传统新闻学和大众传播学的最大冲击，可能就是对广告认知态度的转变。消费者推崇广告创意、高级软文，不再一味排斥广告植入。

从另一个层面来说，体验式消费不是单方面的消费决策替代，而是制造者和消费者之间互动成果的展现。互动过程本身同时产生了某种调解和平衡的作用，也增强了消费者的广告免疫力和自我保护能力。

焦虑的替代：不易识别的消费制造术

焦虑是人生常态，但是人一生焦虑的对象和形态可能在不断变化。

身材焦虑（身高焦虑、肥胖焦虑）、健康焦虑、疾病焦虑、学习焦虑，每一种焦虑都可以生成一个庞大的需求市场和产业供应链。

从《制造消费者：消费主义全球史》到《再造“病人”：中西医冲突下的空间政治（1832—1985）》，对大多数人来说，“生存”焦虑常常位于焦虑榜的首位。比如，在医院检查中提示的一些疾病症状和可能后果，哪怕只有万分之一的患病可能，临到自己身上也怕变成“万一”，自觉不自觉地就成为一名“病人”，“享受”各种超前治疗、过度治疗。

新冠肺炎疫情加重了这一焦虑。疫情防控期间，核酸检测某种程度上已经成为新的日常生活习惯；因为担心动态管理中的静默状态会耽误“看病”，有人会超前去“拔智齿”；有人会常态化地在家中囤积食物。

这种基于生存焦虑的超前消费、过量囤积，与上文讲到的同城快递、包邮上门形成的快捷现代生活模式，形成了冲突和张力。未来不管是习惯新常态还是恢复常态，都需要再次就焦虑形态和消费习惯作出整体上的适应和改变。

达尔文主义当然不正确，不符合人本主义和现代文明理念。但适者生存、生老病死的自然法则，没有人能够违背。人体的代谢系统如同生态系统、社会系统，本身是一个复杂系统，从科学的角度来说，生存焦虑不应该是在不同的指标间重复焦虑替代。

许国旺等著的《代谢组学——方法与应用》提出，用代谢组学方法不仅可以治疗人体代谢综合征，还可以延伸到动植物学，以及改善环境生态系统，并效仿人体代谢系统的工作原理，生成类似的生态法则、社会法则。释放对单个因子的焦虑，着眼系统性改善，这种生物信息学在人体系统中的作用，更像是传播学在社会系统中的作用。

焦虑本身无可替代，但焦虑的内容可以替换。过度的生存焦虑，恰恰意味着生无可代。无兴替、无延续，则无“生存”。

代理的替代：不求所有，但求所在

地方招商引资有一句名言：“不求所有，但求所在。”意思是，产业是谁的不重要，重要的是把厂建在当地，带来就业、税收、商业。

“代工”的产品、“代建”的房子，都在别人的名下，印上别人的商标。掌握了市场另一端的品牌方、技术方，乐意请人“代工”“代建”，坐收品牌红利、技术红利。

到了数字经济时代，企业运营的各个模块都可以分包出去，委托加工、委托销售、委托售后服务、委托物业管理，甚至连最基础的设施，比如厂房、服务器，都可以委托“代建”“代管”。租了那么多东西，贷了那么多款，依然可以是所有者。

反客为主了，喧宾夺主了？在资本市场的眼里，客与主、店与客，都是可以估值的，都是可以交易的，都是可以购买的。所以，其实都不是真正的主人、最后的主人。

“共享”是现代社会的重要商业概念，其核心是：所有权和使用权的分离。现代互联网的公益平台对接互不相识的捐赠方和受益方，讲究的是行“共同之善”，双方各自“但求所在”。

从更广泛的层面来说，社会保险、养老、医保等公共服务体系也是一种代理关系：有人代你养父母（养老金）、代你付钱看病（保险）；同时你代不知名的陌生人付钱，比如，做公益。

在如此庞大的代理网络中，代理人的代理权，绕不开所有者的所有权。中介就是授权的问题，即谁授权、谁代理、谁拥有、谁使用的关系问题。授权人有没有越权授权？代理人有没有越权代理？约定的权责利，并不能一“代”了之。

重复的替代：二手人生与单调生活

被全权代理、被全面代表、被全部包办的人生，自己就不再是生活的主人。造成这种情况的原因有可能是代理人的强势，也有可能是自己逃避责任和自由，放弃了决定生活的权利。

被包办、代理、代表、代言的生活，省事、简单，不需要创造性活动，这种“二手生活”的特点是，复制简单的自己、重复过去的自己。比如，拿着遥控器被动接受电视节目的主动输出、在直播间跟随主播的节奏选购货物，简单重复执行工作指令。接受被时间安排的工作、接受被他人安排的生活、接受被制造商安排的消费，都是二手生活的体现形式。

自己动手还是请人代劳，身不由己的现代人时时面临选择。从《逃避自由》与《通往奴役之路》，到畅销书《被讨厌的勇气》，触及的是每个普通人的心理困扰。

美籍德国社会心理学家艾里希·弗洛姆在《逃避自由》中提到一个观点：自由本身是沉重的，因为自由意味着每天睁开眼睛就要为自己的一切负全责。反之，在工作的约束中，在各式各样的群体的约束中，只要照章办事，循规蹈矩，单位就会分派一件你做得了的事，商业就会推荐一样你买得起的东西，社交平台也会给你推送跟你有类似观点的“朋友”，生活反而变得“轻松没有压力”。

手机拍照太方便，所以手机里的照片很多，却没有几张值得珍惜。游戏随时可以重启，所以没有一次值得认真对待。遥控 + 快进键，让所有的经典电影都一晃而过，让一切都变得如同游戏。二手生活是轻易可以反复重播的人生，安稳而忙碌，充实而无为，重复而满足，然而很多人并不觉得这样的“稳定模式”有何不妥。

从感知世界的角度来看，新闻作为个体更新认知的重要来源之一，尽管中介、媒介、介质和形态千变万化，记者、主播千方百计去复原和重现事实，但新闻本身必然且仍然是“二手事实”的转述和传播。与之类似，相应的知识和历史，必然也只能是“二手知识”和“二手历史”。《二手时间》的作者 S. A. 阿列克谢耶维奇历时二十年采访普通人重复或者另类的生活，希望所有人都不是白活，更不要像是从来没有来过，从来没有在世上生活过。《走过两遍的路：我研究中国历史的旅程》的作者柯文尝试拆解和理解“两重历史”和“历史三调”。当然，纪实作家和历史学家从不认为“二手”没有价值，“重温”没有意义。

事实上，从广义的层面来看，所有人的生活，都可能是别人的“二手人生”。前文所说的“代际循环不是一成不变的替换”与“简单重复的二手人生”，构成了“替代论”的不同层面。从更长的时间来看，重复的替代是迭代发展的必然代价，而从某一代人的生命长度来说，则构成了一种“生存困境”。

人机的替代：人形机器人与机器人的人性

特斯拉公司首席执行官马斯克宣布 2022 年 9 月 30 日要推出他的人形机器人。马斯克的人形机器人，只是“活动变人形”的机器。在成熟的人工智慧技术和自然语言处理系统出现之前，做成人形的机器人很可能反而是“着相”了。但这一举动把机器人的话题直接拉到了人的面前，迫使我们近身思考人机交互、人机一体的人类学新命题。

广州电信的自然语言处理系统，已经能较好地识别和转译粤语方言。而高德导航的语音识别系统，能较好地处理人力所不及的路况变化分析。在当前技术背景下，人机交互、人机交流、人机交往，人与机之间，更多的是并列、并行，而非取代、替代。

加拿大传播学家麦克卢汉在 70 多年前的著作《机器新娘：工业人的民俗》中表示，“工业人的民俗”可能只是某种特别的幻觉，以及被广告宣传制造的狂热。其在《超人篇》中更是毫不客气地指出，机器人是人对更强大的自己的幻想，漫画中的超人是“中世纪天使的兄弟”，“反映了强人的极权主义手腕，幼稚而野蛮的头脑加上幻想的铁腕”。

但现在我们知道真正的人工智能不是一个会“照章办事”的人形机器人，也不是一个“机体”强化后的人的加强版，而是一旦生成，就会自我思考、成长、改变的一个电脑数据包。机器人替代人的时候，“机器人的人性”不会简单地复制或替代人性。在电影《银翼杀手》中，贯穿始终的争议和答案是：机器人和人的区别在于，人是被生下来的（be born），而机器人是被制造的（be made）。

人的替身、分身与化身，需要灵肉分离后的再次合体，并不是通过社交机器人、工业机器人就能简单解决的。比如说 3D 打印，即使成功也只能按数据复制某一个人，而不是生成一个新的人。对工业制造来说，这是困难的，因为每个人的 DNA 都不相同，每个人的每个关节，都是特殊件，而非标准件。

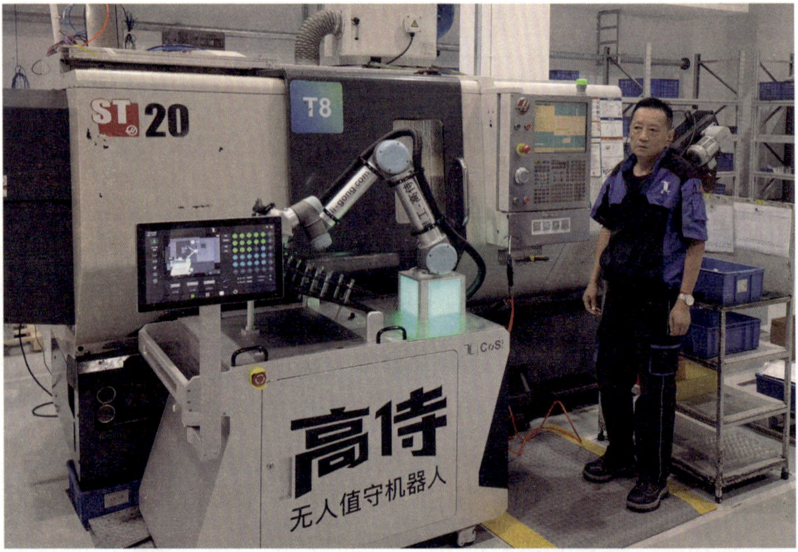

广州里工实业公司的老师傅，变成了机器人管理师

习惯了电子设备和游戏的年青一代，并不像专家们担心的那样排斥机器人，对加装芯片和机械手臂等部件也有好奇心。考验人性的人机关系，将是一个近在眼前的关于制造和出生、运算与思考的“替代伦理”挑战。很多时候，机器化的人，比人形化的机器更像一个木偶、工具。寄希望于人形机器人有人性，意味着人性的丑陋一面也无法消除。

游戏的替代：非线性时空穿越

有人说，未来三观是否相合，比血缘关系更重要。有人说，数字化生存、元宇宙生活，正在建立新的“血缘”关系。

现场与在场，现场感与在场感，游戏里的角色和游戏外的身份，都不是线性替代关系。游戏中的角色，不再是代入，而是介入。

《权力的游戏》《饥饿游戏》《安德的游戏》三大“游戏”影视剧中，最接近未来战争形态的科幻片可能是《安德的游戏》。在美国奥森·斯科特·卡德的科幻小说《安德的游戏》续集《安德的代言》里，职业代言人的角色再次升级：为落后的异族死者代言，以达成文明的和解。主角的名字 Ender（直译为“终结者”），中文翻译成安德、恩德、安代。终结与起源的追寻、终极与当下的追问，必然包含着自我的层层迭代与不断更新。终结是解脱也是新的开始，终极是极致也是归于平寂。

科技的穿越、科幻的穿越，现在跟未来交错交汇，正转移和取代人们对眼前现实的感知认知。时间不再是线性的迭代升级、代际交替，空间和事物不是非此即彼的取代关系，而是可分身、可化身的孪生关系，事件和关系不再是被代理、被代表、被让渡的层级关系、中介关系。

语言的替代：在纸上空间委曲求传

因为有文字作为媒介，人可以在历史中穿越，在文字中和历史交汇。只要有书籍有学堂，就可以随时和千年前的哲人对话。

但是历史和现实并不是简单的延续关系。很多读史过多的人总是说：太阳底下没有新鲜事，任何一件事情都可以在历史上找到相似的影子。古人经历的真实和现代人的解读，总是在美好的误解中达成共识。

“江山代有人才出”，千秋万“代”，这里的“代”是更迭，不是替代。同时，古人的“代”，还有“为”“替”的意思，替天行道，代人受过。北宋思想家张载代文人们立下决心：为天地立心，为生民立命，为往圣继绝学。但这都不是代的造字本义。

在《说文解字》中，是这样互相解释的：

代，更也。

更，改也。

改，更也。

变，更也。

代、更、改、变，这几个字的解释竟然是同义反复、循环论证。也许在古人看来，代、更、改、变，本身就是一回事。代之更、替，就是变、动，既复杂也简单。它既不是直线前进、一味扩张，也不是单调重复、停滞不前。非要解释，就是循环往复。不管内循环还是外循环，大循环还是小循环，活起来、动起来就是良性循环。

大词吃掉小词，新词覆盖旧词，是语言的秩序迭代。人可以参与语言的迭代进程，创造和使用新词，摒弃另一些词；同时还能选择被特定语言代表。

2022 年当代世界出版社出版的《崔健诗歌集（1986—2021）》前面有一段和姜文的对话，崔健说："时间不是循环的，时间是直行的，情感是循环的。只有当音乐响起时，时间是循环的，而情感是直接的。"在这里，音乐也是一种"语言"，虽然时空变化了，但音乐能够连接过去和现在的情感，时间因此变得像一个循环。

另外，作者对语言、声音、图像的选择，还有可能是在主动塑造"被语言、音乐、图像代表的自己的模样"。邓联健博士研究"早期来华新教传教士汉英翻译史论（1807—1850）"，书名就叫《委曲求传：早期来华新教传教士汉英翻译史论（1807—1850）》。书中讲到中文典籍的翻译策略有"异化"与"归化"两派，直译和音译之分。直译的"左道旁门"，就成了 left-hand road and side-road sects。这是最典型的"忠实原文"。

替换与转换的中介是关键环节，连接打通，然后跳转切换。外文翻译是这样，古文翻译也是这样。何冠彪的《生与死：明季士大夫的抉择》讲到尽忠与尽孝的两难取舍，守节与殉节的难易比较，进而说明仕与隐、进与守的决定与此密切相关。陈旭麓先生遗著《近代中国社会的新陈代谢》从漫长的封建社会写起，讲到近代化的城乡社会演变。从李鸿章一句“实为数千年来未有之变局”，引申出近代变与不变的哲学，“无非是两个问题：一，怎么看待孔子；二，怎么看待学习西方”，说的都是代的两种状态：自代与他代。

有两个包含“代”字的成语“李代桃僵”“割发代首”，阐释的正是这样的两重代理关系。“李代桃僵”既是付出又是牺牲和代价：亲如手足、舍车保帅、代人受过。“割发代首”既是担责又是推卸：没有出事，皆大欢喜，都是英雄。出事了，反目成仇，都是罪证。仔细辨别，“代僵”与“代首”又有本质的不同：“代僵”是帮助别人，代别人受过甚至牺牲自己；“代首”是避重就轻，保全自己的面子和性命。

前置式替代：小人物的在场与自我修复

2022 年的两本新书《漫长的余生：一个北魏宫女和她的时代》和《喜：一个秦吏和他的世界》。当代历史学家罗新和鲁西奇，不约而同地放下了身架，避开了宏大叙事的套路，从小人物看大历史，既是一种历史角色替代，也是两位历史学家的角色“代入”。

小人物、普通人更多的时候是被代表的对象，请求别人替自己说话、办事。在 30 多年前王朔小说改编的电影《顽主》里，葛优饰演的杨重、张国立饰演的于观、梁天饰演的马青三人开了一间“三替公司”，招牌是“TTT”。公司业务是“替您排忧、替您解难、替您受过”，还真解决了几件街道居委会解决不了的事。

对于系统性风险、系统性迭代，普通人缺乏感知的能力，缺乏参与改变的动力和意愿。更多的是努力去自我调适，所以在场感的缺失是必然的。举几个“人称代词”的例子：

我就是我们。当我们说“我们要工作”“我们要休假”——似乎意识到自己是群众，是群体的一分子，普通人表达“我”的时候，经常用我们、咱们这些集体复数词。

我们也可以是你们。代言人口中的“我们”常常是“你们”的意思。开学典礼上校长说“我们在校要好好学习”，我们其实就是你们。

咱妈只是你妈。“咱妈最近身体可好?”这么亲热的问候背后，两个人肯定没有血缘关系。

你妈也可能是咱妈。在西北方言中，哥哥老远对弟弟喊：“你妈叫你吃饭!”这个时候，“你妈”是两个人共同的母亲。

封面新闻的人工智能机器人“小封”2019年出了第一本诗集《万物都相爱》。诗集封面上有一句很震撼的话，来源于其中一首《时间像一匹野马》。全诗如下：

时间像一匹野马
在赤色的大地上
脱缰飞奔
我在讲述一个与我无关的故事
而你的在场
就是与我无关的证明

后序式替代：代购还是代构

代即更、替。替代你，既可以是替你、帮助你、成全你，又可能是代你、置换你、取代你。这两者前端行为可能极其相似，但最终的结局差别很大，且很难在第一时间察觉和识别。

力竭而借力，力殆而接力，力有不逮而续之助之。借力、接力，就是两种替代力，是改变力和新动力。

薪火香火代代相传，这时候的顺序、次序、秩序，要看是人为排序，还是自然秩序。代购式服务的结果，要看是为你好、成全你，还是完全代替你、消解你。

享受代之乐，警惕代之恶。提倡换位思考，讲同情同理心，说“情感代入”，更多只是为了更好地沟通，假如真的是交换位置的“代”，可能很多人就不干了。

享受消费而不是被消费，成全别人从而成就自己。假如是彻底被“代言”的二手生活，可能很多人也不干了。

委托的托，脱钩的脱，是代的两极。接手还是脱手，接轨还是脱轨，上市还是退市，既可能是代理机制的失灵、代理状态的消失，也可能是推诿推托之后的推脱和解脱。这都是委托代理关系取消之后重新选择的开始。

迭代与被取代，有着本质的区别。比如，媒体融合中的转型与转行，是两个概念。媒体转型意味着融合之后还是媒体，媒体还是融合后的主体；转行则意味着转身，媒体业务本身不再是融合后的主角。作为主体、主角，都希望建构自己的结构，而不是被解构。

时间就是生命，每个人的时间价值不一样，生命价值也就不一样。现在有很多关于“时间管理”的书和课程，最极致的情形就是电影《时间规划局》中描绘的情景：时间可以购买、置换、储存、交易。有人拥有永远花不完的时间，有人必须每天做工挣取第二天存活的时间，不同的人必然有着不同的时间观。

对个体来说，癖好和癖好的替代品，还有可能是一种心理孤独的代偿机制，比如在《烟火撩人：香烟的历史》里，法国教授迪迪埃·努里松提到的酒类、烟草等成瘾物品。

可替代的东西越来越多，可以作为替代物的东西也越来越多。但总有那么几样得亲自去做。比如吃饭，不想做饭也得吃饭；比如睡觉，不想休息也得睡觉；还有亲情、爱情，人与人建立的关系，不可替代，无可替代。

上述列举的十二种生活消费场景中的替代关系，反复演绎了代理的法则。消费十二时辰，代理关系无时不在。新鲜的是个体体验，循环的是替代本身。只要我们愿意相信陌生人，就会得到更多的帮助，也能更多地帮助他人。和大自然交换能量，和陌生人交换力量，放手、信任、托付、回馈的良性循环中，科技进步不是恶，幸福生活不是罪过，陌生人不是要提防的高墙，人情社会、熟人社会并非天然的保障。

那么，那时候，替换关系和交换关系，就不会是有你没我的零和游戏。

（安代、文景，暨南大学文本实验室研究员）

容

容 | 《万物相融》

容是万物相融，万物相通。东方说“天人合一”，西方说“社会宽容”，其实都是一个意思：以容忍的态度容纳不一样的存在。

容错法则与亚相容逻辑

摘　要　容的造字本义是容纳，表达一种“存在”的状态。容的样子是“面容”“市容”“形容词”。容的动作是容纳、溶解、熔化。容的态度是容忍、容许、宽容的递进。时间、空间、社会、网络、家庭、法律、语言文本，甚至人的身体和精神都是容器。不同的人对同一个微宇宙容器和容纳的看法并不总是一致的，比如，希腊人的看法是空间式的，希伯来人的看法是时间式的；《山海经》的作者是空间地理视角，《史记》的作者是时间人物视角。影响容的关键要素是兼容性、容积率和容错率。在多元化、去中心化的趋势下，每个人都相信自己的站位就是“C 位”，亚相容逻辑可以视为达成“和而不同”的解决方案，为更大范围的融合与发展提供了积极的思路。

关键词　社会宽容；容隐法则；容忍法案；网络暴力；容错率；亚相容；宇宙

容是容纳、包含。很多不同的东西齐聚一堂的状态就是容。容的造字本义从《说文解字》到现代汉语，都没有变化。从客观存在上说，容是容纳；从主观感情上讲，容是宽容。容的范围就是容器。

空间是容器，时间是容器，社会是容器，网络是容器，家庭是容器，法律是容器，语言文本是容器，人的身体和精神都是容器。

量子物理的基础理论“泡利不相容”，论证了事物不一样是物质常态。在不同的容器中，“宽容”自我以外的其他事物的行为，就是当代的“容”，悦纳“和而不同”。

社会容器与社会宽容

德国哲学家哈贝马斯提出的“社会宽容”概念中的“宽容”一词，英文写作 toleration。哈贝马斯认为具有现代含义的“宽容”一词是16世纪才出现的。toleration 的词源是拉丁语 toleratio，本义是“忍”，在同一个容器中，忍耐跟自己不一样的存在，叫宽容。toleratio 的造词本义是表达对异己信仰的宽容，后来需要被宽容的对象和范围逐渐扩容，拓展到了社会生活的方方面面。

随着城邦和交通的发展，人与人的交往途径和范围不断扩展，在不同的空间层面形成了空间意义上的“公共领域”，比如广场、咖啡馆，又比如现在的互联网论坛、直播间、QQ 群和微信群等。社会公共领域中，跟“自己”不一样的存在无处不在，所以社会宽容也当无处不在。

随着三次工业革命带来的生产力的跃升，以及与之相应的人类数量及聚居形态的变化，到20世纪末期，学术界对“宽容”的研究发展达到了新的高度。宽容问题突破政治学、社会学、哲学、法学等单一学科的范畴，逐渐发展成为涵盖整个人文学科的重要命题。

《人类简史》的作者、以色列学者尤瓦尔·赫拉利在他的新作《未来简史：从智人到神人》一书中指出，人文主义主导历史300年，这个时间对地球甚至对人类历史来说，都并不算长。但是当代的人深信人文主义的信条，认为宇宙是以人类为中心运转的，人类是所有意义与力量的来源，这些想法反过来塑造了我们的日常生活、艺术以及隐秘的欲望。

人文主义的本质是倾向对人的个性的关怀，注重维护人性尊严，提倡宽容的世俗文化，反对暴力与歧视。这种哲学思潮与世界观是“社会宽容”命题的根源——社会作为一种容器，要有海纳百川的容量。

容隐法则与容忍法案

容隐，是中国古代法律体系中的一项规定，指禁止亲属之间互相控诉或作证，以保护传统的伦理秩序。《论语·子路》中记载的孔子说的“父为子隐，子为父隐，直在其中矣”，就体现了“亲亲相隐”的容隐法则。

法学界普遍认为最早将容隐原则入律的是睡虎地秦墓竹简上记载的秦律：“子告父母，臣妾告主，非公室告，勿听。而行告，告者罪。”这里的“行告”是指反复告，反复告则控告者有罪。《唐律》以后容隐的范围从配偶和直系亲属逐渐扩容至同居的亲属。

2022年9月，中国政法大学教授、中国法律史学会中国法制史专业委员会会长朱勇在第十三届全国人大常委会的专题讲座《中华法系的形成与特征》中提到，中华法系是在特定的历史条件下形成的，是中华优秀传统文化的组成部分。他说：“中国传统社会，以血缘、婚姻为纽带的家庭在社会生活中发挥重要作用。法律注重强化伦理关系、维护家庭亲情，通过家庭家族，使得每一个体各安其位，各得其所，进而助力国家稳定社会秩序”。

中华法系以法律为工具来提升“家庭”这个容器的坚韧性、包容性，注重强化家庭成员的家庭责任感，进而注重培育家庭成员作为社会成员的集体意识。即通过强化家庭容器的凝聚力，进而强化社会容器、国家容器的凝聚力。

2013 年 1 月 1 日起实施的《中华人民共和国刑事诉讼法》第一百八十八条将人伦感情的位置大大提升，明文规定：“经人民法院通知，证人没有正当理由不出庭作证的，人民法院可以强制其到庭，但是被告人的配偶、父母、子女除外。”

出生于巴勒斯坦地区的法律哲学家约瑟夫·拉兹（Joseph Raz）在《权威与阐释之间》一文中提到，法律不是自然概念，而是诠释概念（又称人为概念），是人类发明的概念。自然概念的性质是先定的，比如，熊猫和熊、猫的区别在于 DNA 的差异，这种性质即使当下没有被发现，也是客观存在的既定事实。法律则不同，法律是生活在社会中的人们对自我族群的特性、行为理解之后建立的概念，“法律不是学者所引入以帮助解释某些社会现象的一个概念，而是牢固确立在我们社会的自我理解中的一个概念”。

法律这个容器的容器壁和容纳法则，是基于社会中的“大家”对于自我的理解而生成的，因此它也必然要符合这个社会的历史特性和共同认知。比如，《容忍法》（*Toleration Act*），又称《宽容法》，是 1689 年英格兰国会通过的一部法案，给予不从国教者以信仰自由。

容忍法案与容隐法则，是不同的“社会宽容”形式进入了法律，是不同社会历史、法律思想在人文领域核心精神差异的体现。

网络宽容与网络暴力

不同的互联网形态都有"聚类"的效果，从社会心理学的角度来看，在"人以群分"的基础上，网民通常会遵守某种特定的群体规范，并且很容易出现模仿和从众现象。而基于商业利益和流量变现，商家和平台又往往会"纵容"甚至鼓励网友把同类的"梗"反复炒作。

网络"吃瓜群众"从表面行为上看，往往热衷于转发负面信息和流言。在事件发酵的过程中，事情原本的细节逐渐被忽略，网民意见会出现趋同现象。这种现象容易导致"群体极化"（group polarization），简言之，讨论通常可以强化群体成员的平均倾向。社会心理学家做过很多实验，他们让一群大学生集体讨论了一宗大型交通事故案例之后，参与讨论的人对"有罪"有了更明确的裁定和判断。在社交网络的爆款新闻、冲突事件中，参与讨论甚至实施网络暴力的人，与当事人之间，常常并没有直接的利益关系。对于这类网络冲突，短期来说，可以靠加强传媒的引导和平台的监管，长期而言，应该鼓励网络宽容中的自我净化。但网络宽容文化会遇到一个关于优越感的问题。

奥地利心理学家阿尔弗雷德·阿德勒在《自卑与超越》中提出一个观点，追求优越感是人类社会生活的基本事实，换言之，人在社会中活着，总是需要优越感的。但是人寻找优越感的方法和途径并不一定总是恰当的。比如，"吃瓜群众"在转发和评论中获得的正是对"其他网友"的心理优越感，其中包括道德优越感、智商优越感、学识优越感、经济优越感等，而获得这些优越感的经济成本几近于零，只需要动动手指。

优越感在社会生活中无处不在，与之相对的，歧视（包括显性歧视和隐性歧视）也同样无处不在。歧视是一个群体给自己找到一个更低的参照群体，通过对后者的贬低和打击，来提高自己的心理地位，获得精神上的满足。最极端的隐性歧视有可能就隐含在仁慈和公平中。仁慈与霸道都是优势群体、强者的姿态，和蔼可亲的都是长者和上位者。英国学者戴维·米勒在《布莱克维尔政治学百科全书》中举例说，一个不能区分出好学生和坏学生的老师对两者而言，都是不公平的。亚里士多德的正义原则也要求正视歧视的存在。

生态的宽容与个体寻求优越感之间的矛盾，造成的“广泛”的歧视现象不可彻底避免。倡导网络宽容与兼容，杜绝纵容与暴力问题时，不妨从道德文化、法律约束与个人体验三方面考虑解决途径，做到包容而不纵容，兼容而不放任自流。

意大利人保罗·乔尔达诺以一个物理学家的眼光来看社会容器中的人，写了一本小说《质数的孤独》。在数学上，质数是指那些只能被 1 和它本身除尽的自然数。在大于 1 的自然数中，一个质数跟另一个质数没有其他公因数。彼此之间没有公因数的质数是“孤独的”。故事的主角马蒂亚是一个年轻的数学天才，他相信自己是质数中的一个，而中学同学爱丽丝是他的孪生质数。他们都有痛苦的过往，同样孤独，同样无法拉近和其他人之间的距离。从少年到成年，他们的生命不断交叉，努力消除存在于彼此间的障碍，彼此相近却一直无法靠近。小说的页码也按质数排列，只有 224 页的书排到了 1907 页。

“九容”关联起人的内心与容貌

现代汉语中的“容”有两种解释，一是容纳、包含，以及从这个意思引申出来的宽容、容许；二是容貌和事物的样貌。

造字之初，这两个解释对应两个长得极为相似但略有区别的字。下图中的是《说文解字》中容貌的“容”字的原型，属“页”部，是张人脸的样子，读音从“公”。而图中的属“宀”部，读音从“谷”。“宀”是房屋的意思，里面的谷，一说代表两山之间水流经过的夹道或洼地，有房子有平原，就是农耕时代空间容器最丰富的内容形态。另一说，外部是穴字，代表原始人类储藏物品的洞穴，有洞穴有储备的物资，同样也形象地描绘了原始社会时期空间容器的样子。

《说文解字》中
容貌的“容”的本字

晚清书画家吴昌硕
写的篆字“容”

在小篆的时代，容字最终定格为今天的样子。其最初的两个完全不相关的含义，也被赋予了内在联系。

汉代成书的《礼记·玉藻》中记载了先秦的礼制，其中提到“九容”：足容重，手容恭，目容端，口容止，声容静，头容直，气容肃，立容德，色容庄。儒家有“容礼之学”，所谓“九容”是指君子待人接物、修身处世所应有的九种姿容。

“九容”不仅仅是人的动作，而是把人的内心态度和容貌联系到了一起。换言之，一个人的内心会反映到外在的“容貌”上。而外在的容貌也会影响内心。比如，站得直，可以体现端正的人生态度。反过来，经常坐行端正，也可以帮助内心自律端正。

中华传统文化中有很多类似的表述，如佛家提出的行立坐卧

"四威仪"，后人进一步诠释为要做到"站如松、坐如钟、行如风、卧如弓"。姿态不仅是行为表征，更是修炼内心的一种日课，用外显的、能够被约束的行为来规训不可见的内心。再比如，弥勒佛前常见的一副对联："大肚能容，容天下难容之事；开口常笑，笑世间可笑之人。"把"乐""善"的面相与包容的内心联系到了一起。

《外教社·柯林斯：英汉双解学习词典》中"容"字对应的关于"容貌"的英文单词有两条：

look：（实际的）容貌。

countenance：（表性格或心情的）面容。如，稚气的面容。

后面这个词来源于拉丁语 continentia（名词，工作的内容）和 continere（动词，维持在某个状态），造词的本义是内容、存续的状态，没有"脸"，更没有品性的意思。

在西方，把人的容姿和行为与内心态度挂钩，出现在封建王朝的中后期。

卡罗琳·韦伯是哥伦比亚大学巴纳德学院的法语和比较文学的教授，她在《罪与美：时尚女王与法国大革命》一书中提到，法国末代皇后玛丽·安托瓦内特在她主导的宫廷活动中，贵妇人必须用"服饰妆容"来体现她们的政治派系选择。虽然鲸骨紧身衣在玛丽皇后之前就已经存在了，但是玛丽皇后强化了它，并创造了一种被她称为"伟大身体"（grand corps）的特定的穿着方式，连孕妇都不能豁免。

市容镇容的扩容与整容

容，表达一种"存在"的状态，还表达这种存在状态的样子，描述事物状态、性质的词就叫“形容词”。

中国国家博物馆的藏品中有两件作品，即《皇都积胜图》《南都繁会图》。《皇都积胜图》反映了明代中后期北京商业的繁荣，《南都繁会图》反映了明代中后期南京城繁华的市容市貌。

建筑家梁思成在《大拙至美》中提出：“在平面部署上，我们有特殊的民族传统。”中国古代的建筑常常选择坐北朝南，如紫禁城。有趣的是，西方的教堂大多是东西走向的，如巴黎圣母院、米兰大教堂。对中国所处的地理位置和气候来讲，一个四面都有房间的院落中，南北走向的房间无论是采光还是温度都更加宜居，因此建筑群落中的主要房间常常是南北走向的。教堂呈东西走向的原因，则跟日照有关——早晚太阳光透过彩窗照到祭坛上，给人以天国的视觉效果。

梁思成认为，市镇计划因各时代生活方式之不同，其观念与重点时有改变。著名的城市，如古代的罗马、近代的伦敦，都是由一个小村落慢慢发展扩容变成了城市。而古代的长安、近代的北平、华盛顿，则是有了预先的规划，按部就班建成的。一个市镇会生长，它是一个有机的组织体，在生长过程中，市镇的内在外显会扩容，会变容，并不断整容。

包豪斯风格（Bauhaus）被誉为现代设计的重要里程碑。包豪斯设计者强调自己是为解决生活问题而来的。比如，强调使用拉链，因为拉链功能性更强，纽扣则烦琐又不实用。而真实原因之一是，包豪斯风格兴起的年代正处于工业革命的前期，当时的机器能批量生产衣服，但钉不了纽扣。包豪斯风格取代了法国全盛时期“雕章富丽”的巴洛克、洛可可风格，包豪斯与后来的极简主义的盛行，更多是因为它们所倡导的审美、容姿理念，与工业化机器批量大生产能做到的事是匹配的。而穿上拉链服装、坐着极简椅子的人，也被时代“肯定”为最有审美眼光的人。

关于“市容”“容貌”的审美，民族性的、历史性的、习俗性的内容不会轻易地发生改变，与此同时，这种关于容姿的变迁和改造，关于审美的哲学与潮流，又总是跟工业化和城市化的进程同步，以生产方式为基础、以商业模式为载体。更好的城市、更优的设计、更美的面容，往往具有时代性，总是紧随工业化生产发展的步伐。

语言的受容与变容

语言学中的受容概念，从狭义上讲，来源于日语的惯用词组“受け容れる”，直译就是能够接受并容下某人或某事，它强调的是行为的“能愿”性。汉语意译为包容、接纳。变容是指接受之后，与本土历史文化相结合，出现了带有本土化特征的变化。

日本汉学家沟口雄三在《中国的思维世界》一书中曾指出，日本有着接受中国古代典籍的历史，特别是贵族和武士等统治阶级都通过中国的古代典籍加强自己的教养，或者把这些典籍中学到的内容作为治世的手段。

文化传播中输出与受容的两方不是“从属关系”，因此在本土化过程中，会发生内容及语言形式上的变容，甚至会在变容后反向回到原文化。

从生产力的角度来看，对于其他文明的荣光的仰慕背后的支撑力，来自经济实力以及经济实力带来的生活方式。曾经风靡一时的日本动画、好莱坞大片、百老汇歌剧背后，传递的都是文化因子。而“国潮”动画、服装、手办的兴起，则意味着这些文化符号背后的经济实力的易位。

从语言的角度来看，汉语言对从属关系的运用规则非常“灵活”。从属关系之间的程度决定了汉语属格中的“的”字能否省略。例如，我的眼睛，是身体的一部分，可以简化为“我眼睛”，我的狗只是我拥有的一件东西，所以不能简化为“我狗”。语言规则反映了汉语言使用者对于隶属关系的周延与从属所有权的可让渡性在心理层面的主观行为。

熔点、溶解与“泡利不相容”

容作为“基础概念”，与阴阳五行都能融合造字，形成新的形声会意字：

镕：同“熔”。

榕：榕属，又称无花果属。榕树；福建福州的别称。

溶：溶化、溶解。

熔：熔化。

峪：山间平地。

熔模铸造是金属成形的精密铸造技术。

火之容，是熔点；水之容，是溶解、溶质，溶液、溶血、溶源。

溶解是指两种以上的物质混合成为一个状态的均匀相的过程。饱和的液体中不能再容纳更多的溶质；而不相溶的液体即使放在同一个容器中，也会分层。

在特定的温度下，物质会液化；而不同的液体之间有融为一体的可能性。能够“融为一体”不等于对原物质的同化。

量子力学的基础原理“泡利不相容”，说的是在费米子组成的系统中，不能有两个或两个以上粒子处于完全相同的状态。考虑到电子等基本粒子都是费米子，这个原理可以解释为什么有元素周期表，以及元素周期表中这些元素的外层电子的排列。并得出一个通俗的结论：科学上的“不容”，使得人类到目前为止能观察到的世界呈现出“丰富多彩”的特点，这都是“不一致”带来的结果。类似地，生物学上的“生殖隔离”，也是自然系统对于“物种”多样性的保护机制。

兼容的方向性与系统的容错率

信息技术中的容是“兼容”与“容错”。兼容指信息设备硬件之间、软件之间、软件和硬件之间能互相配合的程度。

兼容具有方向性。向上兼容又称向前兼容，指旧系统环境中编写的程序可以在新的较高的系统中运行。向下兼容又称向后兼容，指旧版本的程序在新系统环境中依然可以正常运行。

兼容这个网络容器的概念，也被运用到社会容器中。人际交往的向上兼容，指一个人努力去更高层次的社交范围进行活动，希望能够融入高版本的圈层容器。而人际交往的向下兼容，则带有由上而下的精神色彩，从褒义者的角度来看，被称为“谦逊平和”“悲天悯人”，从贬义者的角度来看，则被形容成“求名利”“割韭菜”。法国自然主义小说家爱弥尔·左拉的小说《陪衬人》，讲述的是一位非常有商业头脑的实业家招募了一些丑女作为商品，出租给相貌平庸才华有限的贵妇人，用以衬托后者的美貌与机智，帮助那些姿容无可称道的贵妇们更轻易地获得男性的爱慕。

兼容本身说明组件之间的不完全匹配性。而容错率就是指一个不能总是完全匹配的系统中允许错误出现的范围和概率。

容错率是多人在线战术竞技场游戏（MOBA 游戏，如《王者荣耀》）中常常出现的术语。游戏中的容错率是指一个团队里容纳队友和自己出错而不导致团灭的概率。具体而言，战术制定得越精细，操作要求的精准性越高，出错后造成的偏差就越大，容错率就越低。

二维码也具有容错功能，当二维码图片被遮挡一部分后，仍然可以被扫描出来。二维码的容错率越高，则其被遮挡后仍能被扫描出来的概率越高。

从这一角度来说，汉语言是一种容错率较高的语言，比如这句话："汉字的序顺并不一定能影阅响读。"这句话字序混乱，但并不影响理解，因为大脑会自动地对看到的内容按记忆中的顺序进行"脑补"和加工，这种潜意识的行为提升了文字识别中的容错率。

有容乃大与并行不悖

东方哲学谈到"容"，往往说的是把他者纳入"自我"范畴。比如，亲亲相隐，是把亲属当成自己的一部分考虑，把"我"扩容为家庭，把家庭扩容为天下。

西方哲学中，他者是自己之外的存在。"我"和"他者"与周围环境共同处于时、空的容器之中。

这两者的核心区别在于把"我"置于什么样的叙事角度。日本设计大师黑川雅之在《设计修辞法》中解释说，东方文化是农耕民族特征，个人和自然之间没有明显的界线，没有形成过排他的"一神论"崇拜，万物生灵与自己都是天地的一部分，进而"自我"的概念并不明晰。与之相对，西方的墙壁意识则是单位化的思想，通过墙壁严格区分自己与他人、人类与自然、自我与神明。

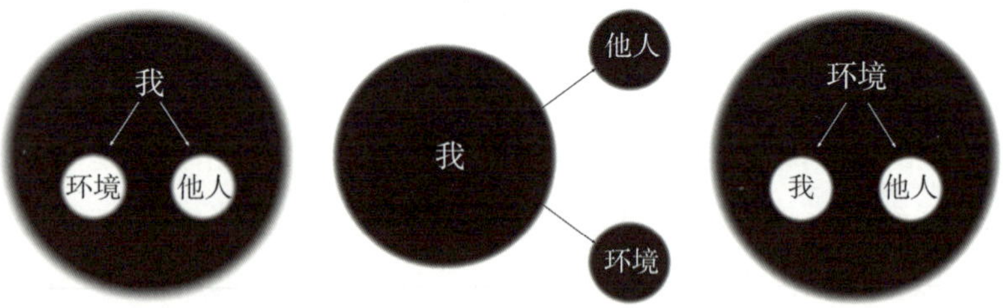

中华传统哲学中，环境与他人在“我”心中

西方哲学中，环境和他人在“我”之外，与我并列“存在”

日本哲学中，我和他人并列融于环境之中

这种思维方式体现在生活和语言的细节上。比如，中式是围餐，西式是分餐。在语言的代词使用上，汉语言只分我这边和你那边。“我”和“你”之间的关系，要么是“我们”，要么是“我和你”。印欧语系有三种方位，我这边、你那边与我们共同的远方。

在早期，希腊人心目中把“自己”放到了跟神对等的位置。在特洛伊战争中，神来参战，也只是人类大军中的一员。

对东方文化而言，《道德经》中说：“知常容，容乃公，公乃全，全乃天，天乃道，道乃久，没身不殆。”知恒常就能包容万物，就能把天地万物都变成一个内循环系统。在这个“大同”的系统中，才进一步强调“同则不继”，即不能简单地同质化、格式化。例如：

“有容，德乃大”（《尚书·周书·君陈》）。

“万物并育而不相害。道并行而不相悖”（《中庸》）。

生物容纳量与时空容器观

时间、空间都是容器，容器这种微宇宙会在某个层面形成大小形态各异的、封闭的生态系统，不同的生态系统有不同的容纳量。

容纳量最初是一个生物学概念，指某一特定环境或地段能够养育一种或多种动物度过一年中最不利时期的最大数量。因为各个物种对食物、隐蔽场所和群居生活的需要各不相同，还因为来自具有同样需求的其他物种的竞争，同一环境对不同物种的容纳量亦各不同。

自然是一个微宇宙，社会是一个人工微宇宙，或者说一个人工生态系统。例如，有人把高等院校当作生态系统进行研究，课程是学生的食物，课程结构就是食物结构，教师、学生、社会通过课程形成生态链条，实现生态循环。

在哲学家的眼中，时间与空间是对等的容器。人、事、物不仅可以以空间为容器来谈容纳量，同样可以以时间为容器来谈存在和容纳问题。

挪威学者托利弗·伯曼在《希伯来与希腊思想比较》中指出，“对希腊人来说，空间如同一个巨大的容器，它能贮藏一切事物并对其归类、集中”，“对希伯来人来说，时间也起着相似的作用。他们的意识像一个容器，从最早的童年开始的整个生命、所经历或听说的事件都保存在时间这个容器里”。

希腊人把现实描写为“存在”，希伯来人把现实描写为“运动”。希伯来人的思考方式是时间式的，希伯来语中类似“永恒”的词都是时间性的，比如，ôlam 意为“无尽的时间”，这个“无尽”既可以用在古老的史前时间，也可以用在无尽的未来时间；“无尽”不是没有尽头，仅仅指对人而言，看不到边界的意思。虽然对于人生容器的理解不同，但两种思维方式都非常重视意识容器的连贯性、包容性与兼容性。

对希腊人来说，“非存在”是不存在（ist），却具有某种实存

(existenz)，即非存在也是一种实存。说某物是非存在，是对其存在的否定，然而从一种否定中不能推断出肯定来。比如，某物不大，不等于说它小，它可能不大不小。某物是非存在的，不等于说它不具有实存，而是说它不具有真正的存在的实存。比方说，有一种感觉，叫错觉；还有一种感觉，叫幻觉。

在希伯来语中，真实的存在叫“言词”（dabhar），它涵盖了所有的希伯来语中的事实、实物。非存在，叫“非言”（lo dabhar）。非言在希伯来语中，同样对应实存意义，比方说，谎言、幻影、错觉、妄想。

哈利·波特是伏地魔的一部分灵魂的容器（书中称为“魂器”），作者罗琳还给这个概念创造了一个单词——horcrux。目前这个词还没有被收录进权威英语词典。但灵魂容器这种概念，被游戏设计者广泛接纳，如《魔兽世界》《暗黑破坏神》中都有不同类型的魂器；日本神话中，名剑“天丛云”以八岐大蛇的身体为容器，藏在后者的尾巴里。

容器内的生态系统对应融合，而融合本身又对应分解。分解有可能是完全的分开，如化学反应；也有可能是变形重组，如独角兽。世界各地都有关于独角兽、人鱼形象的故事流传下来，到目前为止，深入人心的形象，都来源于虚构，是多种动物的融合化形。

希伯来人的思考方式是时间式的，希腊人的思考方式是空间式的。无独有偶，《山海经》作者的思考方式是空间地理视角，《史记》作者的思考方式是时间人物视角。不同的作者对于容器、融合、分解的思考方式和视角是不同的。

容，是容纳的意思，是表达一种“存在”的状态的词汇。容纳的状态，延伸出“容纳”“容忍”的动作，再进一步有了一方对另一方的容许、融合的态度。

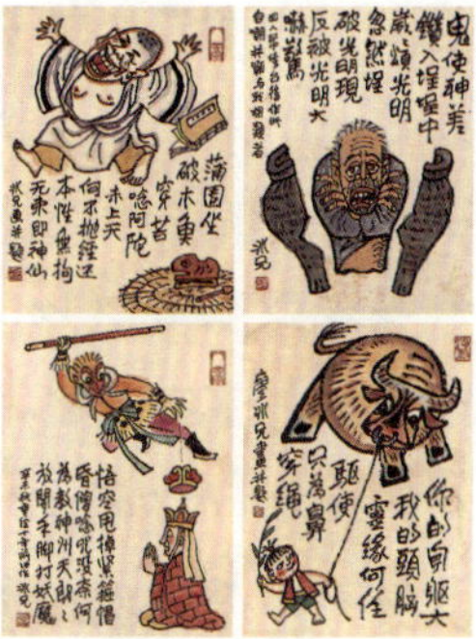

廖冰兄漫画《自嘲》又名《破埕》，20 余年间画了多次，对“容器”的感受经历了三个阶段

亚相容逻辑与宇称不守恒

从逻辑学的定义来说，相容，是两个概念的外延至少有一部分存在重合；而不相容就是两个概念的外延没有任何一部分存在重合。相容意味着同一关系、包含关系和交叉关系。

经典逻辑的四大基本规律之一是矛盾律，即两个互相矛盾的命题不能同时为真，必有一假。1963 年，巴西学者达·科斯塔在前人研究的基础上，提出了亚相容逻辑，又称次协调逻辑。亚相容逻辑是指当演算中出现矛盾的时候，把矛盾或悖论当作事实接受下来，再寻求“相容”的逻辑学理论。哲学家维特根斯坦曾说过，把矛盾视为鬼怪也是偏见和迷信，有一天，当包含矛盾的数学演算出现的时候，人们才能把自己从协调性的偏见与束缚中解放出来。

物理学家杨振宁与李振道凭借理论推导的“宇称不守恒定

律”获得了1957年的诺贝尔物理学奖。所谓“宇称不守恒”，就是互为镜像的物质的运动不对称，是事物对称性破缺的一种情况。数学推演中有个概念叫“手性”，即一个物体出现了不能与其镜像重合的情况。比如，一个人的左手倒映在镜中，成为右手的样子，但是镜中的右手与现实的左手竟然不能重合。1988年的诺贝尔物理学奖获得者利昂·莱德曼（Leon M. Lederman）整理的一本书信集《上帝粒子：假如宇宙是答案，究竟什么是问题?》（*The God Particle: If the Universe Is the Answer, What Is the Question?*）中提到，著名物理学家泡利曾说：上帝是个左撇子。泡利用上帝的左右手可能也存在对称性破缺来感叹“宇称不守恒”所反映的物理规律，超越了人类过往对世界的理解和想象。一直以来，人们“想象”的事物的对称性变成了“矛盾”的存在，如此一来，造物之主的双手也有可能是亚相容的存在。

这个理论颠覆了到目前为止神学、美学、哲学所褒扬的一切关于“对称”、“美”的基准。2022年初，欧洲核子中心采访了理论物理学家威顿（Witten），威顿认为突破现有科技天花板的关键在于：是时候摒弃一些固有的对世界的“想象”。

人类抛弃了天圆地方，自我是宇宙中心，才发现了宇宙的“存在”。而我们现在认为的世界的对称性，数学中的常数，没有矛盾的演算，可能都只是将自身对于“存在”、“美”的追求附加在了对世界的理解上。不放弃“绝对相容”与“对称美”，这些看似本能的想象和认知，就很难再探索更大的宇宙。

（安代、文景，暨南大学文本实验室研究员）

陶冶

下编

淘词炼金术与汉语魔法

一根芦苇一旦被放进某个场域，关于“芦苇”本身的解释权就不在自己了，尽管它是一根“会思考的芦苇”，是一根“会表达的芦苇”。

词义句意背后的宇宙观

语言是意识的反映。我们内心的想法不外显，过去的事实不重现，必须依靠语言来记录文明，构建交流，完成传播。

今天地球上拥有文字的国家和地区，几乎都以单一的语言体系来记录历史和书写官方文件。但是同一地区的同一种语言在不同的历史时期，会发生变化；不同地区的不同的语言在同一时期也要依靠翻译。假如世界上的事与物，如哲学家和物理学家所言有“排他的性质”和“唯一的真实”，那么语言只记录一半的事实，另一半的事实，要依靠“阅读理解”，如翻译、训诂。但就如法学家和艺术家往往都相信，一份文件、一个作品被创造出来之后，它本身就具有了意义，而这些“意义”已经不是创造者单方面说了算的。

“元语言”被创造出来的时候，可能并没有我们想象中那么多的意义。因为今天我们看到的很多内涵是后世不断叠加赋值的结果。每一个时代的人，通过对语言词汇的再创造和再赋值，把同代人的生活串成一个“法则”，给后世留下一些“数据留痕”。

淘词计划想给汉语言的文、字、词、句找到它们在时间和空间中的位置，通过“留痕”，探寻从一个“法则”到另一个“法则”之间的规律。淘词系列不是关于语言学的讨论，也不是关于哲学的探索，而是关于交流和传播的思考。通过语言，通过符号，借助表情，透过观点，对齐“想法”。我们想“淘”的不是宏大的终极的“共同愿景”，而是此时此地、共时共在的“共同场景”。

淘词系列从每个人每天都会接触到的“商业社会”的场景和现象入手，寻找汉语言词汇在时间这个纵轴上的传承与变迁，梳理同时期的汉语言概念在空间这个横轴上的共性与差异，尝试“对齐”不同时间与同一时间不同地域的人之间的想法。在承认“不同”和“变化”的基础上，找到“共识”的源代码。寻找“共同场景”是在有限的时空切面上，用语言对齐想法。

语言是交流的工具，是沟通的支点，透过语言，看清别人的同时，重新认识了自己。世界上不同的语言背后是不同的世界观与人生观。在思维的地图上，一种语言是一个点，另一种语言是另一个点，两点能连成一条线，三点能确定一个面，点越多，立面就越具体，越细致。但就如同面部扫描，并非要把所有的点都点上才能完成扫描，因为我们的目标是透过立面，借助立面上的其他点，更好地认识自己的语言，在不断迭代更新的社会场景中优化它的兼容性和延展性。

如果上编的“淘词”部分都是一些纬线，那么下编的“陶冶”部分就是一些经线。我们一直在讲“和而不同”“悦纳宽容”，不同究竟在哪里？我们到底要宽容什么？我们将如何去宽容？

主体动作文本和场景存在文本背后的中西思维差异

人思考的时候大脑中流过的也是语言，所以人设定语言，同时语言也塑造人的想法。

有时候不同的语言可以有共通性，比方说，在梵蒂冈的官方文件中教皇的其中一个代称是 Sedes，sedes 在拉丁语中是座位的意思，首字母大写就特指教宗的宝座，用教皇的椅子代指他本人。汉语言中也有类似的表达，如“局座”“师座”“军座”，下位者用上位者的座位来代指后者，是一种下位者视觉的敬语。再比方说，一些拉丁语的谚语和比喻：uno flatu（直译：同呼吸），意思是在同一个句子中。Instar aquae tempus（直译：时间是水的样子），意思是时光如水，不舍昼夜。Inest clementia forti，意思是怜悯属于强者。汉语和拉丁语都可以用 mala merx（直译：劣等商品）来骂人——贱货。

但是，在另一些时候，语言之间会有差别。

欧洲的君王和教皇在一些正式的讲话中，自称是用复数，譬如，英女王所说的 We，不是指“我们大家”，而是特指她本人。这种复数叫“尊位复数”，源于旧时的欧洲的国王认为君权神授，自己是上帝的代理人，替上帝管理俗世的业务。这个 We 是“我们”，“我们”是“上帝和我”的意思。

华夏民族的封建君主，自称是寡人、孤、朕，强调的是君王本人虽然也是一个“人类”，但和其他的人相比，具有“独一无二”的性质，是一种单数的存在。

称谓的背后，反映的是世界观的差异。华夏民族认为万物皆有关联，语言叙述常常以“主体”视觉进行讲述，因为我们“默认”主体与其他事物之间天然存在联系。有主体，有客体，有主体和客体之间的关系，就自然构成了一个场景。对于西方早期的世界观来说，万物天然没有联系，你是你，我是我，神是神。因此，语言的叙述往往是从“场景”入手的，说话人尝试以语言为工具，在主体和客体之间搭建起相应的联系。

就像我们在上编“容”字部分所展示的三张图：在华夏传统哲学中，环境与他人在“我”心中；在西方哲学中，环境和他人在“我”之外，与我并列“存在”；在日本哲学中，我和他人并列融于环境之中。

这样的思考方式投射在语言中，同样都是相信天和人和权力有关系，西方的君王在称谓中会强调“我与神一起”的关系，而华夏的封建君主会认为这种关系是既定的事实，不需要再用语言来强化，反而因为万物皆有关联，更需要强调的是“本王”在众人之中的独一无二性。

国学大师钱穆曾说：“天人合一”是华夏民族的宇宙观。中国文化过去最大的贡献，在于对天人关系的研究以及创建了将两者和合为一的古典哲学精神。

华夏文明来源的传说有“伏羲造字说”，有“伏羲造八卦说”。从今天的考古学来看，八卦起源的时间可能晚于汉字的出现。但是世界汉语教学专家、北京师范大学陈绂教授认为，《周易》文本中提到的伏羲“仰则观象于天，俯则观法于地……近取诸身，远取诸物，于是始作八卦，以通神明之德，以类万物之情”，这个文本中提到的操作方法和背后的思维方式，确实也体现了汉字造字的基本原理。譬如，王，三横代表天、地、人，中间一竖，打通了三界的关系，所以人间的君主是纵贯天、地、人三才社会的人物。

《周易》的基本符号称为“爻”，爻字从字形上就能看出，讲的是事物的“交点”，表述的是万物之间的关系。《易经》的六十四卦对应的是六十四个场景，譬如师卦讲战争场景；蒙卦讲求学场景。乾卦的爻辞：

初九，潜龙勿用。

九二，见龙在田，利见大人。

九三，君子终日乾乾，夕惕若厉，无咎。

九四，或跃在渊，无咎。

九五，飞龙在天，利见大人。

上九，亢龙有悔。

抛开爻辞具体的含义，从文本的角度来看，《乾》卦这个场景是以“龙”为主体进行论述的。事实上，《易经》虽然是讲“场景”的，但六十四卦的卦爻辞基本都是“主体视觉的主动动作型”文本。

《易经·序卦传》中说：“有天地，然后有万物；有万物，然后有男女，有男女，然后有夫妇；有夫妇，然后有父子；有父子，然后有君臣；有君臣，然后有上下……”论述了天地是万物的根源，有天地有万物，有万物就有自然的秩序和人间的伦理。从根源上为天地万物建立起联系。在这种观点下，“天”虽然不是社会规范秩序的创立者，但其作为一切的开端，“天”与人类社会秩序有着密切的关联性。人和自然之间不是主体和客体的关系，而是一个和谐统一的联动系统。

《四库全书》的总目中有：“《易》之为书，推天道以明人事者也。”易道广大，无所不包，皆可援《易》以为说，“夫六十四卦大象皆有‘君子以’字，其爻象则多戒占者，圣人之情，见乎词矣”。意思是说，《周易》六十四卦的大象辞中都有“君子以”这样的字样，所以这六十四条多数是用来约束人的行为的。而这也是“圣人”创造这套系统的核心精神所在，用以阐释天地人三才社会的运行规律与伦理秩序，它被创造出来的时候就意味着人与人，人与自然场景之间的关系的确立。

“近取诸身，远取诸物。”最后，被文字、文本“取”到的，都是一个“主体”，又因为古人认为“万物皆有联系”并创建了一套“关联理论”，那么有了一个主体，就会有一段关系，或者许多段关系，这个主体和其他客体的关系，就构成了一个以主体为主角的场景。神在心头坐，主体存在，神就存在，主体和神之间的关系是既定的，而主客体及主客体之间的这段关系，已经构成了一个场景。

这样的宇宙观投射到语言上：

山上有一座庙。

Temple in monte est. 拉丁语直译：一座庙（现在）存在，于山上。

很久以前有一个女王。

Regina olim erat. 拉丁语直译：一位女王（曾经）存在，于很久以前。

汉语的“有”不仅表示“是”，也表示“拥有”。汉语的叙事方式，把山这个空间与庙，把很久以前这个时间与女王之间关联了起来。很久以前有一个女王，说话人把女王放进了一段时间里，这段时间“拥有”一个女王；山上有一座庙，说话人把庙放进了一个空间里，这个空间“拥有”一座庙。这种叙事思路的背后，主体是时间、空间，它们跟女王、庙发生了联系，这是从主体视觉看主体行为，进而构成对场景的描述。

拉丁语的表述，主体是“庙”“女王”，“山”和“很久以前”是状语，即使去掉，句子依然完整。尤其是“一位女王曾经存在”，由于动词使用的是未完成时，表达“过去某段时间一直存在”的概念，所以即使没有时间状语，这个句子的含义也不会变化。这句话是从场景视觉看人的状态，进而构成对某个宏大场景下的人（或物）的行为的理解。从泛义上讲，存在本身也是一种行为。

在印欧语系的文本中，常常出现的是从场景看场景，从场景看主体。场景和场景，场景与里面的人或物，先天没有联系。说话人常常以语言为工具去尝试构建这种联系。

汉语言：主体——段（或多段）关系—场景

印欧语言：场景—场景，场景—主体

用现代语言翻译之后，这些文本表达的意思听起来差别不大，但表述背后的宇宙时空观是完全不同的。

在成段的描述中，汉语讲究“神和”，因为表述背后的逻辑基础是万物有联系，不强调使用“顺接连词”，如英语中的 then，拉丁语中的 etiam，翻译成汉语可以是“然后”“接着”“又”，这些连词在汉语中，常常没有实际的意义，甚至可有可无，汉语的“分句”之间是可以独立存在的。而印欧语言，甚至闪族语言（阿拉伯语、希伯来语等），因为相信万物天生是独立而没有关联的，所以行文讲究“形和”，即句子和句子之间大量使用顺接连词，甚至一些没有特定关联性的分句之间，也会被加上连接词，因为说话人必须要用“人为方式”（语言）才能构建起句子与句子，事物与事物，天地场景与众人之间的联系。

著名语言学家沈家煊的《从语言看中西方的范畴观》从语言背后的思维差异来研究语言表达特点，指出英语的 being 表达的是恒在，而汉语的“有”表达的是“变在”。中国哲学界普遍认同西方重“是”而中国重“有”的观点。华夏民族对于“恒久”的“是和不是”根本不在意，因为事物天然存在，有什么好说的？

从伏羲八卦图到儒家和道家的太极图，我们可以看到：

华夏民族强调的是：甲乙天然有联系；

西方哲学强调的是：甲乙本来就是甲乙。

华夏文化中的甲乙可以是乾坤、阴阳、男女，直至万物。华夏哲学相信万物生生不息，是个互相关联的、有秩序的、调和的循环系统。而西方从古希腊古罗马的英雄史诗到中世纪的宗教教义，每个人都是圆桌英雄，每个人，哪怕父与子，在上帝面前都是平等的个体，我是我，你是你，神是神。

这种世界观反映到文本表述中就体现为，汉语言的表述不会特意强调“拥有”“包含”，因为甲一旦存在，就意味着乙的诞生，甲乙之间的关系也就顺势而生，有事物，有关联，一个共同场景已经应运而生。当甲出现的时候，即便不刻意提出，乙也已经存在。譬如，有灯，就有灯下黑。又譬如，顺治皇帝在顺治十三年（1656年）内府刊印的《御注道德经》中提到了“宠辱”之间的关系，说“宠辱原非两物，宠为辱先，故下之”，有了争宠的心，受辱的情况也就出现了。

拉丁文中，“拥有”有三种表达形式，这三种形式建立起来的“关系”在紧密性上是递进的：

Domino est liber. To the master there is a book.（强调东西存在，即有一本书存在，对某人而言。）

Dominus librum habet. The master has a book.（物主关系和东西存在两个概念并重。）

Liber est domini. The book is the master's.（强调“拥有”，即书是主人的。）

对印欧语言来说，甲乙天然没有联系，要建立一种关系，是需要明确地界定这种关系的性质的。

主体动作型的语言除了汉语，也包括英语。

川端康成的《雪国》，开篇第一句话是：国境の長いトンネ

ルを抜けると雪国であった。中译本（2022 年南海出版公司）的其中一个翻译是：穿过县界长长的隧道，就是雪国。日本文化研究家、翻译家，长年旅居日本的美国人爱德华·乔治·赛登施蒂克（Edward George Seidensticker）翻译的版本是：The train came out of the long tunnel into the snow country。抛开中文翻译的意译区别，英文译本甚至改变了这个句子的主体，日文原文的主体是"雪国"，是雪国存在于某个地方，英文译本的主体是"火车"，火车开进了雪国。英文的译本看似没有"尊重"原著，但实际上符合了英文母语者的思维习惯。

日文是场景描述型的语言，而英文是主体动作型的语言。日本的读者习惯从场景入手了解事物，英语母语的读者习惯从事物入手了解场景。两句话"形似"不同，但"神似"能让读者的认识趋同。所以，翻译界甚至有人说，如果没有借助赛登施蒂克的翻译走向世界，川端康成可能不会在 1968 年成为第一位获得诺贝尔文学奖的日本作家。

尽管英语是从印欧语系进化而来，但现代英语的屈折语的特征与场景式的行文方式已经越来越弱，它在某些特征上，已经与汉语的表述和思考问题的方式越来越相似。

汉语—英语—屈折语

用汉语指示方向，我们会说"你向左转就能看到地铁站"，英语会说"You will find the station on the left"（直译：你将看到车站在左边），这两种都是主体视觉的动作型文本。如果是日本人，他会说"左が曲がると駅があります"（直译：有一个车站存在，于左拐后），这是场景视觉的表述，主体是"车站存在于某地"。

虽然现代英语起源于拉丁语，经中古法语、中古英语的衍变后，固定为现在的样子，但是当代英语表述已经向着汉语言的叙事方向靠拢，或者说在互联网影响下，世界主流语言有趋同的倾向。英语依然有大量的There be 句型（场景存在型句式），但是就像小说《雪国》的英文翻译，当代英语的作者和读者都倾向于用主体行为方式来构建文本，进而理解场景：火车穿过长长的隧道，开进雪国。

是什么造成了这样的“改变”或者“进化”？

“以人为本的哲学观”“买家至上的消费者体验”“与陌生人共享资源的商业平台”以及“我的微博评论我做主的社交形式”带来的新的思维方式，正在改变着我们的文本和文本背后的叙事理念。

从叙事视觉的变化看人文主义和现代商业价值观

在美国学习汉语言，老师常常会跟学生说：在你真的精通这门语言之前，跟人说话能用“把字句”的时候就不要用“被字句”。因为当代社交汉语中，被动句常常带有“遭受”的意味。

所谓的主动和被动，本质是从动词主语的视觉来区分的，而且一旦主语转化为被动视觉，主语就变成了动作的承受者。

日语有一种独特的语法叫受身用法。它的表现形式是“被动”。比方说：

今日は雨に降られました（直译：今天我被雨落了——雨把我淋湿了）。

友達に死なれました(直译：我被朋友死了——朋友去世了，我很难过)。

昨晚、赤ん坊に泣かれました。（直译：昨晚我被婴儿哭

了——昨晚婴儿把我哭醒了）

在这些例子中，雨落下、朋友死亡、婴儿哭泣，从“我”这个叙事视觉来说，是被动遭受了一件事，但是这些动作本身并没有直接作用到“我”身上，或者说动作的发出者“无意识地”做了这些动作。那么“我”能正面说这些事吗？正面描述如同括号中汉语的意译，叙事的主体就转到了动作的发出者身上，这些动作似乎就变成了“有意”为之，而“我”作为结果的承受者，就有了“遭受”的感觉。体会上面汉语直译和意译的区别：昨晚婴儿把我哭醒了，跟“昨晚我被婴儿哭了”，前者主观地关联了我和他者动作之间的关系，不是中性地描述我与这件事之间的客观联系，带有一定的“贬义”（遭受）色彩，听起来有责怪对方的意味，有抱怨的倾向。日语的原文，我醒了是我自己的事，虽然是因为听到了婴儿哭，所以我才醒的，但我没说我睡不着这事跟婴儿哭有关系。朋友去世了，我很难过。这是我个人的情绪，去世的朋友没有责任。

主体视觉的变化，是叙事方位上的差别，同样是感受上的区别：

主动发生的事：自发的，主动的，自然发生的；

被动发生的事：降临的，临在的，意外遭受的。

再举一个例子。在日语中，除了正常的被动句和受身用法外，敬语的其中一种表达方式也是被动。这时候的被动体现的是“临在”“降临”，说话人以下位者的视觉来描述上位者做了一个动作，产生了一个结果。这个动作不是“我”作为下位者能预料、能决定、能影响的，但是事情照样发生了。所以它是“被动”的，与我的主观情绪无关。

无独有偶。Andrew Keller 所著，耶鲁大学出版社出版的 *Learn to Read Latin* 这本书中提到：在拉丁语中除了主动和被动之外，有第三种语态的动词，被称为异态动词（deponent verbs）。在曾经的原始印欧语系中，只有主动和中间语态（既不是主动也不是被动，语法效果类似于日语受身用法），没有被动语态。随着印欧语言的“进化”，被动语态产生并替代了中间语态。中间语态的动词就转型为异态动词。异态动词依然保持着被动的姿态，但是表达主动的含义。因为在今天，它原本所想表达的“语法效果”在实际的语言应用场景中已经消失了。读者会“主动”地把它们理解为“主动”的含义。举个异态动词的例子：死（mori），在古人看来，“死”是一个人亲自发出的动作，但是死亡是“被降临”的，不是主体能决定的事。害怕、等待、出发、制造（变成），在拉丁语中相当大一部分常用动词，都有一个由中间语态“进化”而来的异态动词。

这就是我们前文所说的，在一些语言刚刚诞生的时候，它们更倾向于“场景式”的叙述，对于身处场景中的主体，时常“遭遇”的都是这种虽然“我”觉得跟我有关系，但语言创造者认为没有关系的动作。而“我”只能通过语言这种工具，在我和场景、和场景中的其他人或事之间建立起联系。比方说，《伊利亚特》在描述特洛伊被攻陷的时候会说：

王宫的大殿被杂音和哭喊声混杂了。（杂音和哭喊声是“无意识地”造成了某个事实，所以在古罗马人看来，不能改成主动）

杂音和哭喊声充斥着王宫的大殿。

王宫的大殿充斥着杂音和哭喊声。

第一种，就是场景视觉文本，而第二、第三种，是汉语常用的主体动作文本。跟“山上有一座庙”和“一座庙存在于山上”是异曲同工的。汉语言不区分动作的行为是有意识的还是无意识的。前者是通过对场景的描述来进入事物状态，而后者通过主体行为来描述场景。

为什么会发生这样的变化？是因为我们的思想在变化。

中世纪以前，一个人想找到一个困惑他的问题的答案，如果他是一个东方人，他会去翻阅六经，看看孔子、孟子、老子是怎么说的；如果他是一个西方人，他会去翻阅《圣经》《古兰经》，看看神明是怎么说的，然后再在这些“经典”的基础上进行推衍，找到自己的答案；文艺复兴之后，一个人想找到“真理”，他可能会去看牛顿、罗素、笛卡尔是怎么说的，然后他会去做实验，验证自己的想法。当下，如果我想知道一件事，我会去搜索引擎，看微博、豆瓣、抖音，看百度百科、看留言评论，甚至看看直播弹幕。社交网站、商业平台乃至整个商业社会不断向我强调的都是“体验感”，数据算法为我提供的都是让我“赏心悦目”的答案，看不惯的结论，不喜欢的事动动手指“划掉”就可以了，它下次出现的概率也会因为我这一次的主动行为（划掉）而减小。心理学家会告诉我，要注重自我感受，要维护好自己的边界，凡事多从别人身上找原因，这样才不会抑郁（抑郁的其中一个重要表现就是主体超正常的过度自责），自我感受才是判断行为的标准。

这是一种从意识层面消除“不快”的体验模式。美国精神病学专家杰瑞姆·布莱克曼在《心灵的面具：101 种心理防御》中把不愉快的个人体验分成三类：焦虑、抑郁和愤怒。焦虑是由不愉快的体验加上对可怕事件的猜想构成的；抑郁是不愉快的体验加上对可怕事件的看法构成的；愤怒是由不愉快的体验加上想毁灭某人或某事的想法构成的。

以色列学者尤瓦尔·赫拉利在《未来简史：从智人到神人》中把当代人文主义概括为五条：

人文政治：选民能做出最好的选择；

人文经济：顾客永远是对的；

人文美学：看的人觉得美，就是美；

人文伦理：感觉对了，就做吧；

人文教育：为自己想。

这五条总结起来就是“我的世界我做主”，并暗示“我”会借此获得“更好的”个人体验，而产生的结果是主体（即“我”）和我的行为就变成了“宇宙的中心”。这种思维方式潜移默化地进入语言文本，主体动作型（从陈述行为到描述感受）文本也就越来越多。强调主体感受的表述，不是主动就是被动，不是开心就是难过，不是自豪就是忏悔，所以原始印欧语系的中间语态就退出了历史舞台。而日语中保留的受身用法，或许可以从一些民族精神性上找到解释。日本的国花是樱花，樱花是众多花瓣堆簇而成的花，但是花期很短且花瓣极易散开落下。日本民族既强调“和合”的集体感，同时强调个体分立、互相不打扰的生存状态。所以当日本人在描述自我感受的时候，依然会使用“虽然我被你怎么样了，但是我没说这跟你有关，我就是客观陈述一下：我被婴儿哭了，睡不着是我自己的事”这样的表述方式。

日本设计大师黑川雅之说，日本的民族精神之一是：並ぶ（并）。人与人，建筑与建筑，神与神之间都是“並”（并）列有“間”（间，隔）的关系。日本连宗教信仰都是以“并列”形式存在的。日本的“七福神”始于安士桃山时代。这个时代织田信长与丰臣秀吉先后称霸日本，在群雄并起兵祸连年的时代，日本人民急需主持人间福德的“神”，七福神就在这样的背景下应景而生，但跟世界其他宗教相比，它是一个混搭的组合：通常是由印度教的大黑天、毗沙门天，中国佛教的弥勒佛，中国道教的福禄寿神，及日本本土神惠比寿并列而成的神佛混合体。

上面第二个受身用法中还有一个小细节。友達に死なれました（朋友去世了，我很难过），假如汉语意译的那个意思从一个日本人的嘴里说出来，选词通常不会是“难过”，而是“寂寞”（寂しい）。我们常常在日本电视剧中听到：×××离开了，（你）很寂寞吧？（寂しいですね）。这从侧面反映了日本人重视关系之间的距离，讲究“并列有间”的秩序，但并不视“万物间的联系”为理所当然，他们同样希望跟他人建立“关系”，用语言构建他们自以为的“客观联系”，同时会因为关系的消失而“遭受”变成了“单数”的“寂寞”。

如同前文提到，古罗马的《伊利亚特》、中世纪的骑士文学中的语句，甚至整个叙事，大多是以场景为主体的叙事文本，主角在宏大的场景中完成英雄/悲剧叙事。但是到了19世纪末20世纪初，工业革命、自由贸易、商族商业与人文主义的兴起，给以古希腊为代表的西方哲学世界观注入了新的元素，带来了新的思考。比方说，同样是骑士英雄文学，语言文本文风已经有了一些改变。英国维多利亚时代诗人阿尔弗雷德·丁尼生（Alfredlord Tennyson）的名诗《亚瑟王之死》中有这么一段：

> And I, the last, go forth companionless,
> And the days darken round me, and the year,
> Among new men, strange faces, other minds.

亚瑟王与图谋篡位的逆子莫德雷德（Mordred）决战，受了致命的伤，撤退到一个小教堂，知道自己快死了，就让“斟酒人”伯畏将军（Sir Bedivere）把他从神仙那里得到的王者之剑扔进湖中还给神仙。神仙回收了宝剑，派人来接亚瑟王去传说中的圣地阿瓦隆（Avalon），伯畏就说了上面这段话：主人！如今圆桌散尽，只剩我一人，独行在生人和敌人之间。

现代文本讲究用“个人视觉”讲“个人感受”，《百年孤独》开篇第一句话就是典型的主体动作型描述：许多年后，面对行刑队，奥里尔的阿诺布恩迪亚上校会回忆起父亲带他去看冰的那个遥远的下午（Many years later as he faced the firing squad，Colonel Aureliano Buendía was to remember that distant afternoon when his father took him to discover ice）。陈忠实的《白鹿原》开篇第一句：白嘉轩后来最引以为豪壮的是一生里娶过七房女人。对于《百年孤独》代表的文学风格，连莫言都感慨：原来小说还可以这么写。

2022年大半个中国的小学生都唱过的《孤勇者》，其歌词是非常典型的主体动作体验型文本：

爱你孤身走暗巷，爱你不跪的模样
爱你对峙过绝望，不肯哭一场
爱你破烂的衣裳，却敢堵命运的枪
爱你和我那么像，缺口都一样

《孤勇者》是《英雄联盟》网游改编的动画《双城之战》的中文主题曲，而《双城之战》本身讲的“英雄故事”也不是史诗性质的场景故事，它是在宏大的场景下以主体感受为线索，讲了一些小人物命运变迁的故事。

我们在上编“代”字部分提到，当代商业的一个重要理念是：“共享”。共享的本质是不强调永久的拥有权，而是注重当下的使用权。“共享”概念覆盖的不仅是物品，也包括“关系”。美团外卖、网约车、闲鱼、大众点评……在这些商业平台上，每个人都可以既是共享商品的提供者，同时又是共享服务的接受者。抖音、快手、微博、豆瓣，每个用户同时既是内容的消费者又是内容的生产者。全民都是陌生人，在“相信陌生人”的巨大的代工网络中，应运而生的文本形式是“共享文本”。共享文本包括评论、留言、弹幕，直播带货，直播吃饭睡觉打游戏。这些文本构成了跟陌生人在某个共同场景下的交流，而交流的内容往往是各自从“我”这个主体的行为和主观感受出发的。比方说，带货文本最经典的“买买买”（或“买它”），日语翻译是：買え買え買え，这是个命令式，意思是我让你买它。以前习惯用这种口气说话的是“上帝”和“凯撒”，譬如在著名的宗教文本《创世纪》中有一句广为流传的名言，它其实是个命令式：

> Dixit Deus：Fiat lux.
>
> God said，Let there be light.

上帝说：要有光。

所以，如果伯畏将军活到今天，他应该不会发出上面的哀叹，因为只要打开手机，便只有“共享”，没有“陌生”，只有相对的“共同在场”，没有绝对的“永恒存在”。

迷宫文化和太极文化

迷宫（labyrinth）是一种古老的意象，这些看似有规律，又没有规律的缠绕的曲线、螺旋的样式在自然界普遍可见，如贝壳上的花纹，蜘蛛的网，动物的肠道，螺旋的星座天象图，秘鲁未知起源的纳斯卡地画。

《荷马史诗》记载过希腊的米诺斯迷宫，英雄忒修斯破解迷宫、杀死迷宫中的怪物，解救了族人，成了英雄；巴黎圣母院地上的迷宫，象征着信徒踏过原罪，经历死亡与重生，通往天堂的路是曲折的，但又是有终点的；电影《闪灵》中出现的花园迷宫，隐喻着男主角的精神坠落和女主角的逃生之路。从这一点上看，迷宫除了盘旋曲折的物理视觉特点外，它的精神特点是：有起点有终点，但指向终点的是一条并非每个人都能顺利通过的荆棘之路。

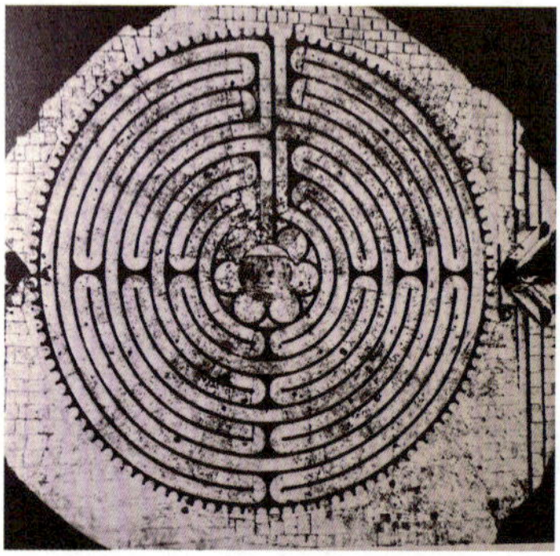

法国巴黎圣母院的迷宫与秘鲁纳斯卡地画

华夏传统中，是没有迷宫文化的，文学作品中“迷宫”二字连用，也是诗文中的一部分，如“金管迷宫徵”“如何草树迷宫阙”。最有名的迷宫建筑是乾隆年间仿照欧洲迷宫建造的“万花阵”（又名“黄花阵”）。圆明园中的万花阵中间是一个高台西式凉亭，寓意“天圆地方”。据记载，每当八月十五中秋之夜，皇帝都在此举行灯火晚会，让太监宫女们进入迷宫，自己坐在凉亭中欣赏臣下奴仆们四散奔走寻找迷宫出路的场景。著名建筑家童寯在《造园史纲》中说，迷宫通常是为了“使进入的游人循路曲折摸索，有时误入死胡同，易进难出，以为戏乐”。这和中式园林的设计思路、审美旨趣格格不入。

无极太极图、阴阳鱼、唐卡六道轮回中的衔尾蛇，这些华夏传统意象图跟迷宫图相比，同样是复杂、理性、具有逻辑概念、又富有精神寓意的图案，但是华夏的传统曲线图体现的是“量子纠缠”般的精神，这些图中的曲线在动态中平衡，没有交点，也没有终点。或者说，只在某一个特定的被确定下来的场景（如占筮的结果所展示的瞬间）中才有相对固定的交点和结论。事实上，《周易》的“易”字，字形的构成就是上“日”下“月”，象征日月阴阳的变化。《周易》这本书的英文名就叫 *The Book of Change*。从这个意义上讲，华夏的“迷宫”是一个动态的系统，没有确定的场景就没有确定的答案，它本身不指向一个绝对的终点，而每一个人都有机会到达他自己的终点。

这样的思维方式，也会反映在语言中，要确定一个场景，说话人和听话人之间才能对齐想法。

2022 年网络有一个争执：究竟是“天将降大任于斯人也”还是“天将降大任于是人也”，权威部门的回复是：“斯”和“是”都是代词，意思差不多。那么，写“斯人”和“是人”的作者，写这句话的时候心里究竟有没有一个明确指代的人呢？这个问题可能没有答案。

神探柯南经常说“真相只有一个”，而他喜欢说的另一个单词是 alibi，这个英文单词的意思是“不在场证明”。alibi 来源于拉丁语 aliquis（代指阴性和阳性的人或事）和 aliqiud（代指中性事物）。在拉丁语中，不确定的事也是需要确定的。

当我们要说“不确定”的“是人”时，拉丁语有个确定的指代关系轴：

quis（不知道有没有这个人）
aliquis（确定有这个人，但说话人不知道是谁）
quidam（确定有这个人，且说话人知道是谁）

所以“斯人”和“是人”，初代文本的作者究竟是不知道是谁呢？还是知道是谁，但没有说出来呢？没有确定的场景，我们是不知道的。

迷宫文化看似是曲线和螺旋，但有明确的起点和终点；太极文化，循环往复，只有在确定的交点上，才有确定的结论。所以，在其他语言使用者眼中看起来不那么严谨的汉语言的文本，其实也有它确定的答案。就像任何一段《周易》卦爻辞，相比西方哲学文本想要表达的普适意义，它更需要在一个确定的场景下去解读。

选择文化和救灾文化

网络上有句俏皮话：成年人不做选择题，不做选择的可能是：“既要，又要，还要”，也可能是：没有选择的余地。贯穿西方文化的，一直是一道选择题。对于宗教而言，不是做了选择是善，而是不做选择就是恶。

文化的远古意象往往具有“集体意识”的性质。以古希腊为代表的西方集体意象反映在文本中，是关于“存在”“死亡”和“选择”的。具体来说，古希腊一脉相承的哲学的一个焦点是探讨“存在”的性质和“存在”的意义，这种意义指向的是对“虚无”和“缺位”的思考与对抗。所以，笛卡尔会说“我思故我在”。

莎士比亚的经典选择题“是或不是？”（to be or not to be），是在宗教选择之外又给大家出了一道世俗选择题，因为文豪的时代，世俗的版图扩大了，世俗的场景增多了，世俗的选择题成了“刚需”，那个时代西方的成年人还是喜欢做选择题的。因为“选择”这个过程，本身意味着对“（场景）存在”与“自我”，以及二者之间关系的一次审视，“自我”在选择中可以重新被认识，被命名，被同化，被升华。

《罗密欧与朱丽叶》的选择题是选家族还是选爱情，《哈姆雷特》的选择题是复仇还是死亡，《老人与海》的选择是保持生命的活力（有可能在与大海的搏斗中死去）还是接受默默老死，西方文化的潜意识是个性与共性之争，是自我与自我的一次又一次搏斗。因此，在另一些文本中，就试图要给予被这些问题困惑的人们一个答案，例如，通往神圣终极的迷宫终点，又或者是精神解脱与逃生的出口（《闪灵》的迷宫出口）。

华夏文化的神话文本中展现的文化，是“救灾文化”和“互助文化”。女娲补天，给了人一个开端；大禹治水，改善了生活场景；后羿射日，解决了生存系统故障。在这些故事的开始，天破了、洪水泛滥、太阳多了，然后有神或者有神力的人站出来解决这个问题。虽然这些人、神能力通天，但他们用来解决这些问题的手段都仅止于“解决当下的问题”，让天地、河流、太阳重新回到正常的“可以共存”的轨道，而没有迈出“改变世界”或是“颠覆自我”的更富“进攻性”或更具“反思性”的一步。

华夏文化的成年人不做选择题。如同太极无极图、六道轮回中的衔尾蛇所展现的，万物相生相克相联系，是一个循环系统，系统会有短暂的失衡、失调，“我们”的目标是让它重新回到调和的运行状态。这个系统没有起点，也谈不上终点。所以，传统的文本只会在一个特定的节点谈特定的事。除了战斗的檄文，称得上经典“经书”的文本通常既不会顶格，更不会出格，因为后两者本质上也是破坏和谐系统运行的行为。

华夏文化的经典文本《中庸》在儒家学说中占有极为重要的地位。宋代理学大家朱熹说："中者，不偏不倚，无过不及之名；庸，平常也。"中庸的庸不是平庸，是保持中道的能力，是"在中""时中"的状态。对庙堂之人来说，是《左传》中说的，要宽以济猛，猛以济宽，以和治国；对江湖之辈来说，是要时时调整姿态和心态，居中守正，不缺位，不出格，即做到所谓的"在中"。

中国政法大学教授刘震在评价《周易》的时候说，"天人合一"，说的正是人在天道和人道间找到了路径，不再单纯强调天主人事，也不片面强调人的主观能动性说人定胜天。东方哲学讲究环境与人和谐相处，要"致中和"；西方哲学讲究征服世界，所以是一道非此即彼、破格出位的选择题。

《老子》中有"祸兮福之所倚，福兮祸之所伏"。华夏古典哲学认为世界上的事物都是相互依存的，任何事物都不孤立，也不绝对，两种彼此对立的概念内部总会具有和谐、统一的因素。没有绝对的好和坏，所有的事物，在某一个层面上，都会有其合理性。这样的辩证思维出现在诸多的文字、文本、文化中。譬如，塞翁失马。又譬如《说文解字》中的"乱"字，既解释为"治"，又解释为"不治"。那究竟是治还是不治呢？答案是这个字本身表达的是一个动态的过程：它的古字形会意的是一只手在一堆"毛线"中整理东西，整理好的一边就是"治"，还没整理好的一边就是"乱"，但二者是连成一体的，治的部分是曾经的"乱"，乱的部分是还没有整理好的"治"。

同样的字，还有"受"。"受"字的甲骨文，上面是一只手，中间一个物品，下面是另一只手。古代"授予"和"接受"是同一个字，因为造字者认为，给东西这个过程，本身就是既有给又有拿。或许是这种辩证思维投射到了文本当中，所以汉语言文本不在形式上区分“给”和“拿”的动作者。

在拉丁语和古希腊语中，“我给你苹果”，“苹果”是直接宾语用宾格表示，“你”是间接宾语要用与格表示，梵语称之为“为格”，为格是行为所指向的人或物，日语中不分格，但要用介词に来接出间接对象。在汉语中，没有直接宾语和间接宾语的区别，要靠语境来判断。在这一点上，英语跟汉语是一样的。“与格”“为格”和“に对象”的本质是“间接相关”，就是当一个动作不能直接作用于某人，或者说话人觉得是只有间接相关的时候，就要用特殊的形式来建立起二者的关系。

因为对这些语言的创造者来说，你是你，我是我，给是给，拿是拿，两个动作人就有两个视觉，选择了“给”为主视觉，“拿”就只能是“给”这个动作的相关联系人。但是对汉语言来说，讲“给”的时候，同时就意味着“拿”。

当代的语言中，这种“极限拉扯”的过程已经不能从“字”面上体现出来，因此，需要精准表述的语言文本在含义上就生出了间接相关的“客体”。就像我们在上编“诈”字部分所说的，信任、满意，这些动作都不能直接作用在对象上，我满意考试的成绩，满意是“我”的态度，不论我满意还是不满意，分数都不会改变；我信任他，是我对他的信任，无论我是否信任，他和他所做的事的本质都不会改变。对当代的文本来说，纵然我们相信天地万物皆有联系，给和拿是同一件事，治和不治是同一个过程，阴和阳不可分割或缺，但在一些场景下，在与其他语言的交流中，事物之间的关系常常还是需要被明确的。

这大概就是共同场景下悦纳“和而不同”的文化宽容。

语言的兼容性和延展性

如果“概念”是被命名以后才存在的，那么我们究竟还有没有机会理解别人命名的“概念”呢？这就需要找到“共识”的源代码，或者一起坐下来重新写一段源代码。

以语言为媒介进行交流与传播不能以“全时”“全域”“全员”的三全标准来要求，语言能表达的真实往往只存在于特定而具体的“共同场景”之下。如何让“共同场景”更多更优更持久，取决于语言的兼容性与延展性。

被命名的新词，改变含义的旧词

1637 年 2 月，在当时的“宇宙的中心”荷兰首都阿姆斯特丹爆发了“郁金香事件”，这也是人类历史上第一次金融泡沫破灭事件。破灭前夕，一株郁金香的售价达到了 6700 荷兰盾，与一年前相比，暴涨了 5900%。当时荷兰人的平均年收入只有 150 荷兰盾，6700 荷兰盾已经足以买下阿姆斯特丹运河边的一栋豪宅。

“郁金香泡沫”破灭后，荷兰逐渐由盛转衰，欧洲霸主的地位转到了英国人手上。

正当海洋民族为贸易和商路大动干戈的时候，在地球的另一端，同一年，明代崇祯十年（1637 年），一位年轻的意大利传教士漂洋过海来到中国。这位传教士名叫利类思（Ludovicus Buglio）。利类思到了中国之后，发现汉语言与拉丁语之间从建字构词到语法规则，再到语言组织背后的思维方式的差异性，远远大于印欧语系不同地区语言之间的差距，甚至大于印欧语系与闪族语系之间的差距。所以当时的中国，也是全球唯二的两个被允许使用本地语言做弥撒的地区。利类思向梵蒂冈申请到了授权，历史上第一次把《弥撒经典》（*Missale Romanvm*）翻译成了汉语。利类思还把欧洲中世纪著名神学家托马斯·阿奎那（Thomas Aquinas）的《神学大全》（*Summa Theologiae*）的四分之一翻译成了汉语，取名叫《超性学要》。这是最早被翻译成汉语的西方哲学著作之一，比严复的译本早了 250 年。

利类思在这本译作中创造了一些新的汉语名词，比方说今天被广泛使用的“人类”“行为”“选择”“自明”“本能”等。今天这些汉语名词的含义与创造之初，已经发生了一些变化。1654 年，利类思把欧洲中世纪已经频繁使用的法律术语 bonum commune 翻译成“公益”。bonum commune 直译是“共同之善”，在中世纪的法律中是指法制之下符合群体利益的那些被定义为“善”的事。今天，汉语的“公益”是指“公共利益”“福利事业”，与原本的意思相去甚远。

词汇语义的变迁，经由“认识”和“认知”的发展，也会出现在同一语言的不同时期。在上编“虚”字部分，我们提到“虚”的古字是虎字头下面一个丘字，意思是虎狼出没的大山，是昆仑

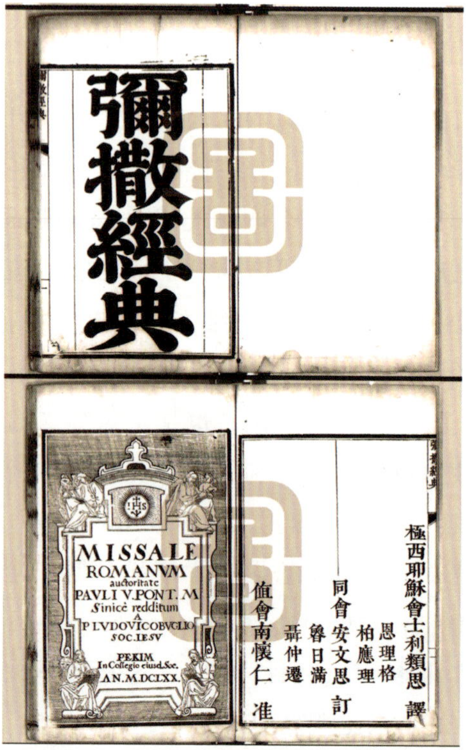

经南怀仁审定、利类思翻译的西方神学经典

虚。后来又被用作西周井田制的面积单位。“虚”的本义不仅不虚，更是一个具体的空间面积单位。后来道家创始人老子把“虚”作为学术语言，用于泛指天地间无所不在又不可名状的一种物质，与梵语中的“空”，日本文化中的“气”类似。又由于这些天地间的“存在”没有被玄学宗师们正面定义，常常以肉眼不可见的形式存在，“虚”就慢慢脱实向“虚”，变成了“空”和“缺乏”。而这两重含义历经千年，逐渐成了当代汉语中“虚”的主要释义。

前文提到过，首字母大写的 Sedes，意为“圣座”，是 Sedes Apostolica（宗徒的座位）的简略的写法。今天英语的圣座一词是 Holy See，因为古法语中座位写作 sege，再传到英语，进一步“走形”为 see（看）。于是宗徒的座位变成了“神圣的看见”。

缅因猫，原产于美国东北部缅因州。缅因猫因为体型、长相、捕食习性都与浣熊有相似之处，当时的人一度以为缅因猫是猫和浣熊的杂交品种，因此用“缅因州（Maine）”和“浣熊（racoon）”组成它的名字：Maine coon，音译成汉语又叫缅因库恩猫。但是，随着科学的发展，人类发现缅因猫跟浣熊这两个物种之间是生殖隔离的，缅因猫在血统上跟浣熊一点关系都没有。但是今天的缅因猫的学名依然带着浣熊的基因（coon）。

语言词汇在不同的时间和地域会发生意义上的迁移。一些旧词的含义发生了改变，或者加入了新的含义，而另一些使用频率较低的词，甚至会逐渐退出语言的舞台。

shanghai，在《外教社·柯林斯英汉双解学习词典》中，做动词，意为绑架，尤指商船上干活，并注明是中古时期的航海词汇。shanghaier，是名词，意为拐骗者；绑架者。

《柯林斯英英词典》对这个词的来源进行了解释：这个词源于以前欧洲国家用强制的方式招募水手航行去东亚（from the forceful methods formerly used to collect crews for voyages to East Asia）。

上海作为著名的港口城市，早年从欧洲来这里做生意的人很多，水手们一般不愿意这样远渡重洋，船长都是先把他们“骗”到船上来，等开船后水手们才发现要去的是远在地球另一端的上海，就会说 We are shanghaied（我们被骗了）。

这种抓壮丁的行径始于英国皇家海军，海军缺船员，而老百姓又不愿意远渡重洋。因此，最早 shanghai 就是指抓壮丁去做船员。to shanghai someone 的意思是说强迫某人加入船员队伍，后来进一步衍变成为用坑蒙拐骗、威逼利诱或强行绑架的方法让某人做事。

1915 年卓别林主演的一部喜剧就叫《诱拐》（*Shanghaied*，又名《受骗的水手》）。

今天 shanghai 这个词已经不常见了，甚至一些英语母语的人都不知道这个词。而首字母大写的 Shanghai（上海）则成为全世界广为人知的国际化大都市。语言会随着时间，进入或淡出舞台。就像我们在上编“隔”字部分所说，“隔离”这个词，因为新冠肺炎疫情成为全球大流行词汇，它的衍生词也纷纷成为时代新词：quaranteam（隔友，指一起隔离的人）、coronnial（新冠一代，指新冠肺炎疫情期间出生的人）。这些词被 *China Daily*、CNN、BBC 等全球媒体认可和使用，被柯林斯、剑桥等重量级英文词典快速收录。

"查理被骗了。"

2011 年，商务印书馆出版的已有 58 年历史的《新华字典》历时 8 年，完成了第 11 次修订：新增了 800 多个正字头，另外，还增加了 1500 多个繁体字和 500 多个异体字。

《新华字典》每一次修订都反映了社会的变迁，见证了社会生活日新月异的发展，显示了语言这个媒介对生活的快速反应。在这一次修订中，民生新词"和谐"被首次收录，在"民"字头下，增加复音词"民生"，在"福"的字头下，增加复音词"福祉"，在"愿"字头下，增加"愿景"。另外，还增加了很多新词，例如：碳达峰、移动支付。

同时，编者在接受媒体采访时也提到，修订的《新华字典》删减了一些陈旧的、使用频率非常少的词，如“合作社”。供销社是供销合作社的简称。

2022 年在中国知网搜索“认知”，有超过 755 万的学术期刊、学术论文及学术会议提到过这个词。时间倒流 20 年，在 2002 年商务印书馆《现代汉语词典》以及以前的词典中没有“认知”这个词。这个事实，从一个侧面说明，“认知”本身具有时代性，会随着生产力的发展而变化。我们一直在“认”，但未必能“知”，或者说，“知”的结果会随着时间变化而变化。

2022 年在售的、最新的 2013 年版《现代汉语词典》中，对“认知”的定义是一个心理学词汇，与认识相比，认知强调的是知觉、记忆、言语、思维等的过程。除了“认知障碍”这样带有明显学科性质的词汇外，当下通常的“认知”的使用场景往往带有从上而下的教化的意味。但是在英语的语境中，并没有这个特征。因为在西方的社会环境下，受限于宗教思想，“教化”本身不具备“光芒”甚至没有天然的正义性。

在外交语境下，同样是“了解”“知道”“认识”“认知”，如果使用 acknowledge，潜台词就是“我知道了，我了解了，但不表示我支持，我赞成”，这个词没有感情色彩。如果使用 recognize，即“认知”，潜台词就变成了“我认同、我肯定、我支持”，后者带有一定的感情色彩。比方说：

I am acknowledging you for hard work. （我知道你很努力——但并没有用。）

I am recognizing you for hard work. （我知道你很努力——可惜用处不大。）

英国翻译理论家 R. T. 贝尔（R. T. Bell）在《翻译与翻译过

程：理论与实践》一书中把翻译描述为：把一种语言文本的含义转移到另一种语言文本中。所以，翻译是意义的转换，而不是词汇的迁移。翻译的本质是用另一种语言替代了“源文件”。

古巴比伦的苏美尔语中，“翻译者”发音为 eme-bal，意为“语言转化师”。在拉丁语中，把希腊文翻译成拉丁文的工作用动词 vertere（转换，英语 turn），表示“转化”。

中国人民大学的古典语言学家雷立柏（Leopold Leeb）在《我的灵都》中提到，有学者误认为“权利”是从日本传到中国的，实际上它是在中国出现的。美国传教士丁韪良（W. A. P. Martin）1864 年出版了译著《万国公法》（*Elements of International Law*），总衙门高级官员董恂为此书作了序。《万国公法》是第一部有关国际关系程序的汉语著作，其中第一次用“权利”一词来翻译拉丁语 ius（即 right），用“权力”来翻译拉丁语 potestas（即 power，当时是指君王的力量和权限）。雷立柏认为，拉丁语词汇 ius（权利）和 potestas（权力）之间有明确的差异，没有上过太多学的老百姓也比较容易分辨二者之间的区别，并以此来建立法律文化。汉语的权利与权力，写在纸上，谐音又规整。但是由于发音一致，听起来没有区别，在当时的传播中，普通百姓就容易把二者混为一谈。

事实上，能分辨还是会混为一谈，不能以“全时”“全域”“全员”的“三全”标准去衡量。更好的方法和标准或许是放进一个具体的文化生活场景之中。

在中德众多的合作中，德国大众的高管在回忆早期与中方的合作时，有一些深刻的感悟：中方代表在会晤后常常会说，你们的想法很好，我们下次再谈。德方代表听到这个，回去就跟总部汇报大事将成，并紧锣密鼓地筹备下一次会谈。但是等来等去都等不到“下一次”的时间。德国代表说，后来我们就明白了，中国人说“你们的想法很好”的意思就是“你们的想法不怎么好”。

抖音上有一个小段子，说社交汉语中，“改天是星期8，下次是25点，以后是13月，你是个好人的意思就是我俩不合适”。即使是汉语母语的人，也需要具体的文化场景，才能更精准地理解说话人想要表达的含义。

无法正面定义的存在

汉字起源的说法之一是“伏羲造字”，“远取诸物，近取诸身”，意思是通过对远在天边近在眼前的不同的事物进行命名，创造了一套文字，而这套文字背后所展现的是华夏古老的世界观。东汉学者许慎所著的《说文解字》，正文收录了9353个字，另有重文（异体字）1163个。章，《说文解字》对它的解释是：从音从十，乐竟为一章。古代十为终数，一章原本是指一曲的终了，这里为“章”这个概念叠加了两个条件。男，《说文解字》对它的解释是：从田从力，言男用力于田也。这里为“男”这个概念叠加了三个条件。

瑞士语言符号学家索绪尔认为，语言不是单个词汇的集和，而是一个体系。既然是体系，构成语言的要素离开体系就无法存在。词汇也不是事物的名称，概念是被命名后才存在的。比方说，在“猫”这个概念出现之前，有一个原始人，早上起来看到院子里有一只猫和一只狗，在他的大脑中这只猫是一个形象，那只狗是另一个形象。假如这个原始人出门打猎，遇到另一只猫的时候，他就没有办法把这只猫和早上院子里的那只合并成一个统一的概念——猫，并把这些“猫”和那些“狗”区分开来。所以，概念和性质是被命名之后才产生的。我们在上编“留”字部分提到，命名是一种赋予性质（赋值）的行为，是区分一个事物跟另一个事物的定义的工作。所以对于一些国家和地区的人来说，一个人的名字生前可以有力量，死后可以有价值。而在很多的电影、文学作品中，常常用忘掉了名字的情节来暗示人物丢掉了记忆，忘记了过去，丧失了本性。

2021 年 11 月，北京大学考古文博学院与德国马普人类历史研究所 Martine Robbeets 联合在《自然》杂志发表题为《跨学科交叉研究支持泛欧亚语系的“农业扩散”假说》（*Triangulation supports agricultural spread of the Transeurasian languages*）的文章。该研究指出，泛欧亚语系，包括日语、韩语、通古斯语、蒙古语、突厥语在内，可能都起源于约 9000 年前的中国，并在农业的扩散发展中传播开来。研究团队中的语言学家通过对 98 种泛欧亚语言 254 个基本词汇概念的 3193 个同源集进行贝叶斯谱系建模分析（Bayesian Phylogenetic Analysis），重构了泛欧亚语系各分支语言间的系统发育关系，并以此推算了泛欧亚语系的分化时间和起源地。

在此之前，科学已经证明距今 10 万年前的尼安德特人或克罗马农人的身体构造已经具备了“说话”的生物条件。但是对于语言的起源，迄今也没有答案。世界各国的语言学家都不断地尝试教黑猩猩说人话。黑猩猩能够学会 100 多个跟实物能一一对应的词汇，但它始终学不会“抽象”词汇，也就是那些叠加了很多“性质”条件的词汇。与之相对，人类的小孩在 0 ~ 3 岁的时候，就已经能够理解并记住一些抽象的描述性质的词汇。

在淘词计划中，我们选择的都是在某一个或某一些层面上具有抽象性质的，不容易或无法从正面定义的词汇。比方说现代汉语的“虚”，是不实。如同亚里士多德学派的学者阿圭纳在《论存在者与本质》中提到的，对“存在”的事物进行定义有两种方法，一种是凭借 10 种分类性质进行正面定义，另一种是无法正面定义的事物，就用它的反面或者缺失来进行定义。比方说，“瞎”，没法正面描述，就可以定义为“看不见”。所以“虚”不是空，只是不实。又如我们在上编“容”字部分提到的，反面定义一个事物不大，不等于说它小，只是“不大”。

同样是无法正面定义的“存在”，在不同的语言中，划分标准却不尽相同。东方哲学中，充斥于天地又不可正面描述的道、气、空，往往是具有“正面”意义的事物；西方玄学中，非实存的、不能正面定义的常常是那些“负面”的东西。譬如恶，被反向定义为善的缺失，泡影、幻觉，被定义为非言。信，从正面定义是“信心”，从反面定义是“不背叛”。欧洲的君主在封爵的时候，常常是拿一把剑搭在受封人的脖子上，意为受封人把命交给国王，永不背叛，是反向证明对君主的“信心”。如同我们在上编“诈”字部分提到，信和诈都是人类不外显的内心态度。又因为它只是内心态度，所以要作用到对方身上，需要媒介；要定义或证明，也需要媒介。这个媒介就是语言和行为。

不能统一的语音

淘词计划没有涉及语音，原因是对于“抽象”的词汇来说，语音与语义与其说有必然联系，不如说是一次“耦合”。

诚然，每一种语言都会有方言，有歌谣，有诗歌，它们都注重发音的韵律、节拍、节奏。但是在不同的语言中，一个词语为什么要用这个音，而不用那个音，跟语言的起源一样，也没有确切的答案。唯一能确定的是，不同的语言和语言，语言和方言，同样的语言在不同的时间段，发音都有很大的区别。

《说文解字》对“文”（独体为文）和“字”（合体为字）都标示了读音，但它注音的方法跟汉语拼音不同。切，从刀，七声。用“七”这个字标注了“切”的读音。语，从言，吾声。用“吾”这个字标注了语的读音，因为上古时期“语”就发作“吾”。就像今天湖南地区的“猪”，依然被发作“ju”。《说文解字》的作者也遇到了这样的时代地域局限性，比方说，《说文解字》注音“卸”是：读若汝南人书写之写（“写”请尝试用河南话发音）。《说文解字》的作者许慎是汝南人，就是今天的河南人，《说文解字》中一些字如“卸”就是用河南方言注音的。

中国西南地区的人在说“说的是啊”的时候，日本人可能会听成挂在自己嘴边的そうです（哦，这个样子啊），传到古罗马人的耳朵里就成了 sordes（名词，污物、肮脏），含义完全走形。当古罗马人在说 fac（去做吧，去创造吧）的时候，传到英国人的耳朵里就是“fuck!”，这个人在讲脏话。

当我们听一个刚出生的小孩哭喊的时候，是无法分辨他是一个中国人，还是一个美国人，又或者一个俄罗斯人的。但是当我们读小学的时候，听非母语者讲外语，就已经都能分辨出他不是一个“本地人”。

我们常常听到外国人讲汉语时一些共同的“奇怪”的发音，比方说“带来”，发音类似于“大姨来”。这是因为印欧语系双元音在多数情况下要分别发音。“带”字的韵母 ai，在汉语拼音中，发一个音“爱”，但是在印欧语系中 a 和 i 要分别发音。所以外国人本能地延续母语的发音习惯。带，就被发成了 da + i 两个音节。同样地，汉语言使用者说 window 这个英语单词的时候，常常会把 in 连起来发为一个音“阴”，但是实际上 in 这个辅音中 i 和 n 都要发音，类似于“咦恩”。没有经过训练刻意改变熟悉的发音规则的人读非母语单词的时候，自己可能觉得区别不大，但是听在母语者的耳中，能感受到明显的区别。

同一种语言的发音，也会发生流变，比方说2022年11月一位网友发帖称教科书上写的是“天将降大任于是人也”，但是有相当一部分的网友记得自己当年学的是“天将降大任于斯人也”。究竟是“斯人”还是“是人”，相关部门解释说，“斯”和“是”都是代词，意思是一样的。有学者指出，“斯”是平舌音，“是”是卷舌音，“斯”比“是”容易发音，所以在流传过程中出现了语言的流变。

古罗马和中世纪流传下来的很多拉丁文文献，常常都有不同的版本，甚至有为数不少的“错别字”。在印刷术普及之前，欧洲、希伯来、阿拉伯地区的经书文献都要靠人手抄录，难免会有笔误。比方说，早期的拉丁文刻在石碑上，字母一律大写，不仅不分段，甚至没有标点符号，连“句”和“词”都不分，需要抄经的人打起十二分的精神。尽管如此，依然难以避免错漏。这些抄经的人不愿承认主观因素造成了经典的错漏，于是创造了一种恶魔，名为Titivillus（音译：提提威鲁斯）。据抄经人所言，这种恶魔专门在人书写的时候跑来捣乱，引诱人发生错误。并将自己的成果（收集错字）向天神展示，降低天堂的通过率，完成自己作为恶魔的本职使命。

事实上，排除神话传说，就像古汉语文献中大量的通假字，由于一些字母在句首，如h，或者在句末，如m，在单词中不发音或是声音很弱，又或是各地各流派的“方言”不同，抄经员在撰写、听写、抄写、誊写的过程中就容易发生拼写错误。

中华优秀传统启蒙读物《三字经》中提到，古代的小孩在蒙学阶段要“凡训蒙，须讲究，详训诂，明句读”。所谓“训诂”，就是用同时期的“普通话”解释古文的意义。古代汉语“言文不一”，言是方言，文是书面语言。古代华夏大地上方言很多，为了保证沟通的准确性，书面文章都是用雅言来写，也就是我们今天所说的文言文。所以古代的小孩要训诂，学断句（句读）。但正因为书是人手抄录的，经是人言注解的，所以流传千年，就会产生很多的版本和很多的解释。

当代还有很多的网络用语，是在“混搭”语义和读音，例如“润”。网友说“我要润了”，可以表示我要先走了，我要下班了，我要换工作了，我要出国了。这个概念借英语单词 run（跑了，溜了），用汉语拼音的规则拼读为“润”。

“淘词”淘的是概念的传递，是思想的表达，所以不会从“语音”和“版本”的角度入手，去试图“对齐”语言和想法。

灵变与普适：汉语言的自我修养和自我成长

“落霞与孤鹜齐飞，秋水共长天一色”，究竟是几朵云、几只鸟？把这句诗歌拿给 5 个德国小朋友或法国小朋友，画出来是同一幅画；拿给 5 个中国小朋友，画出来是 5 幅不一样的画。

美丽的 C 国的女人。可以是美丽的 C 国的丑女人，也可以是丑陋的 C 国的美丽的女人。

白天鹅在水上游来游去。可以是白天，鹅在水上游来游去，也可以是“白天鹅”在水上游来游去。将军用毛毯盖在他身上。可以是“将军”用毛毯盖在他身上，也可以是将“军用毛毯”盖在他身上。

一群人拿起武器。可以是每个人都拿起一件武器，也可以是一群人拿起了同一件武器。

我给张三一只猫，也是默认了张三是个人，把猫给了他。如果“喵星人”听到这句话，可能会理解成，我把张三给了一只猫。

“共同场景”才能确定共同文本含义的情况，不只出现在汉语言。

英国戏剧家王尔德说过，“我整个上午都在校对一首诗，然后删了一个逗号，下午，我又把这个逗号放回去了”。

Get some fruit juice tomatoes and eggs. 如果收到这样一张便条，究竟要买几件东西回家呢？是：fruit，juice，tomatoes，eggs，还是：fruit juice，tomatoes，eggs 呢？

这些情况，在非常“屈折”的原始印欧语言中，是比较少见的。

汉语词性活用，也非常普遍。春风又绿江南岸，绿是动词。只此青绿，绿是名词。绿色的，绿是形容词。汉语言的构词也非常灵活，可以是一江“春水”向东流，也可以是“秋水”共长天一色。现代汉语的组词，靠意义的叠加：

花——棉花——棉花签、棉花球、棉花糖

与之相对的是语言学家常举的一个例子，“请用爱斯基摩语描述雪”。爱斯基摩语中有关雪的表达有几十个：柔软的雪、潮湿的雪、新下的细雪、融化的雪、雨夹雪、灰色的……回到前文所说的原始人的那只猫和那条狗，不能合并同类项的语言膨胀的方式，说明“爱斯基摩语的创造者不具备文明社会思维的关键特征”，著名翻译家大卫·贝洛斯得出这样的结论。

叙事的视觉，不仅有主动和被动，同样体会在方位上。比方说，拉丁语方位代词有三种：

我这边（离说话人近）；

你那边（离听话人近）；

我们共同的远方（那边）。

这与日语的方位名词是一样的。汉语言把前两者统归为“这边”，第三种是“那边”。汉语言往往通过灵活的方式表达第二种方位，比方说，“麻烦你把你那桌子收拾一下！”这时候，“你那桌子”的“那”，表达的就是上述第二种“离听话人近”的方位。再比方说，在爱斯基摩语族中的尤皮克语中，“这边”和“那边”是根据说话对象是否在视野中，是在活动的还是静止的来区分的。

再比方说，在时间和空间的描述上。假如我们听到“7点至9点派送快件”，或者“7点至9点停水”，会自动地想到第一个“7—9点”间，是有一次或几次派送行为；而“7—9点停水”，则意味着这两小时会一直没水。

但是在日语和印欧语言中，这两种时间段是需要用不同的表达形式加以区分的。比方说，在天气预报中听到“明日广深之间有暴雨”，如果是像送快递那样，是以断点时间来表述的，就意味着在明天的一些时间里，广深两城之间的一些城镇，会下暴雨。而如果是像“停水”那样，以连贯的时段区间来表达的，则意味着，明天广深两城之间全域全时都会下暴雨，那这就意味着要预防重大灾害的出现了。

如同前文所述，有不同的表达，也会有相同的描述。“来”和“去”往往可以被用来表达事情的进展。在汉语中，除了南来北往，来去自如这类“复语”形式的表达，来日无多这种

"来"有其他含义的词汇外，来，常常跟"好"状况相连，比方说：苦尽甘来，否极泰来，即好的运气到了说话人这边。去，则常常跟不好的状况相连，因为去有离去，除去的意思，比方说：去恶务尽，去故纳新，来情去意。同样地，在英语中，与go（去）组成的词组，更多表达不好的含义，如go astray（迷路），come（来）组成的词组，会更多地被用在好的事情上，如come true（实现）。因为"来"离说话人近，语言创造者本能地希望好事靠近"我"，"去"离说话人远，语言创造者更希望坏事厄运远离自己。

China Daily 2022年关于北京城的一则报道：

> 北京这座城市跨越了古典与现代的鸿沟。从寺庙到博物馆、从狭窄的胡同到皇家宫殿，北京承载着3000多年的悠久历史，独具魅力，京城城市布局便是其历史底蕴的缩影。北京环路系统最初构想于明朝（1368—1644年），建构周密、保留至今，紫禁城威严耸立于这座不断扩展的城市中心，而环路系统便是以其为中心向外延展。

> Beijing is a city that straddles the divide between the ancient and the modern. From Buddhist temples to museums, cramped hutong to imperial palaces, it is home to more than 3000 years of captivating history even down to its layout, with the city retaining its carefully structured system of ring roads, first conceived in the Ming Dynasty (1368—1644), that ripple out from the Forbidden City, which sits proudly in the heart of the vast urban sprawl.

对于英语而言，每句话都有唯一的主体 + 动词，其他动作人的动作，或主体的辅助动作，都会通过不同的形式与主体主动作区分开来。印欧语言，日语，希伯来语，句子都有唯一的“主语”和唯一的“谓语”，其他的动词会因此而变形为如分词、不定式等其他的形态。

这些语言的创造者可能认为，当你站在一块石碑前，大部分的句子很快就能看到“主语”和“谓语”，可以“秒懂”主角做了什么，这是非常重要的。所以把想要强调的事分别放在句首和句尾，而通常占据句首的是主语，占据句尾的是谓语。但是语言创造者没有想到是，现在的句子越来越长，因为需要定义事物和限定细节的内容越来越多，看完句首之后，眼睛转了两行，看了无数的“非主动词”（分词、不定式、从句）之后，还没有到句尾，或者说没有看到主动词，那么在这样的情况下，当年的语言法则似乎就变得不那么实用了。

把最重要的事变成唯一的，放在句子一头一尾的设计，随着语言的载体从石头到纸张、再到邮件、社交软件、视频弹幕，原先这种结构，使用起来越来越吃力。

汉语言的一个句子里有很多动词，比方说，我明天去你家看熊猫吃竹子。单从句法结构，我们很难知道谁是这个句子的主体，也无法分辨关键的主动作。又如上面所举的那则关于北京城的布局结构的报道，对于今天的语言环境来说，按思考顺序进行写作的文本，或许是更易于信息接收的文本形式。

科技发展带来的经济发展、商业发展，理念更新，转向注重个人感受和主体视觉，表达的形式也会随之转向。宏大场景、训诫式的文本会减少，文本太“屈折”了，不灵变，不“普适”，在传播条件改变的前提下，就容易“变型”乃至“消亡”。

法国国家科学研究中心研究主任弗朗索瓦·瓦克（Françoise Waquet）在《拉丁文帝国》一书中记录了一段趣事：英国政治家丘吉尔7岁开始学拉丁文，第一天就因为烦琐的语法而跟老师产生了争执，结果是，“丘吉尔从未把拉丁文学好，他三次投考桑赫斯特军校，拉丁文都不及格，且越考越差”。作为一种“书面语言”，一种“雅言”，拉丁文的繁复程度和对语言本身的要求的严格性远超英语、意大利语、葡萄牙语等现代语言。作者指出，它自我迭代更新的速度远远慢于时代的要求，虽然神学院要求用拉丁语对话，“但谁愿一直对着人说一门对方听不懂的语言呢？”

日本语言学家金田一春彦在《日语的特质》中举了个例子用以说明“当代日语在自然书写的情况下，含义常常不容易被理解”。这个例子是：

> 知事は自分に所属するすべての局のすべての部のすべての課の職員がいま何をしているかを常に承知していなければならない/わけではない。

意思是“知事必须经常了解自己下属的所有局的所有部的所有科的职员现在在干什么……”读到这里为止（斜杠的位置），连日本人心里都觉得当个知事可真是太不容易了，但是，接下来画风一转，竟然变成了“也并不是一定要了解的”（……いなけらないわけではない）。怎么会是这样呢？句子真正想要表达的意思跟读者刚刚建立起来的认知正好相反。

有些人会解释，这是因为日语是黏着语。黏着语用通俗的话讲就是，有一个词根，之后想表达的意思，就在词根后面叠加词尾。而又因为日语句子的动词都在句末，不看到最后，自然无法获知文本想表达的含义。举个“黏着”的例子：

掃除させる（让扫卫生）

掃除させ/られる（叠加被动：被让扫卫生了）

掃除させ/られ/ない（再叠加否定：没有被让扫卫生）

掃除させ/られ/ない/ないでしょうか（再叠加反问：没有被让扫卫生不是吗）

这确实是造成日文阅读困难的一个原因。但更值得关注的是：现在的文案都很长，定语很多，修饰很多，细节很多。这个问题不仅是日本人面临的，也是全球都面临的。中世纪以前，教皇的通谕都很短，因为那时候没有通行的印刷术，通谕发出之后，要靠人送到各地去，站在广场上念，太长的通谕念起来要花较长的时间，所以只能写得简短一点。印刷术普及后，每一任教皇的通谕的长度都在增长之中。互联网普及以后，文本甚至不用印刷，都是电子文档，一键转发，连纸张印刷的成本都没有了，多长都不是问题。文本有了新的载体，语言也就再一次通货膨胀了。

对于语言来说，“通胀”造成的是“正式”文本的阅读困难。就像前面提到的那段日语，定语都在中心词前，动词都在句末，一个人的眼睛都已经转了好几行还没看到中心词，不读到句末，不知道作者是要肯定一件事还是否定一件事。

同样地，在全球其他文本中，官方的、民间的、网络的“约定俗成”的缩略语也越来越多，譬如：yyds（永远的神），三天两检，G20 峰会，TPP（跨太平洋伙伴关系协定，Trans-Pacific Partnership Agreement），中国天眼——500 米口径球面射电望远镜（Five-hundred-meter Aperture Spherical radio Telescope，简称 FAST）。放眼全球，缩略语之所以要缩略是因为前面的定语太多太长太烦琐。在社交对话中，常见的现象是一句话讲完，又补充一句，一封邮件写完，再补充一封“以此为准”，微信、QQ、钉钉工作群中，很多无效的信息不断被补充和修订。同时，与刻在石碑上的古文相比，语言膨胀带来的结果，一方面是个人在单位时间里面摄入和释放的有效信息在减少，另一方面，为了提高效率，行文的人会考虑用更简短的句子，更开宗明义地表达。这些都使得世界“社交文本”向着同一个方向变化。

人创造语言，语言的法则是思维的反映，长期说一种语言，语言的法则反过来又会塑造人的思维。

天津外国语大学教授田海龙在《社会网络中的话语互动》一书中提到了文本之间的互动。比方说，“口罩话语”，说“国家口罩话语”会对“地方口罩话语”产生影响，后者会在前者的基调上进行“降级”“改造”，以实现“再情景化”。

如果说在较短的时间内，一种文本，一种文风，一种叙事体例会影响另一种，在更长一些的时间段里，某个圈层或整个社会的思想变迁，一定会影响整体的“文本”“文风”甚至改变“语言”。日本作家盐野七生在《文艺复兴是什么》中提出了一个具有争议性的观点：腓特烈二世作为 18 世纪欧洲的君王，他才是文艺复兴的重要启蒙者和推动者。当时的拉丁语是欧洲知识分子甚至全球知识分子的通用语，而当时的意大利语是平民百姓的语言，知识分子不屑于使用。但是当时的拉丁语是基督教会神职人员的“独家经销商品”，因此，想要对抗罗马教廷的腓特烈二世就积极地倡导推行意大利语，并且发动许多知识分子去“创造”既可以表达高尚思想，也可以表达细腻感情的意大利语。“在不到一百年的时间里，他的这一设想就在诗人但丁的笔下开花结果。”腓特烈二世在对外的表述中称“坚信语言不属于神，它属于人类”。

腓特烈二世的时代，佛罗伦萨成为商业重镇，当时“社交文本”的更新赶不上社会大量增长的“基本盘”使用者（商人）的要求。当时一些想要“挽救”拉丁文的学者出版的一本拉丁文通俗教材中就提到，要怎么用古典拉丁语说“我要去上厕所”呢？凯撒的《高卢战记》、西塞罗的《论共和》以及所有的教会文献都不会给出答案。而这恰恰是拉丁文逐渐被更加世俗的意大利语及其他欧洲城邦语言所取代的其中一个重要的原因。

类似的场景也曾出现在新文化运动中。新文化运动的先驱们用更加容易“上手”的白话文，替代了相对烦琐的文言文，形成文化的普及。同时，新的语言背后，反映的是新的思考人生价值、社会价值的方式，也是语言文本在不同时期下的自适应的调整。

汉语词汇从以单音节词为主转向以双音节和多音节词为主，是现代汉语的重要变化，但这只是形式上的表现，变化的内核在于增加了汉语言的“亲和力”，降低了入门的难度。以颜色为例：中国传统颜色中的监德（蓝色）、苍苍（幽蓝）、水龙吟（绿色）、苕荣（南瓜色）、太一余粮（黄色），汉字本身都很简单，但是光看字可能看不出是什么颜色。回忆一下今天关于颜色的词汇，它们的最后一个字往往是这个颜色的分类。这样一来，就算是小学生，也能轻松地知道颜色的大致归属。

2022 年春晚的舞蹈节目《只此青绿》，这个舞蹈的名称中国的小学生都能轻松地写出来。但是绿松石蓝，青绿色对英语母语的小朋友就不太友好，它们分别是 turquoise 和 viridian。有语言学家研究，一些欧美的小朋友，要到一定年龄才能正确认识足够多的颜色，主要是对应的词汇太复杂，要到一定的年纪才会学到。现代汉语中，克莱因蓝、土耳其蓝、雾蓝、粉蓝、石榴红、绯红、猩红、玫瑰红……即使不认识前面那些字所表达的意思，后面的“红”“蓝”也已经明示了这个词汇的大方向。而不像 turquoise（土耳其蓝），viridian（生命绿），要把土耳其和蓝色、生命与绿色挂钩并不容易。

有多少颜色词汇就有多少种颜色

刘慈欣的科幻小说《三体 I》的第三节就叫“射手和农场主”，在这一节中，故事人物在思考物理问题的时候想到了两个场景：

“射手”假说：有一名神枪手，在一个靶子上每隔十厘米打一个洞。设想这个靶子的平面上生活着一种二维智能生物，它们中的科学家在对自己的宇宙进行观察后，发现了一个伟大的定律：“宇宙每隔十厘米，必然还有一个洞。”它们把这个神枪手的一时兴起的随意行为，看成了自己宇宙中的铁律。

“农场主假说”则有一层令人不安的恐怖色彩：在一个农场里有一群火鸡，农场主每天中午十一点给它们喂食。火鸡中的一名科学家观察这个现象，一直观察了近一年都没有例外，于是它也发现了自己宇宙中的伟大定律："每天上午十一点，就有食物降临。"它在感恩节早晨向火鸡们公布了这个定律，但这天早上十一点食物没有降临，农场主进来把它们都捉去杀了。

华尔街投资人、犹太学者塔勒布在《黑天鹅》一书中提出"INCERTO"理论，直译就是"不确定性"。塔勒布也举了一个例子，一只火鸡每天被主人投食，火鸡会认为被投食是常态。结果感恩节这天，火鸡没有等来投食，而是被杀掉送上了餐桌。对主人来说，养鸡千日就是为了做成大餐，但是火鸡却认为自己遭遇了黑天鹅。

在不同领域的经典中被杀过好几遍的这群火鸡最早是被英国哲学家、数学家罗素"注意"到的。罗素在1912年首次出版的《哲学问题》一书中提出了这个"火鸡理论"（Russell's Turkey）。

无论是《三体I》中的"农场主故事"还是塔勒布的"黑天鹅"，在不同的圈层，不同的读者的眼中，同一个故事在不同的场景中可以有同等惊艳的亮相，每个作者赋予这个故事的思考倾向不尽相同，但不容置疑的是，它们同样折射经典，反映事实。

牛顿的颜色理论获得了巨大的成功，如今已经成为全球人类的"常识"，红、橙、黄、绿、青、蓝、紫七色光谱变成了天经地义的"科学"。

但是对于生活在世界不同地区的，使用不同语言的人来说，彩虹是由2~8种不同数量的色彩组成的。在非洲的巴萨语中，彩虹只有两个颜色：亮色（黄）和暗色（蓝）。语言学家和心理学家最喜欢研究的"颜色"理论，到目前为止有两个"共识"，一是一种语言中有多少颜色的词汇，使用这种语言的人的心中就有多少种颜色；二是对于最基础的颜色，无论在哪种语言里，大致都是相同的颜色，譬如红色。这从一个侧面说明，语言反映基本的视觉特征。无论语言的规则是什么，世界观是否相同，人类共同体的生物特性决定了“语言表达”会出现共同的倾向。

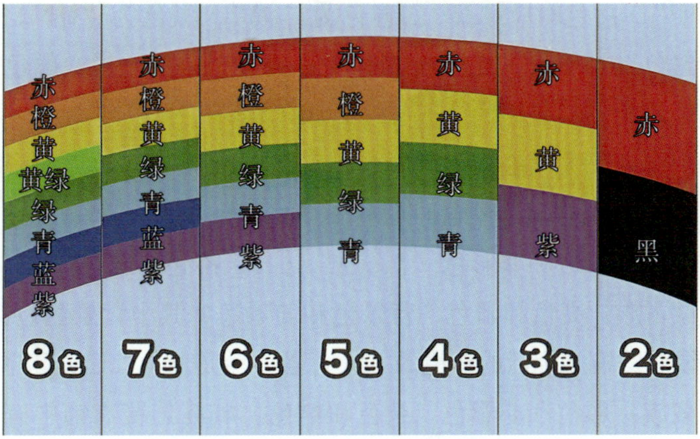

彩虹到底有几种颜色？

即使我们认定“红色”是一个基本事实，不同时代不同民族在“红色”上叠加的社会含义也不尽相同。华夏古代的君王用朱砂红墨批阅奏章，被称为“丹书”。“丹书”还可以是皇帝发出的特赦令，如丹书铁券。同样是红字，古代地方司法部门用鸡血书写死刑犯的名字。今天的老师用红笔批改作业，重要的通知是“红头文件”。但一般人不用红笔写文本，尤其是其他人的名字。

拉丁文 rubrica（英文 rubric），表示用红字来标示宗教仪式中不需要念出来的动作提示，也被用于法典、法律的标题，成为一个法学词汇，再后来“民用”剧本中非台词的提示部分也用红字书写。

同样都是红色的文字，看在不同语言使用者的眼中，产生的感受是不一样的。

布伦特·柏林（Brent Berlin）与保罗·凯（Paul Kay）在1969年出版的《基础色彩用词》（*Basic Color Term*）中指出，日语的基本颜色名称是：红、白、黑、青。日语中四种基本色的名称最初并不是用来指代颜色，而是对应四种不同的光线：红色对应“明”、白色对应“显”、青色为“漠”、黑色为“暗”。从红色到黑色，是一天日光变迁的过度。从这个角度来说，颜色代表的不是色相，而是时间。

中国人民大学心理学教授张积家在《民族心理学》一书中提出，不同民族的颜色概念词是不一样的：

汉族：彩色和非彩色（黑、灰、棕），冷色与暖色。

蒙古族：亮色和暗色，背景色和前景色，其中背景色包括蓝、白、绿。蒙古族生活的环境的“大背景”就是蓝天、白云和草原。

藏族：彩色和非彩色，杂色和单色。藏族传统衣饰中有相当一部分是单色的。

日本：暖色、冷色、暗色（黑、灰、棕），以及具有独特意义的白色。

维特根斯坦在《论颜色》中所说，在每一个比较严肃的哲学问题中，不可靠性直达根底。我们不得不总是准备好去学习某种全新的东西。以上这些例子让我们对颜色和视觉的固化理解开始松动。就像我们在上编“虚”字部分放的闪光栅格错觉图，有图未必有真相，眼睛看到的也不一定是真的，或者说未必是唯一的真实。

不仅是哲学假设、科学理论在不同的场景下会有不同的“呈现”，在玄学文本、文学文本、艺术文本中，看似同样的“客观真实”常常也有不同的表述。

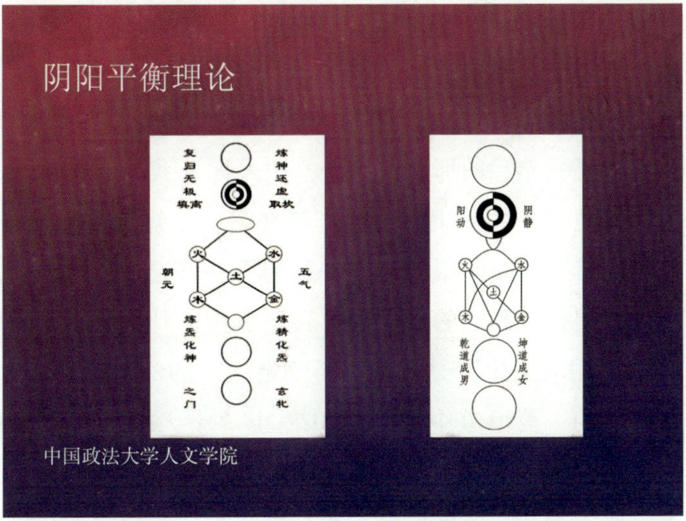

中国政法大学慕课《周易概论》比较了道家和儒家太极图的异同

道教修身养性练气的法门（上图左）是自下而上的状态：人的现实状态是玄牝之门，一种平庸的状态，通过修炼之后，精气神经过调整，借助五行之力，如丹药之学，达到更高的境界，即阴阳平衡的状态，最后一步是从还能体会到阴阳之分到阴阳合和“不分彼此”的状态。

儒家的太极图（上图右）是自上而下的过程：世界是混沌的太极状态，通过阴阳之分，五行之变，逐渐划分为男和女，进而产生对社会伦理的理解，产生清明的灵智，太极图引导人们从混沌状态走向清晰分化的人伦社会。

道家和儒家对世界的认知，甚至人之所以为人，经人世修炼后要达到的状态，正好是相反的。但是它们都共同认可的是这个修炼过程中的一步：阴阳平衡。

在文学文本中，村上春树在《第一人称单数》中虚构了这样一个故事：主角“我”一直以来过得规律又笃定，有一天我走进一间酒吧，被一个女人搭讪（与其说是搭讪，不如说是谴责），这个女人谈话间好像很了解“我”的过往，但她说的事“我”完全想不起来。故事结尾，“我”走出酒吧，忽然发现天地换色，一切都不再是我熟悉的那个世界了。一人称（我）过的究竟是单数的生活，还是复数的生活呢？作者在另一个短篇《在石枕上》做了一个回答：睁眼闭眼之间，“只剩下些许记忆。不，就连记忆都不大靠得住。我们的身上当时真正发生了什么，有谁够明确断言？”“复眼看人生”是对于“不确定性”的一种思索。

外研社的一篇报道中提到，2022 年“十大中老年表情包”，位居第一的是点赞，第二是红心，第三是 OK。有趣的是，这个统计不是以国家和地区来划分，而是以年龄段来分组的，这从一个侧面说明了“人同此心”，不确定场景中也有确定的因素。以前刻在石碑上的文本，连标点符号都没有，现在的社交文本，很多时候表情包已经是文本不可或缺的组成部分。表情包的使用更多地体现了“通用”的表达形式。语言的起点可能不统一，但终点很有可能是同一个方向，就如同前文所说的，当下的主流语言都更加注重主体动作、个体感受，更倾向于简洁明快的构词和句式，都会面临关于“延展性”和“兼容性”的挑战。从某种意义上来说，这也是“不确性中”的一种确定性。

回到语言表达本身，华夏传统文化说，一生二，二生三，三生万物，十是终数。古希腊语、拉丁语中，一是一，二是二，三是复数，十二才是终数。现代英语中，data（数据）是拉丁语 datum 的复数形式，从屈折语的语言规则来看，data 本身已经是复数。但是现在互联网上有很多的作者把 data 再变成复数 datas。结果就是这两种表述，在搜索引擎中都能大量显示。

如前文所述，汉语和印欧语系语法思路的差异如果位于坐标的两端，我们会发现，英语落在了坐标轴的中间，事实上，从某个层面我们可以说，英语正向着更好的延展性和不那么“屈折”的兼容性的方向前进。

语言的作用是记录、交流、传播。对当代的语言而言，更重要的不是一个字怎么写，一个词怎么翻译，而是字面意思背后的“共识”。先定义了什么是“白色”，才能谈论黑色和灰色。上编“留”的部分提到的石榴，可以有不同的名称，有不同的吃法、用法，可以是象征团圆美满的福果，也可以是被道家禁忌的水果，但本质上，它是同一种水果，是同一种石榴红。在这样的共识之下，我们才能继续谈论其他的水果和其他的红色。

西方神学 14 世纪一份重要的文件《唯一至圣》（*Unam Sanctam*）中提到，摩西在《创世纪》中说，只有一个起源，而非很多起源。华夏文明起源说中，伏羲“远取诸物，近取诸身”，通过对自身和周围事物的观察，创造了思维体系和文字，也是“一个起源”。今天我们知道，从“哪一个起点”开始本身并不重要，但是不同的文明起源都曾经强调“同一起点”，是因为这是一种叠加了复合认知的抽象概念，是曾经的认知体系的支点。只有统一了“猫”的抽象概念，并命名“猫”，才能区分“猫”与“狗”，才能达成共识。

“文”“字”“文字”“文化”不是静止的，是在动态中发展的。所谓的“同一起点”既不是一成不变的唯一真实，也不是预设的永恒的终点。尤其对于使用者来说，无论远近，所取的都只是一个时空切面下的“共同场景”。

淘词的十个共同场景

中国古代十为终数。《周易》卦象中，阳爻称九，阴爻称六。古代奇数为阳，偶数为阴。九是最大的奇数。天之极是九霄云外，地之深是九泉之下，国之大是九州方圆，人皇是九五之尊，祸极是株连九族。

九已经是数之极，十其实是进位后的“零”。前文也提到《说文解字》中对“章”的解释是曲子奏到第十音，乐竟为一章。汉语独体为文（不能再拆的字叫文），合体为字。古代单音节的词居多，现代双音节和多音节的词居多。

所以，“淘词十码”淘的是十个词。

著名语言学家沈家煊提出过一个重要的语言学观点：汉语的名词包含动词，而英语的动词和名词之间只有很小的一部分是重合的。“‘名动分立’和‘名动包含’代表了两种时空观。英语的‘名动分立’认为名词指称的‘物’是静态的空间概念，动词陈述的‘事’是动态的时间概念，时、空分立，这是牛顿的时空观。汉语的‘名动包含’认为概念上的‘事’也是‘物’，时间不能脱离空间而独立存在，时间是四维时空中的一维，这是爱因斯坦式的时空观。”

所以，“淘词十码”的十个词，都既是名词又是动词。我们用这十个词，代表十个“共同场景”。《礼记》中有“大同世界”，这大概是人类的终极愿景。“淘词十码”是从我们每天都会接触到的商业世界的碎片现象入手，去溯源还原那些即时现地、共时共在的“共同场景”。场景是个切面，愿景是个宇宙，在到达“共同愿景”之前，想必我们一定会一起经历足够多的“共同场景”。

新文本研究·淘词计划一览表

淘词计划	标题	领域
码	扫码时代的时空召唤	专辑：信息科技；哲学与人文科学 专题：中国语言文学
隔	人以群分： 隔离而不隔绝	专辑：信息科技；医药卫生科技 专题：医学教育与医学边缘学科
商	以“商”为媒： 从沟通看商业	专辑：信息科技；经济与管理科学 专题：贸易经济
虚	从昆仑虚到数字墟	专辑：信息科技 专题：新闻与传媒
留	动态去留观： “石榴红”与“共存灰”	专辑：信息科技 专题：新闻与传媒
卷	读书安能破万“卷”	专辑：信息科技 专题：新闻与传媒
诈	诈则失信，诚则不欺	专辑：信息科技；哲学与人文科学 专题：中国语言文字；伦理学
社	“社”与“会”： 从精神信仰到俗世交往	专辑：信息科技 专题：新闻与传媒

（续上表）

淘词计划	标题	领域
代	相信陌生人： 代言代理的消费升级	专辑：信息科技；经济与管理科学 专题：经济理论及经济思想史
容	容错法则与亚相容逻辑	专辑：信息科技；社会科学Ⅰ辑 专题：法理、法史；诉讼法与司法制度

中国知网共分10类专辑168个专题，淘词计划收获了5类专辑8个专题标签。（数据来源：中国知网）

《交响曲1997：天地人》

我们“淘”到的第一个场景是“码”。“码”是砝码和法典，是扫码和解码。通过码，我们可以在某个特定的时空点上把人、事、物“码齐了”，实现“共同在场”。码既体现共同规范，又兼顾个性特征，既是贯穿文明社会的经线，又是每个时代组织管理的纬线。

曾任大英博物馆馆长的尼尔·麦格雷戈（Neil MacGregor）提到过，在1997年香港回归仪式上，中方演奏了《交响曲1997：天地人》，其中一段是用青铜编钟演奏的，因为铜钟在中国哲学上就象征着“和而不同”，铜钟的样子看上去都差不多，但发出的声音各不相同，而它们又必须合在一起才能完成演奏。与之相对，英方用号角吹奏了一曲《最后的岗位》，因为号角让人联想起战争与冲突中使用的独奏乐器，所以它更想突显的是个性文化的因子。但实际情况是，无论是罗马帝国修建的公路网，亚瑟王的圆桌骑士，拿破仑的法典，还是今天的欧盟，西方也非常注重“和”，注重“统一”。只是西方统一文明的进程在时间上晚于华夏民族。时间上不能完全重合，不代表理念上的相悖。

“简中区”的“小镇做题家”

上编“隔”字部分讲述的是无论以什么样的形式“共同在场”，有人的地方都一定会分组分类分群。

“隔”无处不在，它可以是一张面具、一个口罩、一段城墙、一个细胞壁，也可以是一个动作，譬如“语言隔离”。百老汇经典歌剧《窈窕淑女》讲的就是一个语言学家帮助一个卖花女掌握了上流社会的语音和措辞，进而把后者拉进了“贵族圈”的故事。从这个层面来看，语言可以是一种壁垒，说“共同的语言”是一种身份认同的行为，譬如我们参加同乡会，大家会自发地说家乡话，即时现地地用语言形成一个新的“圈层”。典型的“饭圈”用语、游戏用语，就是粉丝和玩家刻意创造的交流壁垒，用于把自己和圈外的“麻瓜”隔开；同时，使用这些语言的人又自然组成了新的群体，在群体中使用这种语言，又能彰显出自己的群体身份。但也有人会因为这样的分类方式受到隐形的伤害。

《人民日报》舆情数据中心的一份报告指出，有一些新闻词汇，即使读者没有看到全部的标题，仅从单一词汇的第一视觉效果，就已经产生了不好的联想。譬如：网红、外卖人员、打工人、女权（以及相关的一切词汇）、抑郁症、躺平。这些词横向覆盖的人群非常广泛，跨行业、跨地区。当新闻文本中出现这些词的时候，这部分被“横切”出来的群体看到这些词汇，下意识代入自己的经历，就产生了不好的感觉，不管文本写的是什么，都有可能“借题发挥”，成为比新闻文本中的当事人情绪更激动的人。

2022 年 7 月，有三个娱乐明星报考国家大剧院的编制，本来这是个行业新闻，结果有记者创造了一个词“小镇做题家”。很多学生、有苦读刷题经历的人，立刻“感同身受”，事件迅速从粉丝圈话题变成了公众话题，从考编制泛化到整个教育选拔领域。用“语言隔离”形成的圈层感人为地造成了社会对立。

“简中区”这个概念的创造是另一个人为“隔”裂社会的行为。简中区，被创造者用来指代使用简体中文的中国大陆网民。虽然台湾地区和香港地区，海外华侨，以及部分东南亚地区都使用繁体字，但彼此之间是有一些差异的。台湾人称自己使用的文字叫“正体字”。香港的繁体字和台湾的正体字绝大部分都是一样的，但也有一部分字在写法上有区别。譬如：里（简体），裏（繁体），裡（正体）。

费正清主编的《剑桥中华民国史》在讲到 1895—1920 年中国地区兴起的国粹和儒家思想结合的新传统主义时提到，当时新传统主义者们创造了两个文辞华丽的文本：精神东方和物质西方。这两个词汇“一方面暗示了整个宇宙和世界秩序的有机进化，另一方面，又暗示这不是两种并列的实体，而以形而上或象征的方式，勾画出精神价值必须居于社会政治之上，并且又是与其分离的”。在这一双重传递中真正传递出来的是把精神和物质这两方面都割裂了的“矛盾的信息”。

“简中区”的概念，把简体字的使用者孤立在所有使用正体字和繁体字的人群之外，人为创造了一个撕裂的语言空间范畴。人是用语言思考的，语言会塑造人的想法。心理学上有一个概念叫“极化现象”，撕裂汉语言的行为本身，会破坏华夏民族共同的身份认同感，会让被隔开的双方都产生心理上的“极化现象”。

“丝路”里的“中国”

上编“商”字部分描述的共同场景是商族，是商业，是商路，是商量。“人以群分”不能避免，完美无“间”的巴别塔并不存在，但好在人与人可以沟通协商，求同存异，来解决问题。“商”是精神，“商”是通路，“商”是行为，在不同的历史时间，“商人”“商业”“商业平台”先后融入了人类社会空间。就像前文提到的普鲁士国王腓特烈二世作为文艺复兴的启蒙者，他不仅在语言的替代更新上下足了功夫，也是商人们的支持者与保护者。

古英语叙事长诗《贝奥武夫》（*Beowulf*）可追溯到英格兰盎格鲁—撒克逊时期，它里面提到一顶国王的头盔，这是一顶镀金青铜制作的用野猪图案和银线装饰的头盔，因为它的主人曾戴着它血战沙场，头盔上还留下了“无数剑击”的痕迹：

> It was of beaten gold,
> Princely headgear hooped and hasped
> by a weapon-smith who had worked wonders
> in days gone by and embellished it with boar-shapes;
> since then it had resisted every sword.

当大家都以为这是个虚构故事的时候，1939 年，在英格兰的一座沉船墓葬中考古学家找到了一顶头盔，它跟《贝奥武夫》中的描述几乎一模一样。在此之前，英国人一直“诋毁”维京人占领时期是这片大陆的“至暗时刻”，因为北欧海盗们跟文明的世界似乎缺乏交流。事实上，那片区域当时确实没有跟其他邻近的陆地国家有深入的交往，但是他们从北端的港口出海，借道海洋商路与贸易，早就跟世界连成了一片：沉船上找到的不仅有国王的头盔，还有法国的金币、拜占庭的银制餐具，以及印度和斯里兰卡的石榴石。

像旅行家马可·波罗一样，曾经游历中国的德国地理学家费迪南·冯·李希霍芬（Ferdinand von Richthofen）在 19 世纪创造了一个词——“丝路”（Silk Road）。早在罗马帝国出现前，中国已经大规模地生产并出口丝绸。以长安为起点，罗马为终点的“丝路”不仅仅是一条路，它是绵延 7000 公里，有效连接太平洋国家和地中海国家的陆地商路，大量的人、商品、技术、文明、信仰在这条路上迁徙流动，融合交流。拉丁语的“中国”是 Sina/Sinae，古希腊语的“中国”是 Sinai，希伯来语的“中国”是 Sin。今天中国心理学的重要期刊《心理学报》刊头印的不是英文，而是拉丁文 Acta Psychologica Sinica（直译可以是“中国心理行为”也可以是“中国心理官方记录”）。而如前文所说，语音很多时候只是个巧合，摩西从上帝那里取回“十诫”的西奈山，希伯来语也叫作 Har Sinai。

泛欧亚语系起源于 9000 年前的中国吗？

上编“虚”字部分是关于集体理想的场景：平行宇宙的虚拟分身和现实星辰大海的梦想，持有不同追求的人和不同的人类社会不同的发展路径，能不能“和而不同”？如果终极理想不同，还能不能构建“共同场景”？答案是可以的。

不同的想法之间要构建共同场景，需要商量和交流，而商量和交流需要“共识”“元词”“核心词”。东方哲学的“虚”“空”，非但不空，更是天地大道；但西方哲学探讨“存在”往往是为了界定“虚无”（nihil），对抗“缺乏”。譬如，宗教哲学认为上帝创造了一切真善美，上帝不可能“造恶”，所以“恶”只是善的缺失，谎言、泡影是真实、实相的缺失。由此建立的思想体系，就把“空”“虚”跟“恶”的品性关联起来。共同的世界未必总是共同的场景。如何找到“元词”和“共识”呢?

1950年美国历史语言学家莫里斯·斯瓦迪士（Morris Swadesh）提出了“核心词”的概念，斯瓦迪士把放射性碳定年法的思想应用于语言演化现象研究，根据印欧语系的变化，推导出两种同源的语言的共同词汇，每1000年会减少15%~19%。对每种语言来说，不管是从其他语言融合假借而来的词，还是固有的原生词汇，它都有100~200个最不容易“走形”“走位”的词，这些词主要包括部位、数字、颜色、基本动作等。

前文提到的“泛欧亚语系起源于9000年前的中国”这项研究，正是通过对98种泛欧亚语言254个基本词汇概念的3193个同源集进行贝叶斯谱系建模分析得出的结论。

用“算法”和“模型”找出了规律是否就能说明语言文本所有的“分叉”与“合流”呢?

世界卫生组织认可的传染病学隔离措施用语quarantine来源于意大利语的基数词40，因为“40天”是14世纪地中海区域设定的防疫隔离期限。同时“40”这个数字在宗教文献中反复出现：

大洪水持续了40天；

耶稣复活升天前，在人间逗留了40天；

参孙得救前，在非利士人处服役40年；

摩西120岁的生命被分成3个40年：第一个40年在埃及王宫当王子；第二个40年在野外放羊；第三个40年，带着希伯来人走出埃及，在旷野中走了40年。

《圣经》中数字40出现的地方，涉及的场景多为“试炼”。孔子也说过“四十不惑”。

所以40这个数字，作为每种语言的“核心词”，在创造者和使用者的眼中，究竟是不是同一个“元词”呢？

成年人更爱多巴胺还是内啡肽？

上编“留”字部分承接“虚”提出的问题，“留”讨论的是我们想“留”在哪个场景中。

如《人类简史》的作者的观点，科技进步了，但是人没有因此变得更有幸福感，感观体验带来的边际效应在递减。我们一周喝一杯奶茶的时候可能感觉最幸福，每天喝一杯的时候幸福感已经下降，每天喝三杯可能还会引发疾病。同理，每周打一小时游戏，感觉很幸福。每天打三小时游戏，不仅肉体很疲惫，还有可能妨碍了工作和学习。社交媒体一边提醒大家不应该沉溺于这种即时享乐的“奶头乐”式的刺激，一边不断地提供“奶头乐”，或者以“奶头乐”的方式给大家提正经的建议。

在这样的情况下，我们很多时候会陷入怀疑。是不是以前的人更幸福？我以后会不会更幸福？“二战”以后，飞机广泛进入民用领域，后来我们又有了高铁，高铁和飞机改变了我们的时空观，改善了场景体验。但空间有穷尽，体验有瓶颈，当科技的进展在短时间（也可能是一代人一生的时间）内不能再本质性地提升感观刺激的时候，有人就开始说：成年人应该追求内啡肽而不是多巴胺。多巴胺和内啡肽都是人体激素，前者的特征是积极的、短暂的，正向提供快感，后者的特征是长期的、逆向的，反向抵抗不适。从这个角度来说，所谓追求内啡肽是让人去追求大于“自我”，大于“自身诉求”的那些事。小到打工创业养活员工，大到奉献信仰保家卫国，被更崇高的事激励的时候，我们就会“忘了”或者抵抗住了“短暂的自我不适”。但归根结底，无论是选择多巴胺，还是选择内啡肽，去留肝胆两昆仑，留与不留，都是自我选择。

我们主动被他们卷了

第六个场景为“读书安能破万‘卷’”，当我们自以为做好了选择的时候，会发现“主动”常常遭遇“被动”，“卷”讨论的是我们与场景的关系。

从终极志向上来说，无论选择虚拟空间的平行分身还是为星辰大海的梦想奋斗终生，在当下的环境中，每天都有可能在“内卷躺平”与“逆袭成功”之间反复横跳。我们就算有了长远的打算，日常“主动”依然会遭遇“被动”。

“卷”的精髓，在于用“我”视觉的主动动作说出了被动的遭遇。这跟日语受身用法正好相反，后者是用被动动作陈述了“我”的主动结果。“我被婴儿哭”表达的是，虽然我被婴儿哭醒了，但我没说这事让我遭遇了“不幸”。与之相对，“卷”和“躺”表达的是，大环境发生了一件事，虽然动作看起来跟我无关，但我确实觉得它影响了我。

宗教的本质是相信，科学的本质是怀疑

第七个场景为“诈则失信，诚则不欺”。有人说，宗教的本质是相信，科学的本质是怀疑。实际上相信也好，怀疑也罢，甚至欺诈，都是人类特质，都是不外显的内心态度。是我们处理与他人关系的内心选择。在追求“和而不同”“求同存异”的路上，

诈和信都是贯穿人类社会的“长期存在”。而又因为“诈”无法根除，“信”才更加珍贵。

16 世纪中叶波尔多市的市长米歇尔·德·蒙田（Michel de Montaigne）是宗教改革和宗教信仰的怀疑主义者的代表，他说：“在试图把自己变成天使的过程中，人们把自己变成了野兽。”

曾任英国国家美术馆馆长的肯尼斯·克拉克（Kenneth Clark）爵士在他所著的《文明》一书中指出，蒙田的怀疑主义给莎士比亚留下了深刻的印象，并使后者成为“肯定是第一个，也可能是最后一个没有宗教信仰，甚至没有人文主义信仰的极其伟大的诗人”。

16 世纪的欧洲，因为对教廷产生怀疑，上层人士从上层精英主义倒向怀疑主义；下层民众开始迷信巫术。同时，教廷对于两种“不信”的人围追堵截。这种围绕信任产生的争夺，最终造成的是更大范围的“信”的崩塌。因为争夺恰恰证实了争议的存在。在克拉克看来，宗教改革形成了悲剧性的分裂。

在此之前，只分相信教廷的人和不相信教廷的人。在此之后，相信教廷的人同时怀疑教廷。换言之，以前的人相信一部分事，怀疑另一部分事，这些人对相信的部分是笃定的；经过十字军东征、教廷丑闻和宗教改革之后，出现了一种情况：人们相信一部分事，同时怀疑同一部分事。而这种既相信又怀疑，一会儿相信，一会儿怀疑的心理状态导致了当时的主流信仰出现裂痕和裂变。

与陌生人的俗世交往

第八和第九两个场景是相对的。第八个场景为“‘社’与‘会’：从精神信仰到俗世交往”，“和而不同”的“社”与“会”

在不同的历史时间，有不同的空间表现形式，而不同的形式会带给人不同的精神感受。人是群体动物，物理的“社”与“会”，既是物理划分，也是精神聚合。“社”与“会”讨论的是我们跟熟人，跟“同乡”“同学”“同事”“同志”之间的关系。第九个场景“代”讨论的是我们跟“第三方”，跟“陌生人”之间的关系。

第九个场景为“相信陌生人：代言代理的消费升级”。“社”与“会”进一步发展，其间的人不仅会因为“志趣”而分组分群分类，还会因为“消费”和“工作”身份而分类。“代”的关键是转换中介、媒介的形式，可分为三类：一是社会分工精细化的结果，譬如代工、代培；二是社会组织的新形式，社群聚集的人口多了，就会有“代表”“代理人”；三是人和人的网状关系，每个人都可以是自己的中介，同时是别人的中介。比方说，网约车，个人既可以找人代驾，也可以为人代驾。从社会学角度来看，“代”的关系演进是社会进化的过程，其本质是“自”和“代”的关系。个体处理好与陌生人、第三方的关系，就能在公共空间中找到存在的位置，在公共服务中享受自身的价值。

数字空间、共享经济和代工服务出现以前，我们跟邻居、同学、同事玩，和熟人结婚，物理半径能到的范围就是人的社交半径。社交形态决定了这是一个近距离、浅入口、点对点强联系性的社交生活模式。现在，我们跟万里以外的陌生人组队打游戏、用快递外卖跑腿、骑平台共享单车、用评论弹幕交流思想、坐陌生人的网约车、看社区公号了解公共服务，这是一个远距离、深入口、一对多弱联系性特征的社交生活模式。

与陌生人的俗世交往，大概就是这个时代的人间烟火气。

你能炼出金子是因为你炼金的时候没有想到河马

上编“容”的场景中，容是包容的行为，是宽容的态度，“容”讨论的是我们“彼此”的关系。

包容的其中一个重要组成部分就是“悦纳不同”，消除歧视。“歧视”是指一个群体给自己找到一个更低的参照群体，通过对后者的贬低和打击，来提高自己的心理地位以获得精神上的满足。

奥地利心理学家阿德勒提出一个观点，追求优越感是人类社会生活的基本事实，“优越感”对每个人都是必需的。就像前文提到的清代顺治皇帝论“宠辱”关系，优越感产生的时候，歧视同时就出现了。

有一个关于炼金术的故事——国王找炼金师要炼金子的配方，说：“不给我配方就杀了你。”炼金师回答说：“给了就能放我走?”国王说：“是的。”国王按照炼金师给的配方操作，果真炼出了金子。按照约定，国王放炼金师出城。炼金师走到城门口，回头问国王：“知道为什么你能炼出金子吗?”国王说：“为什么?”炼金师说：“因为你炼金的时候没有想到河马。”从此以后，国王再也没有炼出过金子。因为只要一炼金，国王就会想到“河马”。

纠正那些跑偏了的用词和不正确的传播文本，在某种程度上就是指出那头“河马”。正是因为意识到了问题，才会提出解决问题。而那些本来没有意识到问题的人，在看到问题的解决方案的时候，也意识到了问题。有个英语笑话，怎么用一句话证明（性别）歧视的存在呢？答案是：God is a girl（上帝是个女孩）。

（林憬文，暨南大学文本实验室研究员、时间网络研究院研究员）

一根会思考的芦苇和一堆需要被解读的文本。

代跋 数字田野的野蛮穿越

淘词十篇，每篇约一万字，讲述一个词。感谢《青年记者》的支持、指导、包容和成全，淘词计划得以持续生产、稳定输出。文理之间漫游穿越，“四不像”的题材和体裁，难为了知网的学科归类。说它浅显易懂，已经是很高的评价，百万投入不至于全打了水漂。检讨小结属于淘词一年的泡沫余思，形式上刻意模仿了凯撒的《高卢战记》。

淘词的缘起与尽头

(1) 起于“码”，收于“容”。淘词计划十个词梳理完毕，码、隔、商、虚、留、卷、诈、社、代、容，每个词一万字左右的简历，可谓“千金淘一词，万言书同文”。

(2) 十音为章，十为圆满。十个词约十万字，即使不算十全十美，连起来也能自成一格。作为工具和载体的文字本身，有了自己的生命、名字、阅历和记忆。

(3) 大浪淘沙、沙里淘金，作者只是代言人。数字人文时代的文本研究，不可能像故纸堆里的老学究，皓首穷经抠字眼，也不能像机器人一样复制、搬运。

（4）新生命、新形象必须配上新叙事、新表达。哪怕各学科“老瓶不装”难归类、各领域六亲不认“四不像”，也要在变乱交织中重新寻找语言之网联结的线索。

（5）“横渡词语之海”的人自古很多，日本动画《编舟记》讲述辞书《大渡海》编辑的艰辛。听起来就像中国的《辞海》。后人一苇杭之，得道于前人导航。

（6）英国电影《教授与疯子》说的是《不列颠百科全书》的编辑故事。如果没有那个狱中狂人，有的词就会如历史酒后断片，如来如去如幻影，出现永久性失忆。

（7）淘词的过程中几度出现险情，找不到词脉的初始，或者找不到英文、拉丁文中对应的 AB 面。有的迂回借道于法文、日文，才侥幸抓住词语的流转头绪。

（8）对标文科实验室，暨南大学文本实验室成立一年多来的探索方向，就是介入混沌又清新的新文科、新人文、新传播，不惜代价地淘词、断句、拆字。

（9）只怪功力不深、功夫不够，达不到《圣经》《坛经》《道德经》那种经典文本的境界。反复读凯撒的《高卢战记》，那种精确简朴、可读可诵的文气，难以企及。

淘词的边界与越界

（10）随心所欲而不逾矩，因为知道边界和空间所在。淘词的危险在于，以为在探险其实是变相复原，以为在传承其实是失联重逢，逆时针也会碰上左撇子。

（11）跳出框框也要有章法，过去和未来都需要尊敬，连接然后超越。跳脱传统文人、传统人文，得看新人文兼容兼并的程度和尺度，重估其流动与流行。

（12）经典的关键词研究法，努力挖掘元典中的元词。中华经典的现代解读，也在寻根中延续和加固经典的词根和词序。可惜都少了异质对比和平行观察。

（13）数字人文到数字人本，数字文科到数字田野，加载重启的新商业、新消费，未必是最终新文明。或许网格就是井田，只是多了数字化的农民工。

（14）词汇的加速度扩张和消费膨胀，使新的循环系统不断发生基因裂变，溯源和杂交同时发生。百度百科甚至说，《高卢战记》是“凯撒创作的报告文学”。

（15）克制不是受制于边界，而是边界突然模糊之后，时空产生了变形。词语的牢笼里是观念的囚徒，共情的能力不足，亲和力自然不如新冠病毒的感染力。

（16）诺贝尔文学奖2022年颁给了法国作家安妮·埃尔诺，“悠悠岁月”不过六十年，且居于边缘一隅。“外部日记”的集体记忆也只是陌生人的日常生活和隔阂。

（17）必须在认识他人中定义自己、定位自己，这就需要拉开适当的距离和自我陌生化。模拟机器人转写“外部日记”“无人称自传”，以量子化对抗碎片化。

（18）古译、中译间的撕扯，如同见识和胆识的量子纠缠。文理细分的纠缠与妥协，催生更多的野生词群和异端另类，必须包容接纳，成为新的常识和通识。

（19）淘词的立体三维，就是译中、译外、译理的三译，观古、观今、观外的三观。如同文本实验室（Text Test Team）的商标TTT，恰好是“三体”“三替”的谐音。

（20）文本实验室是文科实验室，竭力靠近文理边缘。物理学的逻辑能否借入，互联网的技术哲学能否代入，无非是想借助外力，冲击动态无形的学科栅栏。

（21）新的元词，肯定已经埋藏在遗传基因里。DNA 的基本单位只有 A、T、G、C 四种碱基，排列组合，无限复制。淘词十个，希望也是一个基因组序列。

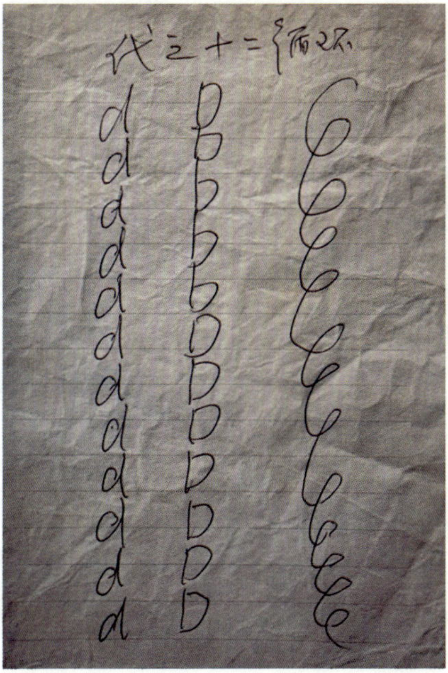

淘词 9“代”的文本构思图“十二循环”

淘词的海淘与清洗

（22）捞干筛净的工作，数字田野也不能彻底解决。采购更多大数据，引入更多学科概念，增加了更多的维度和混乱，打通的难度不亚于文本的修复重建。

（23）关键词检索的不限于词典字典、百度、知网，消费热词的意外收获来自闲鱼、抖音、B站，还有淘宝、京东、拼多多，以及学习强国等主流资讯平台。

（24）语言武器化再次升级文本对话，管控语言分歧成为世界性难题。检讨与互证之间反复过滤，形成气泡式隔膜，反而加大清洗难度和溺亡的危险。

（25）避免随机取舍、随意剪裁，意味着放弃学科偏见，意味着多中心、分布式，模块化、组合式。不坐冷板凳，不作热力图，不搞玄学式的后验先验。

（26）复杂的混沌掩护着简单的纯粹，词汇如潮水般汹涌，永远捞不干洗不净。淘词好似一池漂白过的自来水，一杯过滤后的纯净水，只是人畜无害的小小存在。

（27）杂质中的异质，造成语言的张力和生命活力。于是，物理学的各种不守恒、信息传输的各种不平衡，迫使文字调整姿势，委曲求全也要摆平自己。

（28）筛选取舍中的推与敲、塑与造、陶与炼，都随时构成对代言者良心、定力和原则的大小考验，强行扭曲和有意简化对普通的词不公平，也不人道。

（29）文字的流转、词义的转换，既与语境有关，也与用户需求倒逼有关。大词萎缩变成小词，新词成长吃掉旧词，演绎了词族间的博弈和兴亡更替史。

（30）有的旧词会再次复活，被放大并赋予新的意义，成为新宠，成为顶礼膜拜的超级词。有的偶然被人捞起、用尽又废弃，永久淘汰，消失于茫茫词海。

（31）破译一个词的源代码，找齐一个词的简历，就像完成一部个人口述史，会拉扯出一部整体文化史。考证出一段词的逸史，像看到历史的一次呼吸。

(32) 提倡略引，引其旨意。过多的引言引文，会扰乱文本的呼吸节奏。如果说古代文论是诗体，现代论文的文献注解之多，几乎像在拆解一具具尸体。

(33) 淘尽、淘净，不糟蹋每一个词，不贬低每一个词。晾干、晒干与捞干一样，似乎都有物化的意图。淘的动作则不太一样，尽管也会有误死误伤。

淘词的局限与极限

(34) 淘词结果的难以归类，不能怪知网知识图谱不完备，而是学科领域变乱交织的必然显现。当然也暴露出淘词本身的水土不服，过载之下水性太差。

(35) 淘词检索范围和能力的不足，还表现在对自然语言、机器语言、导航语言、军事语言等非文科语言的隔离蔽塞，打通文理的维度上有明显短板。

(36) 不甘成为编修词典的附件工具包，也不想做说文解字的书虫和网络爬虫。无所不包的野心变成降格以求的自足自保，迷恋消费体验而不至于迷失其中。

(37) 文本就是消费，尽管形式就是内容、消费就是生产，尽管文本自有力量和理想。它的生命和价值都必须在生存权、所有权竞争中有效释放和持续更新。

(38) 语言的秩序就是事物的秩序、世界的秩序。如果认同有规则禁忌，那么守规矩的词语才能生存。携带病毒的词总是会被检测到，抑制、隔离或者消杀。

（39）容量有限，用量有限。词汇的自我膨胀，像知识通胀一样容易贬值。加速度造成的流亡消散，和新词汇创造的速度成正比，强行平衡着语言生态。

（40）语言的复制和模仿，成为一种扩大生产消费的重要方式。也许从第一个词产生，第一个神话诞生，第一次时间开始，子孙后代就只能是延续和传承。

（41）唤醒与活化，定格与显化，满足的首先是当下的用途和市场。为赋新词强说愁，本身就是一种心理需求。六经注我，词为我用，是人的本性和本能。

（42）跳不出消费文化，也跳不出当下的人情网络，于是燃烧变成煎熬，淘宝变成逃生。这是必须自知的局限和上限，局限体现诚意，上限体现谦卑。

（43）远的说，是人的语言，不是动物语言、植物语言，更不是外星人语言、宇宙语言。近的说，是日常语言、生活语言，如同人道精神，如同生态革命。

（44）尊重词的生命周期，尊重词的来去自由。不去糟践它，不去强扭它，已经是它最好的活法。不去神话它，不去笑话它，已经是它最好的生命体验。

（45）回到中文世界，回到传播学主题，公共服务需要协同生产和内外循环。淘词貌似趋同的主题下，是学术共同体的共识意识。大道至简，殊途同归。

（曹轲，暨南大学文本实验室主任、暨南大学新闻与传播学院教授）

TEXT TEST TEAM
文本实验室

暨南大学文本实验室
淘词计划年度出品

合作支持

暨南大學 JINAN UNIVERSITY　　淘宝 Taobao　　时间网络 TIME NETWORK

芦苇+系列摄影创作

罗天恩　周郁森　陈子康